BAUER/SCHLICK

Thüringer Nachbarrecht

Thüringer Nachbarrecht

Kommentar

Dr. h. c. Hans-Joachim Bauer
Präsident des Thüringer Oberlandesgerichts a. D.
Wolfgang Schlick
Vizepräsident des Bundesgerichtshofs a. D.

6., vollständig überarbeitete Auflage, 2018

Bibliografische Information der Deutschen Nationalbibliothek | Die Deutsche Nationalbibliothek verzeichnet diese Publikation in der Deutschen Nationalbibliografie; detaillierte bibliografische Daten sind im Internet über www.dnb.de abrufbar.

6. Auflage, 2018
ISBN 978-3-415-06133-0

Titelfoto: © RBV/zimmytws – Fotolia | Satz: Thomas Schäfer, www.schaefer-buchsatz.de | Druck und Bindung: Laupp & Göbel GmbH, Robert-Bosch-Straße 42, 72810 Gomaringen

Richard Boorberg Verlag GmbH & Co KG | Scharrstraße 2 | 70563 Stuttgart
Stuttgart | München | Hannover | Berlin | Weimar | Dresden
www.boorberg.de

Vorwort zur 6. Auflage

Die erste Auflage dieses Kommentars zum Thüringer Nachbarrechtsgesetz ist im Mai 1993 erschienen. Er begleitete ein damals erst seit wenigen Monaten in Kraft befindliches Gesetz und war verfasst und herausgegeben mit dem Ziel, den Bürgern, Gerichten, Rechtsanwälten, Behörden und allen Stellen, die nachbarrechtliche Fragen zu beantworten haben, helfend zur Seite zu stehen. Wenn der Kommentar nun in der sechsten Auflage erscheint, sehen Verlag wie Autoren darin eine eindrucksvolle Bestätigung des vor 24 Jahren aufgenommenen Anliegens. Nachbarrecht ist ein eher konservativer Rechtsbereich. Daher sind Änderungen im materiellen Teil des Landesnachbarrechts selten und auf Einzelpunkte beschränkt. So ist das Thüringer Nachbarrechtsgesetz erst 10 Jahre nach der Novelle vom 9.3.2006 substantiell um eine Regelung betreffend die Zulässigkeit des Grenzüberbaus zum Anbringen von Wärmedämmungen bei Altbauten ergänzt worden; hinzu kamen kleinere Änderungen in § 17 sowie bei den Grenzabstandsregelungen von Anpflanzungen in § 46 und 49. Die Neuauflage konzentriert sich neben der Erläuterung dieser Ergänzungen auf das Einarbeiten der durch die Rechtsprechung bewirkten Fortbildung des Nachbarrechts, auch in seiner Vernetzung mit dem öffentlich-rechtlichen Nachbarschutz. Dabei wurde der auch in den Vorauflagen realisierte Anwenderbezug fortgeführt. Auch für diese Auflage ist auf die Beschränkung eines Nachbarrechtskommentars hinzuweisen: Hinter dem Abgrenzen und Begrenzen, auf das hin sich Konflikte an Grundstücksgrenzen bilden und mit rechtlichen Mitteln auszutragen sind, steht die menschliche Dimension. Wird sie in einem Streitfall nicht erfasst, wird dessen formale Erledigung keinen Frieden stiften. In diesem Sinne möge die Neuauflage verwendet werden und wirken. Dass ein juristischer Kommentar das erreichen kann, ist nicht zuletzt das Verdienst seines Verlags. So bedanken sich die Verfasser ganz besonders beim Richard-Boorberg-Verlag für die lange Jahre währende Verbundenheit.

Speyer und Edenkoben, im August 2017 *Die Verfasser*

Inhalt

Abkürzungsverzeichnis

a. a. O.	=	am angegebenen Ort
ABl. EG	=	Amtsblatt der Europäischen Gemeinschaften
ABl.	=	Amtsblatt
abl.	=	ablehnend
Abs.	=	Absatz
Abschn.	=	Abschnitt
a. E.	=	am Ende
a. F.	=	alte Fassung
AG	=	Amtsgericht; Ausführungsgesetz zum (z. B. AGBGB)
AgrarR	=	Agrarrecht (seit 2003: Agrar- und Umweltrecht)
ALR	=	Allgemeines Landrecht für die preußischen Staaten von 1794
a. M.	=	andere Meinung
Amtl. Begr.	=	Amtliche Begründung; hier: Gesetzentwurf der Landesregierung zum Thüringer Nachbarrechtsgesetz vom 17. Juni 1992 (Landtagsdrucksache 1/1410)
Amtl. Begr. 2006	=	Begründung der Landesregierung zum Gesetz zur Änderung des Thüringer Nachbarrechtsgesetzes und des Thüringer Ausführungsgesetzes zum Berufsvormündervergütungsgesetz sowie zur Aufhebung des Thüringer Gesetzes über die Unterbringung besonders rückfallgefährdeter Straftäter vom 18. Januar 2006 (Landtagsdrucksache 4/1574)
Amtl. Begr. 2015	=	Begründung der Landesregierung zum Ersten Gesetz zur Änderung des Thüringer Nachbarrechtsgesetzes vom 15. Oktober 2015 (Landtagsdrucksache 6/1173)
ÄndG	=	Änderungsgesetz
ÄndG 2006	=	Gesetz zur Änderung des Thüringer Nachbarrechtsgesetzes und des Thüringer

		Ausführungsgesetzes zum Berufsvormündervergütungsgesetz sowie zur Aufhebung des Thüringer Gesetzes über die Unterbringung besonders rückfallgefährdeter Straftäter vom 9. März 2006 (GVBl. S. 53)
ÄndG 2015	=	Erstes Gesetz zur Änderung des Thüringer Nachbarrechtsgesetzes vom 21. Dezember 2015 (GVBl. S. 237)
ÄndG 2016	=	Zweites Gesetz zur Änderung des Thüringer Nachbarrechtsgesetzes vom 8. März 2016 (GVBl. S. 149)
Anl.	=	Anlage
Anm.	=	Anmerkung
Art.	=	Artikel
Aufl.	=	Auflage
BauGB	=	Baugesetzbuch i. d. F. vom 23. September 2004 (BGBl. I S. 2414)
BauNVO	=	Baunutzungsverordnung i. d. F. vom 23. Januar 1990 (BGBl. I S. 132)
BauR	=	Baurecht, Zeitschrift für das gesamte öffentliche und zivile Baurecht
BayObLG	=	Bayerisches Oberstes Landesgericht
BayObLGZ	=	Entscheidungen des Bayerischen Obersten Landesgerichts in Zivilsachen
BayVBl.	=	Bayerische Verwaltungsblätter
BayVGH	=	Bayerischer Verwaltungsgerichtshof
Bbg	=	Brandenburg
BbgNRG	=	Brandenburgisches Nachbarrechtsgesetz vom 28. Juni 1996 (GVBl. I S. 226)
Bd.	=	Band
BeckRS	=	Beck-Rechtsprechung, Rechtsprechungssammlung in beck-online
Beschl.	=	Beschluss
BGB	=	Bürgerliches Gesetzbuch i. d. F. vom 2. Januar 2002 (BGBl. I S. 42, 2909, 2003 I S. 738)
BGBl.	=	Bundesgesetzblatt
BGH	=	Bundesgerichtshof
BGH LM	=	Lindenmaier-Möhring, Nachschlagewerk des Bundesgerichtshofs in Zivilsachen

BGHZ	=	Entscheidungen des Bundesgerichtshofs in Zivilsachen
BImSchG	=	Bundes-Immissionsschutzgesetz i. d. F. vom 17. Mai 2013 (BGBl. I S. 1274)
BImSchV	=	Verordnung zur Durchführung des BImSchG (Nrn. 1 – 41)
BKleingG	=	Bundeskleingartengesetz vom 8. Februar 1983 (BGBl. I S. 210)
Bln	=	Berlin
BNatSchG	=	Bundesnaturschutzgesetz vom 29. Juli 2009 (BGBl. I S. 2542)
BT-Drs.	=	Bundestags-Drucksache
Buchst.	=	Buchstabe
BVerfG	=	Bundesverfassungsgericht
BVerfGE	=	Entscheidungen des Bundesverfassungsgerichts
BVerfGK	=	Kammerentscheidungen des Bundesverfassungsgerichts
BVerwG	=	Bundesverwaltungsgericht
BVerwGE	=	Entscheidungen des Bundesverwaltungsgerichts
ders.	=	derselbe
DBO	=	Deutsche Bauordnung vom 2. Oktober 1958 (GBl. DDR, Sonderdruck Nr. 287)
d. h.	=	das heißt
DNotZ	=	Deutsche Notar-Zeitschrift
DÖV	=	Die öffentliche Verwaltung
DtZ	=	Deutsch-Deutsche Rechtszeitschrift
DVBl.	=	Deutsches Verwaltungsblatt
DWW	=	Deutsche Wohnungswirtschaft
EGBGB	=	Einführungsgesetz zum Bürgerlichen Gesetzbuch i. d. F. vom 21. September 1994 (BGBl. I S. 2494, 1997 I S. 1061)
EGZGB	=	Einführungsgesetz zum Zivilgesetzbuch der Deutschen Demokratischen Republik vom 19. Juni 1975 (GBl. I S. 517)
Einf.	=	Einführung
Einl.	=	Einleitung
ErbbauRG	=	Gesetz über das Erbbaurecht vom 15. Januar 1919 (RGBl. I S. 72, 122)
Erl.	=	Erläuterung

EVertr.	=	Vertrag zwischen der Bundesrepublik Deutschland und der Deutschen Demokratischen Republik über die Herstellung der Einheit Deutschlands – Einigungsvertrag vom 31. August 1990 (BGBl. II S. 889)
FGPrax	=	Praxis der Freiwilligen Gerichtsbarkeit
Fn.	=	Fußnote
f., ff.	=	folgend
FlurbG	=	Flurbereinigungsgesetz i. d. F. vom 16. März 1976 (BGBl. I S. 546)
FStrG	=	Bundesfernstraßengesetz i. d. F. vom 28. Juni 2007 (BGBl. I S. 1206)
GBBerG	=	Grundbuchbereinigungsgesetz vom 20. Dezember 1993 (BGBl. I S. 2182, 2192)
GBl.	=	Gesetzblatt
GBO	=	Grundbuchordnung i. d. F. vom 26. Mai 1994 (BGBl. I S. 1114)
GbR	=	Gesellschaft bürgerlichen Rechts
GDO	=	Grundstücksdokumentationsordnung vom 6. November 1975 (GBl. I S. 697)
gem.	=	gemäß
GG	=	Grundgesetz für die Bundesrepublik Deutschland vom 23. Mai 1949 (BGBl. S. 1)
GE	=	Das Grundeigentum (Zeitschrift)
GSlg	=	Gesetzsammlung
GVBl.	=	Gesetz- und Verordnungsblatt
HessNRG	=	Hessisches Nachbarrechtsgesetz vom 24. September 1962 (GVBl. I S. 417)
h. M.	=	herrschende Meinung
i. d. F.	=	in der Fassung
i. d. R.	=	in der Regel
i. d. S.	=	in diesem Sinne
i. E.	=	im Einzelnen
i. S. d.	=	im Sinne der (des)
i. S. v.	=	im Sinne von
i. V. m.	=	in Verbindung mit
Kap.	=	Kapitel
Ldt-Drs.	=	Landtagsdrucksache

LG	=	Landgericht
lit.	=	littera, Buchstabe
LM	=	Lindenmaier-Möhring, Nachschlagewerk des Bundesgerichtshofs in Zivilsachen
LNRG Rhl.-Pf.	=	Landesnachbarrechtsgesetz (Rheinland-Pfalz) vom 15. Juni 1970 (GVBl. S. 198)
Ls	=	Leitsatz
MDR	=	Monatsschrift für deutsches Recht
MittBayNot	=	Mitteilungen des Bayerischen Notarvereins, der Notarkasse und der Landesnotarkammer Bayern
m. w. Nachw.	=	mit weiteren Nachweisen
NachbG	=	Nachbarrechtsgesetz
NachbG Bln	=	Berliner Nachbarrechtsgesetz vom 28. September 1973 (GVBl. S. 1654)
NachbG NRW	=	Nachbarrechtsgesetz (des Landes Nordrhein-Westfalen) vom 15. April 1969 (GV. NW. S. 190)
NachbG Schl.-H.	=	Nachbarrechtsgesetz für das Land Schleswig-Holstein vom 24. Februar 1971 (GVOBl. Schl.-H. S. 54)
NbG LSA	=	Nachbarschaftsgesetz (des Landes Sachsen-Anhalt) vom 13. November 1997 (GVBl. LSA S. 958)
Nds.NRG	=	Niedersächsisches Nachbarrechtsgesetz vom 31. März 1967 (Nieders. GVBl. S. 91)
NdsRpfl.	=	Niedersächsische Rechtspflege
NJ	=	Neue Justiz
NJW	=	Neue Juristische Wochenschrift
NJW-RR	=	NJW-Rechtsprechungs-Report Zivilrecht
NotBZ	=	Zeitschrift für die notarielle Beratungs- und Beurteilungspraxis
NRG	=	Nachbarrechtsgesetz
NRG BW	=	(baden-württembergisches) Nachbarrechtsgesetz i. d. F. vom 8. Januar 1996 (GBl. S. 53)
NRW	=	Nordrhein-Westfalen
NuR	=	Natur + Recht, Zeitschrift für das gesamte Recht zum Schutz der natürlichen Lebensgrundlagen und der Umwelt
NVwZ	=	Neue Zeitschrift für Verwaltungsrecht

NVwZ-RR	=	NVwZ – Rechtsprechungs-Report Verwaltungsrecht
NZM	=	Neue Zeitschrift für Miet- und Wohnungsrecht
OLG	=	Oberlandesgericht
OLG-NL	=	OLG-Rechtsprechung Neue Länder (Zeitschrift)
OLGR	=	OLG-Report (i. V. m. Name des OLG, Jahr, Seite)
OLGZ	=	Entscheidungen der Oberlandesgerichte in Zivilsachen
OVG	=	Oberverwaltungsgericht
RG	=	Reichsgericht
RGBl.	=	Reichsgesetzblatt
RG Warn.	=	Warneyer, Die Rechtsprechung des Reichsgerichts
RGZ	=	Entscheidungen des Reichsgerichts in Zivilsachen
Rhl.-Pf.	=	Rheinland-Pfalz
Rn.	=	Randnummer
Rpfleger	=	Der Deutsche Rechtspfleger
S.	=	Seite
SaarlNRG	=	Saarländisches Nachbarrechtsgesetz vom 28. Februar 1973 (ABl. S. 210)
SachenRBerG	=	Sachenrechtsbereinigungsgesetz vom 21. September 1994 (BGBl. I S. 2457)
s. a. u.	=	siehe auch unter
s. o.	=	siehe oben
s. u.	=	siehe unten (unter)
SchlHA	=	Schleswig-Holsteinische Anzeigen
SchlH OLG	=	Schleswig-Holsteinisches Oberlandesgericht
Thür	=	Thüringen (er)
ThürAVOBGB	=	Ausführungsverordnung zum Bürgerlichen Gesetzbuch vom 16. Mai 1923 (Gesetzsammlung für Thüringen S. 287)
ThürBO	=	Thüringer Bauordnung vom 13. März 2014 (GVBl. S. 49)
ThürDSchG	=	Thüringer Denkmalschutzgesetz i. d. F. vom 14. April 2004 (GVBl. S. 465)

ThürKO	=	Thüringer Kommunalordnung i. d. F. vom 28. Januar 2003 (GVBl. S. 41)
ThürLdt.-Drs.	=	Thüringer Landtagsdrucksache
ThürNatG	=	Thüringer Gesetz für Natur und Landschaft i. d. F. vom 30. August 2006 (GVBl. S. 421)
ThürNRG	=	Thüringer Nachbarrechtsgesetz vom 22. Dezember 1992 (GVBl. S. 599), zuletzt geändert durch Gesetz vom 8. März 2016 (GVBl. S. 149)
ThürOLG	=	Thüringer Oberlandesgericht
ThürOVG	=	Thüringer Oberverwaltungsgericht
ThürStrG	=	Thüringer Straßengesetz vom 7. Mai 1993 (GVBl. S. 273)
ThürVBl	=	Thüringer Verwaltungsblätter
ThürVerfGH	=	Thüringer Verfassungsgerichtshof
ThürWaldG	=	Thüringer Waldgesetz i. d. F. vom 18. September 2008 (GVBl. S. 327)
ThürWG	=	Thüringer Wassergesetz i. d. F. vom 18. August 2009 (GVBl. S. 648)
TKG	=	Telekommunikationsgesetz vom 22. Juni 2004 (BGBl. I S. 1190)
u.	=	und
Überbl.	=	Überblick
Urt.	=	Urteil
VersR	=	Versicherungsrecht
VG	=	Verwaltungsgericht
vgl.	=	vergleiche
VIZ	=	Zeitschrift für Vermögens- und Investitionsrecht
VKSK	=	Verband der Kleingärtner, Siedler und Kleintierzüchter (ehem. DDR)
VO	=	Verordnung
Voraufl.	=	Vorauflage des Kommentars zum Thüringer Nachbarrecht
Warn.	=	Warneyer, Die Rechtsprechung des Reichsgerichts
WEG	=	Wohnungseigentumsgesetz vom 15. März 1951 (BGBl. I S. 175, 209)
WHG	=	Wasserhaushaltsgesetz vom 31. Juli 2009 (BGBl. I S. 2585)

WM	=	Wertpapiermitteilungen
WuM	=	Wohnungswirtschaft und Mietrecht
ZfIR	=	Zeitschrift für Immobilienrecht
ZGB	=	Zivilgesetzbuch der Deutschen Demokratischen Republik vom 19. Juni 1975 (GBl. I S. 465)
ZMR	=	Zeitschrift für Miet- und Raumrecht
ZOV	=	Zeitschrift für offene Vermögensfragen
ZPO	=	Zivilprozessordnung i. d. F. vom 5. Dezember 2005 (BGBl. I S. 3202; 2006 I S. 431, 2007 I S. 1781)
zust.	=	zustimmend
ZWE	=	Zeitschrift für Wohnungseigentumsrecht

Literaturverzeichnis

Bamberger/Roth/Bearbeiter	Kommentar zum BGB, 3. Auflage, 2012
Bassenge/Olivet	Nachbarrecht in Schleswig-Holstein, Kommentar, 13. Auflage, 2017
Bauer/Schlick	Nachbarrecht für Rheinland-Pfalz und das Saarland, 7. Auflage, 2017
Bruns	Nachbarrechtsgesetz Baden-Württemberg, 3. Auflage, 2015
Dehner	Nachbarrecht, Loseblatt-Kommentar, 7. Auflage, 1991, Stand: Juli 2017
Erman/Bearbeiter	Handkommentar zum Bürgerlichen Gesetzbuch, 14. Auflage, 2014
Hodes/Dehner	Hessisches Nachbarrecht, 5. Auflage, 2001
MüKoBGB/Bearbeiter	Münchener Kommentar zum Bürgerlichen Gesetzbuch; 7. Auflage, 2015 ff.
Palandt/Bearbeiter	Bürgerliches Gesetzbuch, Kurzkommentar, 76. Auflage, 2017
Pelka	Das Nachbarrecht in Baden-Württemberg, 22. Auflage, 2015
Postier	Nachbarrecht in Brandenburg, 5. Auflage, 2012
Schäfer/Fink-Jamann/Peter	Nachbarrechtsgesetz für Nordrhein-Westfalen, Kommentar, 16. Auflage, 2012
Schäfer	Thüringer Nachbarrechtsgesetz, 2. Auflage, 2006
Soergel/Bearbeiter	Kommentar zum Bürgerlichen Gesetzbuch, 13. Auflage, 2000 ff.
Staudinger/Bearbeiter	Kommentar zum Bürgerlichen Gesetzbuch, Neubearbeitungen 2013 (Art. 1, 2, 50–218 EG BGB) und 2016 (§§ 903–922 BGB)
Zimmermann-Steinke	Kommentar zum nordrhein-westfälischen Nachbarrechtsgesetz, 1969

Einleitung

Inhaltsübersicht Seite

1. Gegenstand und Inhalt des Nachbarrechts

Zum Nachbarrecht im weiteren Sinn gehören alle Rechtsvorschriften, die das räumliche Beieinandersein von Personen oder Sachen über Grundstücks- und Wohnungsgrenzen hinweg regeln. Nachbarrecht ist **Ordnung- und Ausgleichsrecht.** Ausgleich erreicht das Nachbarrecht, anders als das Schadensersatzrecht, nicht durch die Begründung selbständiger Rechte und Pflichten, sodass zwischen Nachbarn keine Schuldverhältnisse i. S. d. § 241 BGB existieren. Es konkretisiert die Pflicht zu gegenseitiger Rücksichtnahme, indem es Sachverhalte (z. B. störende Immission) Rechtsträgern zuordnet, deren Verhaltensweisen rechtsfolgenorientiert (z. B. Unterlassungs-/Duldungspflicht) bewertet und in das Rechtssystem einordnet. Das Nachbar-Privatrecht steht mit dem die Boden- und Flächennutzung, z. B. als Bau- oder Umweltschutzrecht, regelnden öffentlichen Recht in enger Verbindung. Es ist dadurch zu einer **typischen Querschnittsmaterie** geworden, die ohne einen „Blick über die Grenzen“ nicht sachgerecht angewandt werden kann. Das bedingt die Notwendigkeit zur Harmonisierung der einander gleichrangigen privat- und öffentlich-rechtlichen Normierungen (vgl. § 2 Abs. 2) zum grundstücksgrenzüberschreitenden Verhalten.

2. Nachbarrecht des Bundes und der Länder

Das private wie das öffentliche Nachbarrecht sind durch ein **Nebeneinander von Bundes- und Landesrecht** nach Maßgabe des Art. 31 GG gekennzeichnet. Das BGB hat sich für das private Recht beschränkt auf die Regelungen der §§ 906 bis 924. Dazu bestimmen Art. 122 bis 125 EGBGB, dass das Nachbarrecht der Länder bestehen bleibt, soweit es „das Eigentum an Grundstücken noch anderen als den im BGB bestimmten Beschränkungen" unterwirft. Wird damit der regionalen Bedingtheit des Nachbarrechts entsprochen, ist für Landesrecht nur Raum, soweit der konkurrierende Bundesgesetzgeber seinen Kompetenzbereich nicht erschöpfend geregelt hat; das ist hinsichtlich des Überbaurechts in §§ 912 ff. BGB strittig (vgl. BVergK 11, 420, 431; BGH, Urt. v. 2.6.2017, V RR 196/16, BeckRS 2017, 115841) und erhält durch Landesrecht, das die Anbringung von Wärmedämmungen über die Grundstücksgrenze hinaus gestattet (vgl. § 14a in der Fassung des Gesetzes vom 8.3.2016), eine erhebliche praktische Bedeutung. Zum Landesrecht gehört kommunales Satzungsrecht, das generelle Normen des übergeordneten Rechts in den örtlichen Rahmen überträgt. Art. 218 EGBGB stellt klar, dass die Länder in diesen Grenzen zu Neuregelungen ihres Nachbarrechts befugt sind und zwar über den Wortlaut (Änderung bestehen gebliebener Vorschriften) hinaus zur Gesetzgebung als Erstregelung dort, wo ein Landes-Nachbarrecht als Erstregelung nicht (mehr) besteht (vgl. BVerfG [Kammer] ZfIR 2008, 108, 109, Rn. 44).

3. Landesrechtlicher Nachbarbegriff

Der Eigentumsbezug der Art. 122 ff. EGBGB begrenzt den **Nachbarbegriff** auf das Grundstückseigentum und ihm gleichgestellte Rechtsinstitute. Diese Begrenzung erscheint im Ansatz zu eng, weil Nachbarkonflikte sich regelmäßig aufgrund der Besitzverhältnisse ergeben; für das Bundesrecht ist daher auch der Grundstücksmieter als gem. § 862 BGB geschützter Besitzer Nachbar i. S. d. § 906 ff. BGB (BGH NJW 2008, 992). Zusätzlicher Regelungsbedarf entsteht hieraus nicht, sodass die landesnachbarrechtlichen Institute sich auf Ausgestaltungen der Eigentümerrechte konzentrieren können. Auch stehen die beiden Rechtsfelder nicht isoliert nebeneinander. Sie sind vielmehr in ihren **Wechselbezügen** zu verstehen; nur in der Zusammenschau von Bundes- und Landesnachbarrecht ergeben sich Inhalt und Schranken des Eigentums im Nachbarschaftsverhältnis. So wirken die in der Rspr. des BGH und des BVerwG entwickelten Grundsätze auch auf das Landesnachbarrecht. So können über Art. 111 EGBGB, allgemeine Rechtsgrundsätze (z. B. zur Verkehrssicherungspflicht) oder das allgemeine Prinzip der Einheitlichkeit der Gesamtrechtsordnung der Inhalt privatrechtlicher, das Eigentum betreffender Normen durch das öffentliche Recht (z. B. das Landes-Naturschutzrecht) beeinflusst sein (z. B. durch Konkretisierung der Sozialbindung nach Art. 14 Abs. 1 S. 2 GG). Öffentlich-rechtlich definierte Immissionsgrenzen sind Indizes für die Beurteilung der Wesentlichkeit einer zivilrechtlichen Beeinträchtigung. Landesrecht oder kommunales Satzungsrecht modifizieren Bundesrecht, wenn eine Baumschutz-VO oder eine Baumschutzsatzung die Ausübung des durch § 910 BGB eröffneten Selbsthilferechts untersagt (vgl. OLG Hamm NJW 2008, 453). Dieses abgeschichtete Regelungsmodell hat sich bewährt, denn es sichert die Rechtseinheit durch die bundesrechtlichen Bestimmungen und wahrt im Landesrecht die regionalen und landsmannschaftlichen Besonderheiten einer Nachbarrechtsbeziehung.

4. Nachbarrecht in Thüringen

a) Bis 1952

In den **Thüringer Staaten** galt mit Ausnahme der preußischen Gebiete Thüringens als Nachbarrecht das Gemeine Sachsenrecht, insbes. das Recht des Sachsenspiegels (vgl. *Dehner* A § 3 VII 2; *ders.* DtZ 1996, 298). Dieses wurde ergänzt durch das Gemeine Recht, dem römischrechtliche Grundsätze in ihrer durch die Rechtspraxis fortentwickelten Gestalt zugrunde lagen (LG Meiningen OLG-NL 1994, 115 und Urt. v. 27.9.1996, 5 S 127/95; AG Dresden DtZ 1996,153; zur Fortgeltung der nach sächsischem Privatrecht begründeten Dienstbarkeiten vgl. *Schmidt-Recla* ZOV 1999, 408). Hinzu kamen zahlreiche lokale Observanzen. In ihren Ausführungsgesetzen zum BGB haben die Thüringer Staaten das geltende Nachbarrecht zum Teil klargestellt, aber auch erneuert (i.e. *Dehner* a. a. O.; *ders.* DtZ 1991, 108, 110). Die verworrene Rechtslage änderten die 1920 zum **Land Thüringen** vereinigten sieben Thüringer Freistaaten, indem sie aufgrund des Gesetzes vom 20.3.1923 über Ausführungsgesetze zu Reichsgesetzen auf dem Gebiet der Rechtspflege (GSlg. S. 225) in den §§ 74 ff. der Ausführungsverordnung zum Bürgerlichen Gesetzbuch vom 16.5.1923 (GSlg. S. 287) ein einheitliches Nachbarrecht erließen. In den **preußischen Gebieten** Thüringens galten nach Maßgabe der Patente vom 24.3.1803 und vom 9.9.1814 die nachbarrechtlichen Vorschriften des ALR (Teil I, Titel VIII §§ 102 ff.); zum Teil gingen ihnen fortbestehende Regionalrechte vor (so das Erfurter Provinzialrecht in dem vor 1803 kurmainzischen Erfurter Gebiet – vgl. dazu *Dehner* A § 3 III, VII; *ders.* DtZ 1991,111; LG Neubrandenburg, Urt. v. 15.9. 2011, 1 S 100/10 zum Fortgelten des Nachbarrecht des ALR in Vorpommern; zum kurmainzischen Recht BayObLGZ 1996, 286).

b) Zwischen 1952 und 1990

In der **DDR** hat seit 1952 nach dem Aufgehen der Länder im Zentralstaat das Ländernachbarrecht zunächst als regionales Recht das BGB ergänzt, solange es auf Sonderregelungsgebieten nicht durch DDR-Recht verdrängt war (z. B. durch die Deutsche Bauordnung vom 2.10.1958 (DBO); i.e. *Janke* DtZ 1992, 311). Dabei entsprach die Regelungstendenz dem grundsätzlichen Bestreben, ein allgemeines Bodenrecht zu schaffen, in dem die gesellschaftliche Indienstnahme des Grundstückseigentums zusammengefasst werden sollte (vgl. *Göhring* ZOV 1996,105; *Klinkert/Oehler/Rohde*, Eigentumsrecht, Nutzung von Grundstücken und Gebäuden, Grundriss Zivilrecht, Heft 5, 2. Aufl. S. 66 ff.). Das Länder-Nachbarrecht spielte im Rechtsleben der DDR keine Rolle (*Janke* NJ 1983, 55, 56; *ders.* DtZ 1992, 311,312; *Ring* NotBZ 2007, 341). Mit dem **Inkrafttreten des ZGB** zum 1.1.1976 erfolgte durch § 15 Abs. 2 Nr. I, 1 EGZGB eine Bereinigung der bis dahin geltenden nachbarrechtlichen Bestimmungen. Die gem. Art. 122 ff. EGBGB erlassenen Regelungen wurden ebenso wie das aus der Zeit vor 1900 stammende Recht aufgehoben (*Dehner* DtZ 1991, 108 ff.; *Wilke* DtZ 1996, 294, 295), nach dem BGB wirksam entstandene Rechte (z. B. Grunddienstbarkeiten) blieben bestehen (§ 6 Abs. 1 EGZGB; OLG Dresden VIZ 1997, 244). Das Nachbarrecht des ZGB war konzentriert auf die generelle Bestimmung, dass dem Eigentümer gegen jeden, der sein Eigentum rechtswidrig verletzt, das Recht auf Schutz zusteht (§ 33 Abs. 1 ZGB), sowie auf die Regelungen der §§ 316 ff. ZGB. Diese wurden verstanden vor dem Hintergrund der allgemeinen Rechtsausübungsprinzipien der § 2 ZGB (Förderung sozialistischer Gemeinschaftsbeziehungen), § 4 ZGB (verantwortungsbewusste Rechtsausübung), §§ 14, 15 ZGB (Rechtsausübung durch vertrauensvolles Zusammenwirken unter Beachtung der Grundsätze der sozialistischen Moral und des gesellschaftlichen Zwecks des wahrgenommenen Rechts). Im Einzelnen regelte das ZGB die Verpflichtung zur Grundstückseinzäunung nebst Unterhaltung und Kostentragung (§ 317), die Verpflichtung zum Markieren der Grundstücksgrenze (§ 318), das Herüberwachsen von Wurzeln und Zweigen (§ 319), den Überbau (§ 320) und das Notwegerecht (§ 321 Abs. 2). Streitigkeiten über Grenzabstände von Pflanzen wurden gem. § 319 ZGB i. V. m. der Generalklausel des § 316 ZGB entschieden; die Grenzabstände der Kleingartenordnung des VKSK (vgl. 2. Auflage vor § 44 Anm. 1a) waren faktisch allgemeinverbindlich und wurden auch außerhalb der Kleingarten-Anlagen herangezogen (AG Erfurt, Urt. v. 9.6.1995, 25 C 710/94). Mitbenutzungsrechte konnten gem. §§ 321, 322 ZGB durch Vertrag zwischen den Nutzungberechtigten begründet werden; die Eigentümerzustimmung war nur notwendig, wenn das Recht auf Dauer bestellt war, oder wenn die Rechtsausübung der Nutzer Eigentümer-Rechte beeinträchtigte (§ 321 Abs. 1 S. 3, 4 ZGB). Über das Mitbenutzungsrecht zum vorübergehenden Gebrauch waren Gestaltungen möglich, wie sie im ThürNRG als Leiter- und Hammerschlagsrecht, §§ 21 ff. oder als Zutrittsrecht zum Verlegen von Leitungen, § 30 anzutreffen sind. Die Grundstücksbelastung durch Bestellung von Dienstbarkeiten hatte das ZGB abgeschafft; nur das Wege- und Überfahrtrecht konnte im Grundbuch eingetragen werden (§ 322 Abs. 1 S. 1 ZGB). Mitbenutzungsrechte gingen gem. § 297 Abs. 2 S. 2 ZGB auf den Erwerber des Grundstückseigentums über; Rangverlust bei Bestellung eines weiteren Rechts sahen weder das ZGB noch die GDO vor. Das Mitbenutzungsrecht war unkündbar. Es erlosch, wenn die Voraussetzungen seiner Begründung entfallen sind oder wenn es länger als vier Jahre nicht ausgeübt wurde (§ 322 Abs. 3 ZGB). Für die *vor* dem 1.1.1976 begründeten Nutzungsrechte galt das BGB fort, wenn für sie eine Grundstücksbelastung im Grundbuch eingetragen war (OLG Dresden VIZ 1997, 244). Abwehransprüche verjährten bis zum 3.10.1990 aber nach § 474 ZGB in vier Jahren (vgl. § 53). Auch insoweit unterlag die Vertragsbeziehung des Begünstigten zum betroffenen Nutzer der Möglichkeit einer gerichtlichen Vertragsanpassung gem. § 78 ZGB. Das Recht auf Schutz seines Eigentums machte der Eigentümer gem. §§ 328, 330 ZGB durch Abwehr- und/oder Schadensersatzanspruch geltend. Dabei verwendete auch die ZGB-Praxis den Begriff des Störers i. S. d. § 1004 BGB (dazu i. E. *Janke* NJ 1983, 55). Über die „Grundsätze der sozialistischen Moral“ fanden Billigkeitserwägungen Eingang in das Nachbarrecht. Ihre Funktion entsprach insoweit dem Institut des auf § 242 BGB gestützten nachbarschaftlichen Gemeinschaftsverhältnisses (*Wilke* DtZ 1996, 294, 297). § 316 ZGB ist fast wörtlich in § 1 BbgNRG übernommen (*Bietz* DtZ, 1997, 149). Das **Verwaltungsrecht**, insbes. das Bau- und Wirtschaftsrecht, hatte in der DDR für die Nachbarschaftsbeziehung erhebliche Bedeutung (z. B. § 405 DBO betr. den Grenzabstand von Dunggruben). Es begründete grds. keinen Abwehranspruch des gestörten Nachbarn; für Einhaltung der Vorschrift sorgte der Staat. Gem. §§ 5 BauverantwortungsVO vom 22.3.1972 (GBl. II S. 293), 34 Abs. 3 der VO über die staatliche Bauaufsicht vom 30.7.1981 (GBl. I S. 313) unterlagen die Entscheidungen der auf kommunaler Ebene tätigen Bauverwaltungsbehörden nicht der gerichtlichen Kontrolle. Obwohl die Bauzustimmung unbeschadet der Rechte Dritter erging, war ein Abwehranspruch gem. § 328 ZGB gegen die von einem Bauwerk ausgehenden Störungen nur eröffnet, wenn das Bauwerk entweder nicht genehmigt war oder soweit die Störung nicht auf einen Sachverhalt zurückgeführt werden konnte, der bereits Gegenstand des Bauzustimmungsverfahrens gewesen war (im einzelnen vgl. *Janke* NJ 1983, 55, 56). Die Verpflichtung, auf dem Grundstück eine Versorgungsleitung zu dulden, beruhte auf § 40 WasserG v. 2.7.1982 (GBl. I S. 467) bzw. auf §§ 29 ff. EnergieVO v. 1.7.1988 (GBl. I S. 89; zur Überleitung dieser Verpflichtung vgl. Thür. OLG OLG-NL 1996, 135,136; *Seeliger* DtZ 1995,34).

c) Seit 1990

Das ZGB ist mit § 15 EGZGB seit dem 3.10.1990 außer Kraft, soweit es nicht kraft ausdrücklicher Bestimmung oder zur Ausfüllung fortbestehender Rechtsinstitute als Bundes- oder Landesrecht (Art. 9 Abs. 1 EVertr) Geltung behält (z. B. das Gebäudeeigentum – Art. 233 § 2b EGBGB). Unklar war, ob damit das vor dem 1.1.1976 geltende Nachbarrecht wieder galt (so LG Neubrandenburg, Urt. v. 15.9.2011, 1 S 100/10 für das Preuß. ALR in Vorpommern; vgl. *Ring* NotBZ 2007, 341, 342). § 54 Abs. 1, 3 nimmt für die Entstehung und den Inhalt auf das „bisherige Recht" Bezug. Hier geht es um die Frage der Rechtmäßigkeit des aktuellen Bestands. Sie kann nur nach Maßgabe des bis zum Wieder-Inkrafttreten des BGB bzw. des neuen Landesrechts geltenden Rechts, also des DDR-Rechts, beantwortet werden. Auch die Rechtmäßigkeit eines aktuellen Verhaltens kann nicht nach der bis 1945 bestehenden Rechtslage beurteilt werden, denn diese ist am 3.10.1990 nicht wiederhergestellt worden (vgl. OLG Brandenburg OLG-NL 1999, 278 betr. Art. 15 § 7 EGBGB mit Art. 96 EGBGB [Altenteilerverträge]; *Rellermeyer* NJ 1996, 409, 410; *Wilke* DtZ 1996, 294; a. A. *Dehner* DtZ 1991, 108, 109; Staudinger/*Albrecht*, BGB, Bearb. 2012, Art. 124 EGBGB, Rn. 12). Außer Kraft traten die dem BGB widersprechenden nachbarrechtlichen Regelungen der §§ 318–320 ZGB (*Wilke* DtZ 1996, 294,296; vgl. § 61 Abs. 2 BbgNRG, der die §§ 316–322 und das ALR-Nachbarrecht ausdrücklich klarstellend aufhebt). Für Thüringen ist Klarheit durch § 56 ThürNRG i. d. F. des Gesetzes v. 21.12.2015 geschaffen. Die gem. §§ 321, 322 ZGB begründeten **Mitbenutzungsrechte** bestanden gem. Art. 233 § 5 EGBGB als Recht am betroffenen Grundstück fort, auch wenn sie nicht im Grundbuch eingetragen waren; sie sind aber gem. § 8 Abs. 1 GBBerG mit dem 31.12.1999 erloschen, sofern der Grundstückseigentümer das Recht nicht formgerecht anerkannt oder eine Grundbuchberichtigung bewilligt hatte oder wenn nicht der Berichtigungsanspruch nach § 894 BGB rechtshändig gemacht war. Verfügungen über ein Mitbenutzungsrecht erfolgen gem. §§ 873 ff. BGB. Der Inhalt der erhalten gebliebenen Rechte richtet sich nach dem ZGB; das gilt auch für das Erlöschen des Rechts gem. § 322 Abs. 3 ZGB (Palandt/*Bassenge* Art. 233 § 5 EGBGB Rdn.3). Nicht eingetragene ZGB-Mitbenutzungsrechte können seit dem 1.1.2000 gem. § 892 BGB erlöschen (gutgläubiger Wegerwerb). Das Ablösungsrecht des hinsichtlich der heimlichen Belastung gutgläubigen Grundstückserwerbers nach Art. 233 § 5 Abs. 2 S. 2 EGBGB dürfte nicht mehr praktisch werden. Bei Mitbenutzung eines Grundstücks ohne Begründung eines Nutzungsrechts kann gem. §§ 1 Abs. 1 Nr. 4, 116 Abs. 1 SachenRBerG ein Anspruch auf Bestellung einer Dienstbarkeit bestehen (BGH, NJW-RR 2015, 852; *Keller,* Rpfleger 1996, 231); Benutzungsrechte erheblichen Umfangs ergeben sich weiterhin aus der Fortführung vor dem 3.10.1990 begründeter vertraglicher Nutzungsrechtsverhältnisse durch das SchuldRAnpG. Das **Thüringer Nachbarrechtsgesetz** vom 22.12. 1992 war die erste nachbarrechtliche Gesetzgebung in den neuen Bundesländern; damit hat Thüringen das Gebot des Art. 14 Abs. 1 S. 2 GG umgesetzt, wonach in das Eigentum nur nach Maßgabe eines Gesetzes eingegriffen werden darf. Hinzu kamen das Brandenburgische Nachbarrechtsgesetz v. 28.6.1996 (GVBl. I S. 226; *Bietz* DtZ 1997, 149, 150; s. o. 2, b), das Sächsische Nachbarrechtsgesetz vom 11.11.1997 (SächsGVBl. S. 582; vgl. *Thomas/Schlüter* VIZ 1998, 69) und das Nachbarschaftsgesetz von Sachsen-Anhalt v. 13.11.1997 (GVBl. S. 958; vgl. *Diederich* NJ 1998, 183; *Fruhner* VIZ 1998, 649). Mecklenburg-Vorpommern plant weiterhin den Erlass eines Nachbarrechtsgesetzes (*Janke*, NJ 2007, 204; zusammenfassende Darstellung: *Ring* NotBZ 2007, 341; *ders.* NotBZ 2008, 1, NotBZ 2008, 100). Das seit 1993 in Kraft befindliche ThürNRG wurde durch Gesetz vom 9.3.2006 mit Wirkung vom 22.3.2006 an novelliert. Anlass der Änderung waren Vereinfachungen des Baugenehmigungsverfahrens (Änderung § 10 Abs. 2), Präzisierungsbedarf zu §§ 51, 52 und die Anpassung der Verjährungsregelung an das durch die Schuldrechtsnovelle seit 2002 geltende Verjährungsrecht des BGB (Thüringer Landtag, Drs. 4/1574). Einen Beschluss der Landesregierung übernehmend sollte das ThürNRG insgesamt mit Ablauf des 31.12.2010 außer Kraft treten (§ 56 n. F.). Diesen Zeitpunkt hat Art. 11 des Gesetzes vom 9.9.2010 auf den 31.12.2015 verlegt (GVBl. 2010, S. 291). Das Gesetz vom 21.12.2015 (GVB. S 237) hat die zeitlichen Geltungsbeschränkungen beendet. Substantielle Neuregelungen sind im ThürNRG durch das Gesetz vom 8.3.2016 (GVBl. S. 149), in Kraft seit 31.3.2016, vorgenommen worden. So wurde das NRG um § 14a ergänzt; §§ 17, 46, 49 und 51 wurden inhaltlich geändert.

Thüringer Nachbarrechtsgesetz

vom 22. Dezember 1992 (GVBl. S. 599), mit nachfolgenden Änderungen zuletzt durch Gesetz vom 8. März 2016 (GVBl. S. 149).

Erster Abschnitt
Allgemeine Bestimmungen

§ 1 Nachbar- und Nutzungsberechtigter

(1) Nachbar im Sinne dieses Gesetzes ist der Eigentümer eines Grundstücks, im Falle der Belastung des Grundstücks mit einem Erbbaurecht der Erbbauberechtigte. Soweit sich nach den Bestimmungen dieses Gesetzes für den Eigentümer eines Grundstücks Rechte oder Pflichten ergeben, treffen diese bei einer Belastung des Grundstücks mit einem Erbbaurecht den Erbbauberechtigten.
(2) Rechte und Pflichten eines Nutzungsberechtigten nach diesem Gesetz entstehen nur für denjenigen Nutzungsberechtigten, dessen Besitzstand berührt wird.

Erläuterungen

1. Nachbarbegriff. Abs. 1 definiert für das Landesrecht den **Begriff „Nachbar“**. Damit ist enger als der natürliche Sprachgebrauch nur der **Eigentümer** eines Grundstücks zu verstehen; §§ 6 Abs. 3, 41 Abs. 1 beziehen als Anzeigeadressaten den unmittelbaren Besitzer in den Nachbarbegriff ein. „Grundstück“ ist im Rechtssinn gemeint als ein nicht nur tatsächlich vorhandener, sondern im Grundbuch nach einem amtlichen Verzeichnis benannter Teil der Erdoberfläche (vgl. § 2 Abs. 1 GBO). Bei Gebäuden kommt es nicht auf den Grenzverlauf, sondern auf die Eigentumslage an, weil insbes. bei Grenzüberbau der auf dem Nachbargrundstück befindliche Gebäudeteil dem überbauenden Grundstück zugerechnet wird (vgl. BGH, NJW 2008, 1810, Rn. 13 ff.); Gleiches gilt für andere auf dem Nachbargrundstück befindlichen Bestandteile des Stammgrundstücks (BGH NJW-RR 2013, 652

[Öltank]). In vertikaler Hinsicht ergibt sich der mit zunehmendem Abstand zur Erdoberfläche abnehmende Schutzumfang aus § 905 BGB (Kirchhof ZfIR 2012, 777, 778; OLG Düsseldorf NZM 2007, 582 [Kranüberflug]). Bei gebäudebezogenen Rechten wie dem Hammerschlags- oder Leiterrecht wird auf das jeweilige Gebäude abgestellt, auch wenn das überbaute Nachbarbauwerk auf dem selben Grundstück steht. Unerheblich ist die Belegenheit der Grundstücke (BGH NJW 1997, 1748 [drei Kilometer entfernte Immissionsquelle]). Vor allem Licht- und Fensterrechte sowie Leitungsrechte können sich gegen Nachbarn richten, deren Grundstück nicht angrenzt. Das Betretungsrecht nach § 30 besteht auch für entfernte Grundstücke. Beim Erbbaurecht ist „Grundstück" der gegenständliche Geltungsbereich des Rechts. Dieser erstreckt sich beim Gesamterbbaurecht über mehrere Grundstücke. Diese **Begrenzung auf den Eigentümer** gebietet Art. 124 EGBGB. Sie ist im Ansatz zu eng, weil Grundlage der Nachbarkonflikte regelmäßig die Besitzverhältnisse sind (vgl. Abs. 2); für das Bundesrecht ist daher der Grundstücksmieter Nachbar i. S. d. §§ 906 ff. BGB (OLG Stuttgart OLGR 2007, 755, 757). Sind Nachbargrundstücke in der Hand desselben Eigentümers, ist hierfür Nachbarrecht, insbesondere über Grenzabstände, nur eingeschränkt anwendbar (OLG Düsseldorf OLGR 1996, 166).

2. Gleich gestellte Rechtsträger. Abs. 2 erfasst die dem Grundstückseigentümer gleich zu behandelnden Rechtsträger.

a) Bruchteilseigentümer. Grundstückseigentümer ist auch der **Miteigentümer** (§§ 1008, 1011 BGB). Die Miteigentümer können als Rechtsgemeinschaft z.B. bei einem privaten Erschließungsweg Nachbarn ihrer selbst sein (BGH, NJW-RR 2008, 612). Im Innenverhältnis der Miteigentümer können sich trotz der nur ideellen (gedachten) Anteile nachbarrechtliche Streitigkeiten dann ergeben, wenn die Miteigentümer jeweils reale Grundstücksteile für sich allein nutzen. Maßgeblich sind hier nicht in erster Linie die Abwehrrechte nach § 1004 BGB, sondern interne Benutzungsregelungen auf der Grundlage der §§ 741 ff. BGB; fehlen solche, gilt § 1004 BGB in Verbindung mit dem analog anzuwendenden Landesnachbarrecht (BGH NJW 2007, 3636 Rn. 12, 13 [Anpflanzungsabstand bei Alleingebrauchsflächen in Bruchteilsgemeinschaft]). § 906 Abs. 2 Satz 2 BGB ist zwischen Miteigentümern dann nicht anwendbar, wenn sie Grundstücksteile ausschließlich nutzen (BGH MDR 2012, 580, bei juris Rn. 12). Jeder Miteigentümer kann als gesetzlicher Prozessstandschafter der anderen Miteigentümer die Abwehrrechte für das gesamte Grundstück ausüben, muss aber ggf. das Eigentum aller Miteigentümer beweisen. Die Rechtskraft eines die Klage abweisenden Urteils erstreckt sich auf die anderen Miteigentümer nur, wenn mit ihrer Zustimmung geklagt wurde (BGHZ 79, 245, 247 f.; BGH NJW 1985, 2825). Auf **Gesamthandseigentum** z.B. einer Erbengemeinschaft oder BGB-Gesellschaft ist weder § 1011 BGB noch § 1 Abs. 1 Satz 2 anwendbar. Hier müssen nachbarrechtliche Ansprüche von bzw. gegen sämtliche Gesamthänder(n) geltend gemacht werden.

b) Wohnungs- bzw. **Teileigentümer** sind Miteigentümer des Grundstücks (§ 1 Abs. 2 WEG) und Alleineigentümer ihres Sondereigentumsbereichs. Als „Nachbar" kommen in Betracht: (1) die Eigentümer eines anderen Sondereigentumsbereichs (Wohnungs- oder Teileigentum), (2) die Wohnungseigentümer insgesamt hinsichtlich des Gemeinschaftseigentums, (3) der Verband der Wohnungseigentümer als nach § 10 Abs. 6 WEG teilrechtsfähige Einheit hinsichtlich des Verwaltungsvermögens der Gemeinschaft. Für den Sondereigentumsbereich einschließlich von Sondernutzungsrechtsflächen steht der Wohnungs-/Teileigentümer grds. dem Grundstückseigentümer gleich (§ 13 Abs. 1 WEG; BGHZ NJW 2014, 458, Rn. 15; OLG Köln NJW-RR 1998, 518 [werdende Wohnungseigentümer]; Bruns NJW 2011, 337); zur Gemeinschaft der Sondereigentümer bei Mehrhausanlagen auf einem Grundstück vgl. § 21, 2. Unterlassungs- und Beseitigungsansprüche können bei Betroffenheit der Hausgemeinschaft auch von den Wohnungseigentümern insgesamt aufgegriffen und in extremen Störungsfällen sogar zum Anlass eines Hausverbotsbeschlusses gegen Gäste des Wohnungseigentümers gemacht werden (BVerfG NJW 2010, 220; LG Koblenz ZWE 2011, 460; Abramenko ZWE 2011, 442). Die Gebrauchsbefugnis am Gemeinschaftseigentum z.B. durch Ausübung der Mitbesitzes (§ 866 BGB) ist unteilbar und nicht quotal nach den Miteigentumsanteilen der Sondereigentümer beschränkt (BGH NJW 2017, 64 Rn. 28). Abwehrrechte wegen das Gemeinschaftseigentum betreffender Störungen (zur Abgrenzung Grziwotz NotBZ 2013, 161) stehen den Wohnungseigentümern zunächst individuell zu. Hat der Verband gem. § 10 Abs. 6 Satz 3 WEG mehrheitlich beschlossen, den Abwehranspruch als gesetzlichen Prozessstandschafter geltend zu machen, ist eine Einzelklage unzulässig (BGH DNotZ 2015, 824; NJW 2011, 1351, Rn. 10). Für die Wohnungseigentümergemeinschaft (§§ 10 Abs. 1, Abs. 6, 11 WEG) nimmt ein Verwalter nachbarrechtliche Rechte und Pflichten nach Maßgabe des § 27 WEG wahr. Bei der baurechtlichen Nachbarbeteiligung repräsentiert er gem. § 69 Abs. 6 Satz 2 ThürBO die Eigentümergemeinschaft; dem Nachbar-Bauvorhaben kann er nicht mit Wirkung für die einzelnen Wohnungseigentümer zustimmen. Der Verwalter ist nicht Störer, wenn die beeinträchtigende Anlage einem Eigentümerbeschluss entspricht (BayObLG FGPrax 1995, 231), dagegen wird er als Störer auch von den Wohnungseigentümern in Anspruch genommen, soweit die Störung sich aus der Art und Weise der Wohnanlagenverwaltung ergibt (OLG Hamm FGPrax 1999, 136, 137). Innerhalb der Wohnanlage hat Nachbarrechtsschutz seine Grundlagen vorrangig in den Sonderbestimmungen des WEG (z.B. §§ 13 Abs. 2, 14, 21 Nr. 5 WEG) sowie in den Gebrauchsregelungen der Gemeinschaftsordnung (§§ 10 Abs. 2, 15 Abs. 1 WEG), den Inhaltsbestimmungen zu den Sondernutzungsrechten (§ 15 Abs. 1 WEG; KG NJW-RR 2007, 1604 f.) und in den Beschlüssen der Wohnungseigentümer (§§ 10 Abs. 3, 23 WEG); diese gehen mietvertraglichen Regelungen zwischen Wohnungseigentümer und Mieter vor (BGH NJW 2012, 464; LG Hamburg ZMR 2012, 354). Da ein interessenkontroverses Nachbarverhältnis zwischen den Sondereigentümern und der WE-Gemeinschaft, der jeder Miteigentümer kraft Gesetzes angehört, nicht besteht, ist ausschließlich das WEG maßgebend, wenn die Einwirkung aktiv dem Gemeinschaftseigentum zuzurechnen ist (BGH NJW 2010, 2347, Rn. 21; Bruns NJW 2011, 337, 340); anders ist es bei von einem Sondereigentumsbereich ausgehenden Störungen eines anderen Sondereigentümers (oder dessen Mieter; BGH, NJW 2014, 458). § 906 BGB gilt im Verhältnis der Wohnungseigentümer untereinander nach Maßgabe des § 14 WEG, sodass ein Abwehranspruch schon gegen nicht völlig unwesentliche Gebrauchsbeeinträchtigungen (BGH NJW 2012, 2715 [Trittschall]; BayObLG NJW-RR 2001, 141 [Küchenduft]; BayObLG ZMR 1999, 348, 349 [Heckenrückschnitt]; BayObLG NJW-RR 1999, 957 [Grill-Beschränkungen im Sondernutzungs-Garten]; OLG Düsseldorf NZM 2009, 748, 749 [Lärmintensität]) oder dann bestehen kann, wenn ein Sondereigentumsbereich in einer anderen als in der Gemeinschaftsordnung bestimmten Weise genutzt wird (BGH NJW 2014, 2640 Rn. 11). Durch die Gemeinschaftsordnung oder Gebrauchsregelungen nach § 15 WEG kann die Rechtsstellung der Miteigentümer derjenigen von Alleineigentümer gleichgestellt werden, sodass das nachbarliche Dürfen in der Wohnanlage sich nach §§ 906 ff. BGB und dem Landesrecht bestimmt (OLG München DNotZ 2008, 614 für eine aus Reihenhäusern bestehende Anlage); ferner kann das Rechtsverhältnis abweichend von § 14 WEG durch Wohnungseigentümerbeschlüsse fortgebildet sein (vgl. § 2, Erl. 1). Neben diesen Sonderrechtsgrundlagen gelten die Begriffe des allgemeinen Nachbarrechts subsidiär. Zentrale Anknüpfung ist auch hier die einem Störer zuzurechnende wesentlich nutzungsbeeinträchtigende Störung (BGH NJW 2012, 464, Rn. 11 [Schallbeeinträchtigung nach Bodenbelagsaustausch]). Meist ist Störer einer der Eigentümer, dem auch die von einem Wohnungsmieter oder Mitnutzer (z.B. Lebensgefährte) verursachten Störungen (z.B. durch Hundehaltung, undichter Wasserhahn, Beschädigung von Gemeinschaftseigentum) zuzurechnen sind, wenn die Einwirkung über ein Personenrecht hinaus in die Nutzung des räumlich-gegenständlichen Bereichs der Wohnung hineinwirkt und pflichtgemäß vom Vermieter unterbunden werden muss (BGH NJW 2008, 992, Rn. 8; OLG Saarbrücken NJW 2008, 80, 81 [Beleidigung von Miteigentümern durch Lebensgefährten]; OLG Schleswig, ZMR 2004, 940; OLG Stuttgart, OLGR 2006, 216; LG Hamburg, ZMR 2012, 354 [Musikunterricht als Gewerbeausübung]); die Beseitigungspflicht kann darin bestehen, ein Mietverhältnis schnellstmöglich zu beenden (OLG Saarbrücken NJW 2008, 80). Die bloße Nutzung der Wohnung durch Vermietung ist auch dann keine abwehrfähige Störung, wenn die Mieter täglich oder wöchentlich wechseln (BGH NJW 2010, 3093, Rn. 17 ff. [Vermietung an Feriengäste]); jedoch können die Wohnungseigentümer beschließen, dass durch eine solche Intensivnutzung des Gemeinschaftseigentums verursachte Aufwendungen vom Vermieter zu tragen sind (BGH NJW 2010, 3508, Rn. 9 f.). Das Selbsthilferecht nach § 910 BGB kann gegenüber anderen Wohnungseigentümern nicht ausgeübt werden (OLG Düsseldorf FGPrax 2001, 188). Öffentlich-rechtlicher Nachbarrechtsschutz (z.B. gegen die Genehmigung eines Umbaus in der Eigentumswohnung) findet im Hinblick auf die zivilrechtlichen Rechtsschutzmöglichkeiten insbes. gem. §§ 15, 22, 43 WEG weder unter den Miteigentümern noch gegenüber Dritten statt (BVerwG NVwZ 1998, 954, 955). Jedoch können Auswirkungen auf das Sondereigentum Gegenstand öffentlich-rechtlichen Nachbarrechtsschutzes sein (OVG Berlin DWW 1995, 89) und privatrechtlich wirkende Gebrauchsbeschränkungen des Sondereigentums können sich auch aus öffentlich-rechtlichen Bestimmungen ergeben, soweit sie drittschützenden Charakter haben (BayObLG FGPrax 1996, 221). Baurechtliche Bestimmungen betr. die Anforderungen an Aufenthaltsräume im Kellergeschoss (z.B. § 47 ThürBO) begründen keinen Drittschutz dahin, dass einem Wohnungseigentümer die gewerbliche Nutzung eines im Keller gelegenen „Hobbyraums" untersagt werden kann (BayObLG NJW-RR 1996, 463). Für Nutzungsinhalt und -umfang sind zunächst die Gebrauchsregelungen der Gemeinschaftsordnung und die Inhaltsbestimmungen zu den Sondernutzungsrechten maßgeblich (OLG Hamm ZMR 1997, 34, 35 f.); diese können durch nicht aus dem Grundbuch ersichtliche Wohnungseigentümerbeschlüsse fortgebildet sein. Im Verhältnis der Wohnungseigentümer untereinander gilt § 906 BGB vor allem für die Wesentlichkeit und Ortsüblichkeit einer Beeinträchtigung nur nach Maßgabe des § 14 WEG; ein Abwehranspruch besteht schon bei jeder nicht völlig unerheblichen Gebrauchsbeeinträchtigung (OLG Köln WuM 1997, 453; BayObLG WuM 2001, 141 [Küchenduft]; BayObLG, ZMR 1999, 348, 349 [Heckenrückschnitt]; BayObLG NJW-RR 1999, 957 [Grill-Beschränkungen im Sondernutzungs-Garten]) oder dann, wenn ein Sondereigentumsbereich abweichend von der Teilungserklärung genutzt wird (BayObLG FGPrax 1996, 57 [Teileigentum als Wohnraum]). Auf den Sondernutzungsbereichen (§§ 13, 15 WEG) finden die Vorschriften des Nachbarrechts entsprechende Anwendung mit der Folge, dass Abwehrrechte bestehen, wenn ein im benachbarten Sondernutzungsbereich angepflanztes Gehölz den „Grenzabstand" zur Nachbarparzelle nicht wahrt oder eine Einzäunung eine unzulässige bauliche Veränderung darstellt (KG NJW-RR 1996, 464, 465;

FGPrax 1997, 95; and. für den Abstand zum Gebäude: OLG Köln NJW-RR 1997, 14, 15).

c) **Dinglich Nutzungsberechtigte**. Den **Erbbauberechtigten** stellt Abs. 1 ausdrücklich dem Grundstückseigentümer gleich; im baurechtlichen Nachbarbegriff (vgl. 69 Abs. 1 ThürBO) ist der Erbbauberechtigte nicht genannt (and. § 71 Abs. 1 Saarl. LBO 2004), hier wird auf § 2 ergänzend zurückzugreifen sein. Er kann den Grundstückseigentümer nicht verdrängen, soweit es um Eingriffe in die Substanz des Grundstücks selbst geht. Der **Wohnungserbbauberechtigte** (§ 30 WEG) ist zunächst dem Wohnungseigentümer und mit ihm dem Grundstückseigentümer gleichgestellt (OVG Berlin-Brandenburg NJW 2012, 3673). Das gilt auch für das **Gebäudeeigentum** nach Art. 231 § 5, § 233 § 4 EGBGB. Der gem. § 1030 BGB **Nießbrauchsberechtigte** kann Beeinträchtigungen seines Nutzungsrechts gem. §§ 1027, 1004 BGB selbstständig abwehren oder wegen seines Eigeninteresses Abwehrrechte im eigenen Namen als Prozessstandschafter des Eigentümers wahrnehmen (LG Hamburg ZWE 2015, 224). Für das Geltendmachen die Grundstückssubstanz betreffender Einwirkungen kommt ihm nicht die Stellung des Eigentümers zu (vgl. BayObLGZ 1998, 145, 147 f.; Röll MittBayNot 1999, 68; Armbrüster DNotZ 1999, 562). Daher ist Nießbraucher anders als der nach § 31 WEG Dauerwohnungsberechtigte (BGH DNotZ 1978, 157, 159) in der Eigentümerversammlung auch dann nicht stimm- oder anfechtungsberechtigt, wenn Nutzungsänderungen des gemeinschaftlichen Eigentums oder des Sondereigentums beschlossen werden (BGH BeckRS 2015, 14487); Gleiches gilt für den werdenden Wohnungseigentümer (BGHZ 106, 113, 118 ff.). Dagegen kann der Nießbraucher Störer sein, mit der Folge, dass der Eigentümer mittelbarer Handlungsstörer wird (BGH NJW 2014, 2640, Rn. 10). Der Erwerber einer Eigentumswohnung ist bezüglich baulicher Veränderungen durch seinen Rechtsvorgänger weder Handlungs- noch Zustandsstörer (OLG Hamburg ZMR 2006, 377, 378). Den Eigentümern nach Abs. 1 gleich stehen auch diejenigen, denen ein der Rechtszuständigkeit des Eigentümers analoges Recht zusteht. Dabei geht es vor allem um dingliche Rechte zur Nutzung des Grundstücks (Abs. 2). Zu diesem Berechtigtenkreis gehört der **Käufer** eines Grundstücks, auf den zwar noch nicht das Eigentum, wohl aber der Besitz und die Nutzungen übergegangen sind, und dessen Rechtsstellung durch das **Anwartschaftsrecht** des Auflassungsempfängers verfestigt ist (BGHZ 114, 161, 165 [Anspruch aus §§ 909, 823 Abs. 2 BGB]; BGH NJW 1998, 3273 [Käufer als Handlungsstörer]). Das Recht entsteht mit der Eintragung einer Auflassungsvormerkung bzw. mit Stellung des Antrags auf Vollzug der Auflassung durch den Käufer (Palandt/Herder § 925 BGB Rn. 25). Die Störerposition des Verkäufers übernimmt der Erwerber nicht automatisch, sodass der Erwerber einer Eigentumswohnung bezüglich baulicher Veränderungen durch seinen Rechtsvorgänger weder Handlungs- noch Zustandsstörer ist (OLG Hamburg ZMR 2006, 377, 378; KG NJW-RR 2007, 1604, 1605). Auf den **Baulichkeitseigentümer** (z.B. den Eigentümer einer Datsche oder auf fremdem Grund errichteten Garage) als Sondereigentümer eines als Scheinbestandteil nach § 95 BGB rechtlich selbstständigen Gebäudes ist § 1 nicht anwendbar, weil DDR-Relikt „Baulichkeit" rechtlich als bewegliche Sache behandelt wird. Entsprechendes gilt für den Betreiber einer vom Nachbargrundstück her störenden Windenenergieanlage (vgl. BGH NJW 2017, 2099).

d) Mieter und Pächter. Ob der **Mieter/Pächter** nachbarrechtlich dem Grundstückseigentümer gleichzustellen ist, wird insbes. für die Befugnis zur öffentlich-rechtlichen Nachbarklage streitig erörtert (vgl. BVerwG NVwZ 1998, 956: keine Klagebefugnis; ebenso für den Inhaber eines dinglichen Wohnrechts OVG Niedersachsen, ZMR 1999, 729; Staudinger/Roth, BGB, Stand 2016, § 910 Rn. 5 ff.; Zabel/Mohr ZfIR 2010, 562). Die Eigentumsgarantie des Art. 14 GG wirkt allerdings auch zugunsten des Wohnraum-Mieters, wobei sie an den rechtlich gesicherten Besitz anknüpft (vgl. BVerfGE 89, 1, 6 ff.). Hinsichtlich seiner Verhaltenspflichten unterliegt der Pächter in seinem Nutzungsverhalten im Verhältnis zum Nachbar-Eigentümer denselben Beschränkungen aus dem nachbarschaftlichen Gemeinschaftsverhältnis wie der Eigentümer (BGH NJW 2007, 432; NZM 2008, 253, Rn. 26). Auch für den privatrechtlichen Abwehranspruch aus § 1004 BGB ist umstritten, ob die Mieter ihn nicht nur als Prozessstandschafter des Vermieters sondern aus eigenem Recht auf der Grundlage von §§ 858 Abs.1, 862 Abs. 1 BGB zum Schutz ihres räumlich-gegenständlichen Besitzes geltend machen können (BGH NJW 2015, 2023, Rn. 19 ([Rauchen auf dem Balkon]). Für das Landesrecht liegt es nahe, dem Pächter ein unmittelbares Vorgehen auch aus § 51 zu gestatten, denn diese Bestimmung nimmt den Anspruch aus § 1004 BGB auf, der nach Bundesrecht dem Besitzer/Pächter selbst zusteht; Art. 122 EGBGB trägt diese Erweiterung des Eigentümerbegriffs, wie auch das neben den Abwehranspruch aus § 1004 Abs. 1 BGB tretende Selbsthilferecht gem. § 910 BGB über den Eigentümer hinaus auf den aus einer Grunddienstbarkeit Berechtigten ausgedehnt wird (BGH NJW 1992, 1101,1102; MünchKommBGB/Säcker § 910 Rn. 9; a.A. Staudinger/ Roth, a.a.O., § 910 Rn. 7 m. w. N.); da das Landesrecht überwiegend sich mit auf die Grundstücks selbst bezogenen Bestimmungen befasst, ist der Besitzschutz hier kaum angesprochen, sodass die praktische Bedeutung der Kontroverse gering ist. Soweit sie wie bei §§ 44 ff. doch erheblich sein kann, darf zur Konkretisierung der Rechte- und Pflichtenlage in der Nachbar-Nutzer-Beziehung auch dort auf das Landesnachbarrecht zurückgegriffen werden, wo der Nutzungsberechtigte nicht als Pflichtenträger benannt ist (§ 37 Abs. 1); eine solche Benennung ist nicht ausschließlich auf die Unterlassungspflicht zu beziehen, sondern als Grundlage eines Abwehrrechts bei umgekehrter Ausgangslage aufzufassen. Die weitgehende Angleichung des Schutzes schuldrechtlich vermittelten Besitzes an das Immissionsabwehrsystem unter Eigentümern lässt sich seit dem BGH-Urteil vom 16.1.2015, NJW 2015, 2023 [Abwehr gegen Tabakrauch in Mietshaus] nicht mehr infrage stellen. Anstelle des nachbarrechtlichen Gemeinschaftsverhältnisses übernimmt hier das Rücksichtnahmeprinzip die gebotenen Feinabstimmungen. Allerdings steht der nachbarrechtliche Ausgleichsanspruch Mietern untereinander nicht zu (BGH NJW 2004, 775; NJW 2016, 458 Rn. 11; NJW 2015, 2023 Rn. 9). Der Eigentümer- und Nachbarbegriff in § 910 BGB bzw. Art. 122 EGBGB sollte jedenfalls wegen der Dauer und der verfestigten inhaltlichen Ausgestaltung des Nutzungsrechts die Pächter von Kleingärten i. S. d. § 1 Abs. 1 BKleinGG einschließen. Können Mieter/Pächter zum Schutz ihres Besitzes unmittelbar aus §§ 1004 BGB, 51 vorgehen, kann die Ausschlussfrist des § 51 Abs. 3 Satz 1 als spezifisches Landesrecht auf sie auch deswegen nicht ohne Weiteres übertragen werden, weil das Eigentum an Pflanzen, dann, wenn sie ohne Gefahr für ihren Bestand nicht aus dem Boden entfernt werden können, mit der Anpflanzung dem Grundstückeigentümer zusteht (LG Detmold, NJW-RR 2014, 712); im Verhältnis zu benachbarten Eigentümern stehen ihnen keine weitergehenden Rechte zu als dem Verpächter = Eigentümer, daher greift hier in seinem Anwendungsbereich auch § 51 Abs. 3 ein; nutzen Mieter auf demselben Grundstück verschiedene, benachbarte Flächen z.B. als **mitvermietete Gartenbereiche**, unterliegen sie der besonderen Rücksichtnahmepflicht aus dem Mietvertrag. Sie kann gem. §§ 44 ff. konkretisiert sein, hat ihre Grundlage aber im bundesrechtlichen Vertragsrecht und wird nicht durch § 51 Abs. 3 eingeschränkt (ähnlich OLG Hamm NJW-RR 2003, 230, 231 zu § 14 WEG).

3. Repräsentanz. Abs. 1 **Satz 2** bestimmt für den Geltungsbereich des Landesnachbarrechts das **Prinzip der einheitlichen Repräsentation** des Grundstücks (Schmidt-Preuß NJW 1995, 27, 29), indem er für das Verhältnis Eigentümer/Erbbauberechtigter klarstellt, dass Letzterer an die Stelle des Eigentümers tritt, wobei es auf die rechtliche Organisation des Eigentums (Bruchteils-, Gesamthandseigentum) nicht ankommt. Die Errichtung einer Nachbarwand und der damit verbundene Grenzüberbau bedürfen der Zustimmung des Erbbauberechtigten; widerspricht der Eigentümer der Maßnahme, bedarf es trotz eines Vorbehalts nach § 5 ErbbauRG nicht eines Zustimmungsersetzungsverfahrens nach § 7 ErbbauRG. Abs. 1 ist nicht im Sinn eines vollständigen Austauschs des Nebeneinander von Eigentümer und Erbbauberechtigtem gemäß der beiderseitigen Pflichten- oder Betroffenseinslage gemeint. Es kommt darauf an, ob die Beeinträchtigung sich in der Grundstückssubstanz auswirkt oder (auch) im Sachherrschaftsbereich des Erbbauberechtigten. Satz 2 ist im Sinne einer Vermutung zu verstehen, dass regelmäßig die Beeinträchtigung das Erbbaurecht betrifft oder dass von ihm die Beeinträchtigung ausgeht bzw. der Erbbauberechtigte der Störer oder Zustimmungsberechtigte ist. Da Abs. 1 dispositiv ist, können z.B. in der Erbbaurechtsbestellungsvereinbarung die auf Abs. 1 beruhenden nachbarrechtlichen Befugnisse des Erbbauberechtigten wegen ihrer langdauernden Wirkungen z.B. im Zusammenhang mit der Errichtung einer Nachbarwand oder dem Licht- und Fensterrecht als Inhalt des Erbbaurechts dem Eigentümer vorbehalten werden.

4. Zuweisungskriterium Besitz. Abs. 2 setzt voraus, dass Träger von im Landesnachbarrecht gründenden Rechten und Pflichten auch **Nutzungsberechtigte** sein können, wobei nicht auf die Grundlage der Berechtigung (dinglich, schuldrechtlich, öffentlich-rechtlich) abgestellt ist, sondern nur darauf, ob im Einzelfall ein mit der Nutzungsberechtigung korrespondierender Besitzstand berührt ist. Gibt es für ein Grundstück mehrere Nutzungsberechtigte (z.B. Nießbraucher/Mieter/Untermieter; mehrere Mieter in horizontaler oder vertikaler Anordnung nebeneinander) bestätigt Abs. 2, dass nur derjenige Nutzer aktiv oder passiv angesprochen ist, um dessen Besitzstand es im Einzelfall geht. Das Hammerschlagsrecht hat so nur derjenige Mieter zu gewähren, dessen Nutzungsbereich betreten werden muss. Nur ihm, nicht anderen Mietern ist die Benutzungsabsicht gem. § 22 anzuzeigen. Ist ein Nutzungsrecht schuldrechtlicher Natur, muss die das Recht begründende Vertragsbeziehung unmittelbar mit dem Grundstückseigentümer für eine gewisse Dauer abgeschlossen sein. Im Falle der Vermietung an Ehegatten nehmen sie die jeweiligen Rechte und Rechtshandlungen gemeinschaftlich wahr. Im Verhältnis zum Eigentümer ist Abs. 2 keine Zuordnungsreihenfolge zu entnehmen. Soweit eigene Ansprüche von **Besitzern** in Betracht kommen, können diese das Eigentümerrecht nicht verdrängen. Im Übrigen ist stets zu prüfen, ob die abzuwehrende Störung das Grundstückseigentum betrifft oder ob sie nur das Nutzungsrecht des Besitzers beeinträchtigt.

§ 2 Anwendungsbereich

(1) Die §§ 3 bis 52 dieses Gesetzes gelten nur, soweit die Beteiligten nichts anderes vereinbaren.
(2) Rechte und Pflichten nach öffentlichem Recht werden durch dieses Gesetz nicht berührt. Die Ausübung von Rechten nach diesem Gesetz ist nur zulässig, wenn die nach öffentlichem Recht zu erfüllenden Voraussetzungen gegeben sind.

Erläuterungen

1. Nachbarvereinbarung. § 2 Abs. 1 stellt klar, dass die Bestimmungen des ThürNRG mit Ausnahme des § 53 nur gelten, wenn die Nachbarn nichts anderes vereinbart haben. Gestaltungsmittel ist der grds. formfreie **Vertrag**. So können bei einer Grundstücksteilung stillschweigend Duldungspflichten und Nutzungsrechte (BGH NJW-RR 2013, 652 bei juris Rn. 22 f.) oder Versorgungpflichten begründet werden (BGH, NJW-RR 2013, 650 bei juris Rn. 17). § 2 gilt auch für sämtliche einseitigen privatrechtlichen Einwilligungen in einen störenden Zustand mit der Abweichung, dass diese anders als ein Vertrag jederzeit widerruflich sind (OLG Koblenz OLGR 1999, 507). Soweit das Gesetz Einwilligungen vorsieht (z.B. §§ 3 Abs. 2, 14 Abs. 1, 34), geht es von einem Vertrag aus (vgl. § 3, 5.). Ist ausnahmsweise Schriftform gefordert (vgl. § 34 Abs. 4), kann diese nicht abbedungen werden. Soll insoweit Bindung eintreten, müssen zumindest Umstände vorliegen, aus denen sich der anderen Seite aufdrängt, dass ihrer Einverständniserklärung Vertragsqualität beigelegt wird. Eine Vereinbarung i. S. d. § 2 kann Teil eines Prozessvergleichs oder eines größeren Vertragswerks sein (z.B. des Bauträger-Kaufvertrags, OLG Frankfurt OLGZ 1989, 324); bei der Formulierung des Vergleichs ist zur Wahrung der Vollstreckbarkeit auf eine klare **Inhaltsbestimmung** zu achten. Die Zusage „vorübergehend" ein Verhalten zu unterlassen, ist nicht bestimmbar. Den **Inhalt** einer Nachbarvereinbarung hat im Streitfall zu **beweisen**, wer aus dem Vertrag Rechte ableitet, die sich nicht bereits aus dem Gesetz ergeben. Abs. 1 betrifft nicht aufgrund des öffentlichen Rechts notwendige **Nachbarzustimmungen** wie die Zustimmung nach § 69 Abs. 3 ThürBO (vgl. § 3, Erl. 6); sie schließen öffentlich-rechtliche Einwendungen aus und haben grds. keine zivilrechtlichen Wirkungen; wegen einer solchen Zustimmung geht ein bürgerlich-rechtlicher Abwehranspruch nicht verloren (BGH, Urt. v. 2.6.2017, V ZR 196/16 Rn. 22; Zabel/Mohr ZfIR 2010, 562, 565). Das gilt auch sonst für einseitige, jederzeit widerrufliche Zustimmungen zu einem an sich eigentumsstörenden Zustand (OLG Koblenz, OLGR 1999, 507, 508) sofern nicht Umstände vorliegen, aus denen sich ein Bindungswillen des Zustimmenden gegenüber dem Nachbarn ergibt. Eine Vereinbarung können die Nachbarn mittels Vergleich auch vor der Gütestelle treffen. Sie kann Teil eines größeren Vertragswerks sein (z.B. des Bauträger-Kaufvertrags, OLG Frankfurt OLGZ 1989, 324). Die Vereinbarung muss einen bestimmbaren Inhalt haben; hierauf ist bei der Formulierung eines Vergleichs im Hinblick auf eine daraus mögliche Zwangsvollstreckung zu achten (vgl. Einl. Rn. 53, 59). Den Inhalt einer Nachbarvereinbarung hat im Streitfall derjenige zu beweisen, der aus dem Vertrag Rechte ableitet, die sich nicht bereits aus dem Gesetz ergeben. Inhalt der Vereinbarungen ist eine sich aus dem Landesnachbarrecht **zwischen Nachbarn i. S. d. § 2 ergebende Rechtslage**. Mitberechtigungen am selben Grundstück sind nicht als Nachbarschaft zu qualifizieren. Daher gilt Abs. 1 nicht für die in Abweichung von § 743 Abs. 2 BGB unter Miteigentümern getroffenen Abreden betr. Nutzung und Verwaltung des gemeinschaftlichen Eigentums oder für die in den zu den Teilungserklärungen nach § 8 WEG gehörenden bzw. nach §§ 10 Abs. 2 Satz 2, 15 Abs. 1 WEG begründeten Benutzungsordnungen. Untersteht der Vertrag dem Einstimmigkeitsprinzip, können Nutzungs- und Verwaltungsregelungen mehrheitlich beschlossen werden (§ 745 BGB, § 10 Abs. 5 WEG). Den Nachbarvereinbarungen nahe kommen Verträge zwischen Bruchteilseigentümern, wenn für die Miteigentümer auf realen Teilen des Grundstücks Alleinbesitzrechte begründet sind, sodass auf den Rechtsausübungsflächen die Miteigentümer sich zueinander wie Nachbarn verhalten (BGH NJW 2007, 3636 [Anpflanzungsabstand bei Alleingebrauchsflächen in Bruchteilsgemeinschaft]) oder wenn Wohnungseigentümer Verhaltenspflichten mit ausschließlichem Bezug auf ihre Sondereigentumseinheiten festlegen.

2. Inhalt der Nachbarvereinbarung. In den **Gestaltungsinhalten** sind die Nachbarn grds. frei. Sie unterliegen nur den Schranken der §§ 134, 138 BGB. Die Nachbarvereinbarung ist nach allgemeinen Grundsätzen wegen Gesetz- oder Sittenwidrigkeit unwirksam. Sittenwidrig ist es nicht, einen nachbarrechtlich begründeten Abwehranspruch gegen Zahlung aufzugeben (BGHZ 79, 131, 141 f.). Die Frage, ob der im Einzelfall versprochene Geldbetrag wucherisch hoch ist, beantwortet sich nicht aufgrund des Wertes des vom Zahlungsempfänger hingenommenen Nachteils (z.B. Gebäudeminderwert infolge Unterschreitung des Grenzabstandes), sondern nach dem Verhältnis des erkauften Vorteils (z.B. Baufertigstellung und Einhaltung bereits abgeschlossener Mietverträge) zum Preis (BGH ZfIR 1999, 656, 657). Auf die **Auslegung** von Nachbarvereinbarungen wirken neben den allgemeinen Grundsätzen der §§ 133, 157 BGB die Prinzipien des nachbarschaftlichen Gemeinschaftsverhältnisses ein. Bei auf lange Frist abgeschlossenen oder eine Maßnahme mit Langzeitwirkung betreffenden Nachbar-Vereinbarungen kann sich Anpassungsbedarf ergeben. Dabei ist neben den Prinzipien der Ermittlung des hypothetischen Beteiligtenwillens (Was wäre vereinbart worden, hätte man gewusst, wie die Verhältnisse sich im Jahre 2017 ergeben?) auf §§ 313 ff. BGB und die in der Rechtsprechung entwickelten Grundsätze betr. den Wegfall der Geschäftsgrundlage zurückzugreifen. Werden die nachbarrechtlichen Verpflichtungen nur punktuell verändert, bleibt neben ihnen das Gesetzesrecht anwendbar. Die im Zusammenhang mit einem Baugenehmigungsverfahren in Ergänzung des baurechtlichen Einvernehmens erfolgte vertragliche Zustimmung gilt grds. nur für das konkret zur Genehmigung anstehende Vorhaben. Der Nachbar kann nicht nach 9 Jahren auf diese Zustimmung (zur einseitigen baurechtlichen Zustimmung s. o. 1.) zurückgreifen und das zunächst nicht genehmigte Vorhaben wiederaufnehmen. Andererseits kann sich aus der Nachbarvereinbarung ein zivilrechtlicher Anspruch darauf ergeben, dass ein Widerspruch gegen eine Baugenehmigung zurückgenommen wird (LG Saarbrücken, Urt. v. 5.3.1997, 12 O 22/96).

3. Wirkung einer Nachbarvereinbarung.

a) Grundsatz. Die Nachbar-Vereinbarung hat grds. nur **schuldrechtliche Wirkung**, d.h. sie bindet nur die an ihr Beteiligten und ihre Gesamtrechtsnachfolger (z.B. Erben; vgl BGHZ 91, 282,285; BGH NJW-RR 2006, 1160, 1161 [Zugangsgestattung]; NJW-RR 2010, 315, Rn. 1). Das gilt auch dann, wenn die Vereinbarung Inhalt eines Prozessvergleichs ist (§ 779 BGB). Die nicht nach §§ 1018, 1090 BGB verdinglichte Einwilligung zur Errichtung einer Störungsquelle oder in eine bestimmte Nutzung des Nachbargrundstücks verpflichtet nur den Zustimmenden; ein Sonderrechtsnachfolger (z.B. Käufer) hat die Störung nur bei Übernahme der Pflicht zu dulden. Eine Nachbarvereinbarung ergibt sich nicht aus bloßer Kenntnis der Beeinträchtigung (BGH NJW-RR 2014, 1043 Rn. 8, 15; NJW-RR 2008, 827). Wird die Leistung aufgrund eines Leihvertrags (§ 598 BGBG) oder eines vergleichbaren Dauerschuldverhältnisses erbracht, endet die Duldungspflicht mit Wirksamwerden der Kündigung (§§ 605, 314 BGB); die Kündigung kann auch nach langer vertraglicher Duldung ausgesprochen werden (BGH NJW-RR 2015, 1234, Rn. 11), sie muss dem Nachbarn Vorkehrungen zur neuen Sachlage belassen (BGH NJW 2013, 650, Rn. 17 f.). Die Gestattung, das Grundstück als Zufahrt mitzubenutzen, begründet ein Leihverhältnis, das mangels entgegenstehender Vereinbarung jederzeit kündbar ist (BGH NJW-RR 2010, 315, Rn. 10 f.); die unentgeltliche Gestattung der Bebauung des Bauwichs lässt gegenüber einem Sonderrechtsnachfolger zwar die Duldungspflicht, jedoch nicht die Freiheit von der Verpflichtung zur Zahlung einer „Überbaurente" fortbestehen (OLG Koblenz NJW-RR 1999, 1394). In Ausnahmefällen kann die Berufung auf einen bindungsfreien Erwerb nach § 242 BGB unbeachtlich sein, wenn nämlich ein Ehegatte oder naher Verwandter ein Grundstück erworben hat, um ein „nur" schuldrechtlich begründetes Nachbarrecht zu unterlaufen (BGH NJW-RR 2012, 346, Rn. 38 f.). Die mit dem Erwerb eines Hausgrundstücks übernommene Verpflichtung, keine eigene Rundfunk- oder Fernsehantenne zu installieren, bindet zwar nur den Erstbezieher, jedoch können die Besonderheiten der Wohnlage und die Gebote des nachbarschaftlichen Gemeinschaftsverhältnisses bewirken, dass auch ein Zweiterwerber die Unterlassungspflicht zu beachten hat (OLG Frankfurt OLGZ 1989, 324).

b) Sonderfälle. In Sonderfällen wirkt eine Nachbarvereinbarung auch **gegen den Sonderrechtsnachfolger**. So geht eine in einem Miet- oder Pachtvertrag enthaltene Verpflichtung gem. §§ 566, 581 Abs. 1 Satz 2 BGB auf den neuen Eigentümer über (BGH NZM 2015, 592). Die eine gemeinsame Grenzanlage regelnde Vereinbarung wirkt dinglich solange die Anlage besteht (§ 922 BGB). Dinglich wirkt der Grenzfeststellungsvertrag, in dem die Beteiligten sich auf einen bestimmten Verlauf der gemeinsamen Grundstücksgrenze verständigen. Die Unterzeichnung eines Abmarkungsprotokolls hat diese Wirkung nur dann, wenn mit den Unterschriften der Wille verbunden ist, das Abmarkungsergebnis auch als zivilrechtlich verbindlich anzuerkennen. Geschäftsgrundlage eines Grenzfeststellungsvertrags ist die Fehlerfreiheit der Vermessertätigkeit oder der ihr zugrunde gelegten Flurkarte (OLG Brandenburg NJW-RR 2009, 1097, 1099). Dingliche Wirkung kann gem. § 325 ZPO erreicht werden, wenn die einem Anerkenntnisurteil zugrunde liegende Handlungs- oder Duldungsbereitschaft als Teil einer privatrechtlichen Übereinkunft verstanden wird. Die formlose Zustimmung der Mit-Wohnungseigentümer zu einer gemeinschaftsrechtswidrigen Nutzung durch einen Wohnungseigentümer bindet die Sonderrechtsnachfolger (OLG Hamm ZMR 1996, 390). Sondernutzungsrechte nach §§ 15, 10 Abs. 3 WEG sollen ohne Weiteres mit der Eigentumswohnung auf den Erwerber übergehen, auch wenn sie nicht im Grundbuch eingetragen sind (OLG Schleswig OLGR 1996, 85; zu Recht a.A. KG ZWE 2007, 237, 241 f.). Als Rechts- und Behaltensgrund (BGHZ 91, 282, 285) hat eine zu einer Umbaumaßnahme getroffene Vereinbarung auch gegenüber einem neuen Nachbarn Bestand. Auch wenn die Einwilligung Grundlage einer Inhaltsänderung des Grundstückseigentums ist (vgl. § 3, Erl. 5), ist sie keine isolierte einseitige Willenserklärung gem. §§ 182, 183 BGB, sondern sowohl Bestandteil und wesentlicher Inhalt der Vereinbarung i. S. d. Abs. 1 als auch Teil des mit der Errichtung der Nachbarwand vollendeten dinglichen Realgeschäfts (vgl. § 3, Erl. 8). Diese dingliche Wirkung der Vereinbarung tritt ein, wenn die vereinbarte Handlung vorgenommen bzw. die Einrichtung geschaffen oder jedenfalls mit ihrer Verwirklichung auf dem Grundstück sichtbar begonnen ist (KG ZWE 2007, 237, 241; BayObLGZ 1998, 32, 34; OLG Düsseldorf ZMR 1997, 657; LG Aachen ZMR 1996, 442; Dehner, 6 I 3).

4. Absatz 2. Abs. 2 unterstreicht den Grundsatz der **Gleichrangigkeit** des privaten und des öffentlichen Nachbarrechts und besagt, dass auch in der nachbarrechtlichen Beziehung Rechte und Pflichten nur nach Maßgabe der allgemeinen, für alle geltenden Gesetze ausgeübt werden können. Abs. 2 Satz 1 stellt hierzu klar, dass aus einer privatrechtlich verpflichtenden Duldung eines Grundstücksbefundes nicht dessen verwaltungsrechtliche Genehmigungsfähigkeit abzuleiten ist und dass allein die Baugenehmigung den Nachbarn zur Duldung des Bauwerks verpflichtet. Genehmigt die Baubehörde das im Bauwich gem. § 6 ThürBO zu errichtende Gebäude, versagt nach Eintritt der Bestandskraft der Baugenehmigung eine auf die bauordnungsrechtliche Unzulässigkeit des Anbaus gestützte privatrechtliche Klage. Denn die nutzungsbegründende Rechtsposition ist ein durch Normen des öffentlichen Rechts bestimmtes (Negativ-)Element des anspruchsbegründenden Sachverhalts und vom Privatrecht in seiner verwaltungsrechtlichen Prägung hinzunehmen (Einf. §§ 13-16, Erl. 2). Abs. 2 entspricht daneben dem Grundsatz der **Sozialpflichtigkeit** des Eigentums (Art. 14 Abs. 2 GG), indem der privatrechtliche Nachbarschutz endet, wo dem öffentlichen Recht zugehörende Rechtsnormen eine Veränderung des störenden Zustandes, wenn auch mit der Möglichkeit von Ausnahmegenehmigungen, verbieten. So folgt aus Abs. 2 Satz 1, dass die §§ 44 ff., 51 nicht anwendbar sind, soweit öffentlich-rechtliche Rechtssätze geringere Grenzabstände vorschreiben (z.B. der als Gemeindesatzung geltende Flurbereinigungsplan – § 58 Abs. 4 FlurbG – hinsichtlich der als Landschaftsschutzmaßnahme vorgesehenen Anpflanzung von Gehölzen – §§ 37, 39, 42 FlurbG). Erhebliche Bedeutung haben die aus kommunalen Baumschutzsatzungen folgenden Beschränkungen des privaten Abwehrrechts. Danach ist das Fällen u. ä. von Bäumen mit bestimmten Stammumfang im Satzungsgebiet nur mit behördlicher Genehmigung zugelassen (Näheres § 44, Erl. 2).

5. Genehmigungsvorbehalte. In **Abs. 2 Satz 2** kommt die **Zweigleisigkeit des Nachbar-Rechtsschutzes** zum Ausdruck. Dass die Ausübung privater Rechte nur zulässig ist, wenn keine öffentlich-rechtlichen Normen entgegenstehen, bedeutet **nicht**, dass allein öffentlich-rechtliche Veränderungsverbote eine Abwehrklage nach § 1004 BGB blockieren. Der Beseitigungsanspruch ist erst ausgeschlossen bei Feststehen der Abhilfeunmöglichkeit. Diese liegt vor, wenn nach Sachlage nur ein einziges Beseitigungsmittel in Betracht kommt, welches jedoch nicht genehmigungsfähig ist (BGHZ 120, 239, 245 = NJW 1995, 714 [Froschteich]) oder wenn die Genehmigung bestandskräftig versagt ist. Ist eine in der Verbotsnorm zugelassene Ausnahmegenehmigung nach der Sachlage des Einzelfalls nicht ausgeschlossen, kann der Nachbar sein Abwehrrecht unter dem Vorbehalt der erteilten Ausnahmegenehmigung geltend machen (LG Gera, Urt. v. 8.12.1994, 1 S 40/94, betr. die Befreiung vom Bestandsschutz einer Baumschutzsatzung). Es ist dann in erster Linie Sache des Störers, den Dispens zu erreichen (BGHZ 120, 239, 245; OVG Lüneburg, AgrarR 1997, 187). Dabei kann er als Annex zum Abwehranspruch auch zur Dispens-Antragstellung mit der Wirkung gem. § 894 ZPO verurteilt werden (BGHZ 120, 239, 248). Die Versagung der Befreiung hat der Besitzer der Störungsquelle grds. nicht zu verantworten. Der störungsbetroffene Nachbar ist selbst antragsberechtigt; er hat dann auch die anfallenden Verwaltungsgebühren zu tragen (BGHZ 120, 239, 248). Würde die nachbarrechtliche Zustimmung einer bereits erteilten Baugenehmigung widersprechen, ist sie nicht geschuldet (LG Aachen ZMR 1996, 442). Gegen den Dispens vom Verbot, einen satzungsgemäß geschützten Baum zu fällen, kann der betr. Baumeigentümer nicht vorgehen (OVG Lüneburg AgrarR 1997, 187, 188).

Zweiter Abschnitt
Nachbarwand

Einführung II §§ 3 – 12

1. Begriffe

Bei **„geschlossener Bauweise“** stoßen zwei auf verschiedenen Grundstücken errichtete Häuser aneinander. Hat jedes dieser Häuser eine eigene, unmittelbar **an der Grenze** zum jeweiligen Nachbargrundstück stehende Abschlusswand, so handelt es sich um eine **Grenzwand** i. S. d. ThürNRG (§ 13 Abs. 1). Haben demgegenüber beide Gebäude eine **gemeinsame**, Baugrund und Baumaterial sparende, **auf der Grundstücksgrenze errichtete Abschlusswand,** so spricht das Gesetz in Anlehnung an die Terminologie anderer Landes-NRG (vgl. nur § 1 HessNRG, § 3 LNRG Rhl.-Pf.) von einer **Nachbarwand** (§ 3). In Literatur und Rechtsprechung wird eine solche, meist zur Hälfte (halbscheidig) auf beiden Grundstücken befindliche Wand vielfach als halbscheidige Giebelmauer oder Kommunmauer bezeichnet.

2. Rechtsgeschichtliche Entwicklung

Reichs- oder bundesrechtliche Vorschriften über die Errichtung von Nachbarwänden oder den Anbau an solche Wände und die sich daraus ergebenden Rechtsverhältnisse wurden nicht erlassen. Die ThürAVOBGB und das ZGB enthielten ebenfalls keine speziellen Bestimmungen über Nachbarwände (s. Im Übrigen Erl. 5).

3. Nachbarwand und BGB

Die §§ 921, 922 BGB enthalten nur spärliche und notwendigerweise sehr verallgemeinernde Regelungen über die Benutzung und Unterhaltung einer gemeinsamen Grenzeinrichtung, die den besonderen Verhältnissen der Nachbarwand nicht gerecht werden. Hier stellen die §§ 3 bis 12 ThürNRG ein in sich stimmiges, ausgewogenes Regelungskonzept zur Verfügung, das Rechtssicherheit und Rechtsklarheit schafft. Im Interesse der Funktionsfähigkeit dieses angesichts der rudimentären Vorschriften des Bundesrechts notwendigen und sinnvollen Normensystems ist bei der Frage, in welchem Umfang der Landesgesetzgeber gem. Art. 124 EGBGB die die Nachbarwand betreffenden Fragen regeln darf, ein großzügiger Maßstab anzulegen (allzu eng insoweit Dehner, B § 8 I 2 i). Die Gesetzgebungskompetenznormen des Grundgesetzes (Art. 72 Abs. 1, Art. 74 Abs. 1 Nr. 1 GG) stehen einer weiten Auslegung des Art. 124 EGBGB nicht entgegen (vgl. BVerfG NJW-RR 2008, 26, 27 ff. zur Frage, ob der Landesgesetzgeber mit § 7b Abs. 1 NRG BW, der die Duldung eines Überbaus über § 912 BGB hinausgehend regelt, seine Gesetzgebungskompetenz überschritten hat). Im Übrigen hat die höchstrichterliche Rechtsprechung, soweit sie auf der Grundlage des Art. 124 EGBGB ergangene landesnachbarrechtliche Bestimmungen daraufhin überprüft hat, ob sie mit den bundesrechtlichen Normen der §§ 906 ff. BGB, insbesondere auch der §§ 921, 922 BGB vereinbar sind, die landesrechtlichen Vorschriften regelmäßig für wirksam erachtet (BGHZ 29, 372, 375 f.; BGH NJW 1991, 176 f.; NJW-RR 1997, 16; s. jedoch BGH MDR 2017, 996 Rn. 8, näher dazu § 14a, Erl. 1).

a) Eigentumsverhältnisse an der Nachbarwand

Für **Grenzanlagen**, zu denen die Nachbarwand spätestens mit dem Anbau gehört (s. nachfolgend b), gilt im Allgemeinen der sich aus §§ 946, 94 Abs. 1 Satz 1 BGB ergebende **Grundsatz des vertikal** („lotrecht“) **gespaltenen Eigentums**; d. h. jedem Grundstückseigentümer gehört derjenige Teil der Grenzeinrichtung, der sich auf seinem Grundstück befindet (BGHZ 160, 18, 21 f.: Grenzbaum; BGHZ 204, 364 Rn. 10: Ufermauer). Diesem Grundsatz entspricht weiterhin die Rechtseinheit zwischen einem Grundstück und den darauf befindlichen Gebäuden bzw. Gebäudeteilen (Prinzip der Bodenakzession). Demgegenüber bestimmen die §§ 93, 94 Abs. 2 BGB, dass die **einzelnen Teile eines Gebäudes** einem **einheitlichen rechtlichen Schicksal** unterliegen. Im Interesse der Erhaltung wirtschaftlicher Werte ist der Konflikt der einander widerstreitenden Interessen bei der **Nachbarwand** dahin zu lösen, dass dem **Gebot der Rechtseinheit zwischen den einzelnen Gebäudeteilen grundsätzlich der Vorrang** zu geben ist (vgl. BGHZ 27, 197, 199 ff. zur Situation des entschuldigten Überbaus sowie BGHZ 27, 204, 207 f. zur gestatteten Grenzüberschreitung).

Im Einzelnen ergeben sich hieraus folgende Schlussfolgerungen:

aa) Rechtslage vor dem Anbau

Vor dem Anbau ist die mit Einwilligung des Nachbarn (§ 3 Abs. 2) gebaute Nachbarwand ausschließlich wesentlicher Bestandteil des zuerst errichteten Gebäudes. Der **Eigentümer dieses Gebäudes** ist gemäß §§ 93, 94 Abs. 2 BGB zugleich **Alleineigentümer der Wand;** diese ist gemäß § 95 Abs. 1 Satz 2 BGB bloßer Scheinbestandteil des Grundstücks, dessen Fläche sie mit einem Teil ihrer Abmessung in Anspruch nimmt (vgl. BGHZ 110, 298, 300; BGH NJW-RR 2014, 973 Rn. 23).

bb) Rechtslage nach dem Anbau

Macht der Nachbar von seinem Anbaurecht Gebrauch, so wird die Nachbarwand – bestimmungsgemäß – auch zum wesentlichen Bestandteil des später errichteten Hauses. Eine Eigentumszuordnung in schlichter Anwendung der §§ 93, 94 Abs. 2 BGB ist nicht möglich, da die eine Wand wesentlicher Bestandteil zweier Gebäude ist, an denen unterschiedliche Eigentumsverhältnisse bestehen, und die Wand rechtslogisch unmöglich im jeweiligen Alleineigentum der Hauseigentümer stehen kann. Dieser logische Widerspruch ist dadurch zu lösen, dass sich das **ursprüngliche Alleineigentum in Miteigentum verwandelt**. Wird die Nachbarwand in vollem Umfange zum Anbau verwendet, entsteht Miteigentum zu je ½ (BGHZ 27, 197, 201; 78, 397, 398; s. auch BGHZ 204, 364 Rn. 11).

Nach der Rechtsprechung entsteht auch dann, wenn die Wand nur teilweise zum Anbau benutzt wird, an der ganzen Wand anteiliges Miteigentum, und zwar nach dem Verhältnis, in welchem das Flächenmaß des zum Anbau verwendeten Teils zu dem Gesamtflächenmaß der Nachbarwand steht (BGHZ 36, 46, 55; s. auch BGH NJW 2008, 2032 Rn. 8; die Literatur stimmt dem zu, vgl. nur Palandt/Herrler, Rn. 9 zu § 921; Dehner, B § 8 III 1).

cc) Rechtslage nach Abbruch

Ein Haus wird vielfach nur abgebrochen, um anschließend das Grundstück noch besser baulich nutzen zu können. In diesen Fällen entspricht es einem praktischen Bedürfnis, die Eigentumsverhältnisse während dieses „Zwischenstadiums" unverändert zu belassen (vgl. BGHZ 57, 245, 250). Darüber hinausgehend dauert nach der Rechtsprechung das **Miteigentum an der Wand** schon immer dann **unverändert** fort, wenn sich die Nachbarwand in anderer Weise – etwa durch Vermietung zu Reklamezwecken – weiter nutzen lässt (BGHZ 78, 397, 398). Dies läuft vielfach auf eine Perpetuierung der vor dem Abbruch bestehenden Eigentumslage hinaus.

b) Die Nachbarwand als Grenzeinrichtung i. S. d. §§ 921, 922 BGB

Eine Grenzeinrichtung liegt nur vor, wenn die betreffende **Einrichtung von der Grenze geschnitten** wird (BGHZ 143, 1, 3 f.). Darüber hinaus muss die Einrichtung in irgendeiner Weise dem **Vorteil der benachbarten Grundstücke** dienen; eine grenzscheidende Wirkung braucht ihr nicht zuzukommen (BGHZ 154, 139, 141 ff.). Auf die Eigentumsverhältnisse kommt es grundsätzlich nicht an (BGHZ 143, 1, 8; BGH NJW 2008, 2032 Rn. 8). In Literatur und Rechtsprechung herrscht Einigkeit darüber, dass nach diesen Kriterien eine **Nachbarwand nach erfolgtem Anbau** als **Grenzeinrichtung** i. S. d. § 921 BGB zu qualifizieren ist. Ob dies auch schon **vor dem Anbau** anzunehmen ist, ist heftig **umstritten** (bejahend die ältere Rechtsprechung, vgl. Urt. des BGH vom 30.11.1960, LM § 912 BGB Nr. 8 im Anschluss an RG Warn. 1915 Nr. 270; offen gelassen jedoch in BGHZ 42, 374, 379; möglicherweise a. A. BGH NJW-RR 2014, 973 Rn. 26, wo es lapidar heißt, dass die Wand „mit dem Anbauen" eine gemeinschaftliche Grenzeinrichtung werde; aus der Lit. bejahend: Bamberger/Roth/Fritzsche, Rn. 21 zu § 921; Soergel/Baur, Rn. 12 zu § 921; verneinend: Dehner, B § 7 I 1, § 8 II 1; Erman/Lorenz, Rn. 5 zu § 921; MüKoBGB/Brückner, Rn. 22 zu § 921; Palandt/Herrler, Rn. 7 zu § 921; Staudinger/Roth, Rn. 22 zu § 921). Die praktischen Auswirkungen dieses Streits dürften gering sein. Die §§ 921, 922 BGB können – einerseits – ohnehin nur stark modifiziert angewendet werden. Andererseits lassen sich einhellig als richtig anerkannte Ergebnisse (etwa im Falle einer Einzelrechtsnachfolge) nur unter Rückgriff auf die §§ 921, 922 BGB erzielen.

Im Einzelnen ist zu bemerken:

aa) Rechtslage vor dem Anbau

(1) Die Nachbarwand soll zwei Gebäuden als Abschlusswand, zur Unterstützung oder Aussteifung dienen (§ 3 Abs. 1). Diese Funktion erfüllt sie vor dem Anbau ausschließlich für das zuerst errichtete Gebäude. Eine andere als eine bauliche Nutzung sieht das ThürNRG nicht vor. Dieser „einseitigen" Nutzungslage entsprechend hat der Eigentümer des bereits bebauten Grundstücks – abweichend von § 922 Satz 2 BGB – die Unterhaltungskosten der Wand allein zu tragen (§ 8 Abs. 1). Soweit eine **Nutzung** bzw. Vermietung der „freien" Mauerseite **als Reklamefläche** in Betracht kommt, steht diese, der eigentlichen Zweckbestimmung der Wand nicht entsprechende Art der Nutzung, **nur dem Eigentümer des bereits errichteten Gebäudes** zu, da er auch Alleineigentümer der Wand ist (vgl. § 903 Satz 1 BGB; ebenso Dehner, B § 7 V; Palandt/Herrler, Rn. 6 zu § 921; Staudinger/Roth, Rn. 24 zu § 921; Bassenge/Olivet, Rn. 14 zu § 4; Schäfer/Fink-Jamann/Peter, Rn. 15 zu §§ 7-18 Vorb.).

(2) Auch wenn der Nachbar die Wand nicht aktuell (mit-)nutzt, so hat er doch das Recht, dies im Wege eines Anbaues zu tun (§ 5). Die **Möglichkeit eines Anbaus** sollte ausreichen, um auch für das noch nicht bebaute Grundstück einen **Vorteil** anzunehmen (vgl. BGH LM § 912 BGB Nr. 8), den es für den Fall der Veräußerung (Einzelrechtsnachfolge) des zuerst bebauten Grundstücks zu erhalten gilt („Verdinglichung" der Nachbarwandabrede). Es ist daher geboten, bereits in diesem Stadium die **gesetzliche Eigentumsbeschränkung des § 921 BGB** mit der Folge greifen zu lassen, dass auch der **Einzelrechtsnachfolger den Anbau an die Nachbarwand dulden muss** (so im Ergebnis auch Dehner, B § 8 II 1; Staudinger/Roth, Rn. 29 zu § 921, obwohl nach deren Auffassung die Nachbarwand erst mit dem Anbau zur Grenzeinrichtung wird; s. zur Bindung des Einzelrechtsnachfolgers auch BGH NJW-RR 2012, 346 Rn. 35). Das setzt freilich voraus, dass bei Eintritt der Rechtsnachfolge mit dem Bau der Wand zumindest begonnen worden ist, da nur so die für eine Anwendung des § 921 BGB notwendige „Vergegenständlichung“ der Einrichtung gegeben ist (Dehner, a.a.O,).

(3) Auch schon vor dem Anbau, insbesondere wenn das Anbaurecht längere Zeit nicht ausgeübt wird und sich daher bei bloß mündlich getroffenen Abreden Beweisschwierigkeiten ergeben können, besteht ein praktisches Bedürfnis, hinsichtlich des Rechts zum Anbau die **Rechtszustandsvermutung des § 921 BGB** greifen zu lassen. Dies setzt voraus, dass die Wand schon vor dem Anbau bei objektiver Betrachtungsweise den Eindruck einer Nachbarwand i. S. d. § 3 erweckt. Dies ist zu bejahen, wenn die Wand auf der Grenze steht und nach Bauart und Bemessung zum Anbau eines dem bereits bestehenden Gebäude gleichartigen Hauses geeignet ist. Auch in diesem Fall kann freilich der Eigentümer der Wand den Gegenbeweis führen, dass die als Grenzwand geplante Wand nur versehentlich über die Grenze gebaut worden ist, also kein Anbaurecht besteht (s. § 5, Erl. 2).

bb) Rechtslage nach dem Anbau

Mit dem Anbau wird die **Nachbarwand** endgültig zur **„vollwertigen“ Grenzeinrichtung** i. S. d. § 921 BGB. Dies gilt nach der Rechtsprechung unabhängig davon, ob der Anbau die Wandfläche ganz oder nur teilweise in Anspruch nimmt, da in jedem Falle – wenn auch quotenmäßig unterschiedlich – Miteigentum an der ganzen Wand entsteht. Diese quotenmäßige Beteiligung am Wandeigentum müsste nach den allgemeinen Regeln der Gemeinschaft nach Bruchteilen (§§ 745, 748 BGB) auch maßgeblich für den Umfang der Nutzungs- und Verwaltungsbefugnisse sowie der Unterhaltungspflichten sein. Das würde aber den besonderen Verhältnissen der Nachbarwand nicht gerecht. Macht der Nachbar von seinem Recht, die Nachbarwand bestimmungsgemäß (§ 3 Abs. 1) zum Anbau eines Hauses zu nutzen, nur teilweise Gebrauch, so wird auch nur in diesem Rahmen das Mitbenutzungsrecht nach § 922 Satz 1 BGB aktualisiert und durch diese Bestimmung näher konkretisiert. Dementsprechend bestimmt § 8 Abs. 2, dass der teilweise anbauende Nachbar nur bezüglich der zum Anbau verwendeten Wandfläche die Unterhaltungskosten (grundsätzlich hälftig) mitzutragen hat, während die den freien Wandteil betreffenden Kosten den anderen Nachbarn allein treffen. Da die Verteilung der Kosten die Kehrseite der Zuweisung der Gebrauchsbefugnisse darstellt (vgl. §§ 745, 748 BGB), steht die Nutzung der nicht für den Anbau in Anspruch genommenen restlichen Wandfläche zu Reklamezwecken konsequenterweise nach wie vor dem Eigentümer des zuerst errichteten Gebäudes zu (so auch Palandt/Herrler, Rn. 11 zu § 921; Bassenge/Olivet, Rn. 16 zu § 4; Schäfer/Fink-Jamann/Peter, Rn. 15 zu §§ 7–18 Vorb.). Dass Eigentumsverhältnisse und Nutzungs- bzw. Verwaltungsbefugnisse nicht „deckungsgleich" sind, steht dem nicht entgegen.

cc) Rechtslage nach Abbruch

Nach der Rechtsprechung hat der Abbruch des einen Gebäudes auf die Eigentumsverhältnisse an der Nachbarwand grundsätzlich keinen Einfluss (s. a, cc). Aus dem fortbestehenden (Mit-)Eigentum des Nachbarn, der sein Haus abgerissen hat, und dem Grundsatz, dass die Nachbarwand von jedem Nachbarn nur „in Richtung auf sein eigenes Grundstück, nicht auch in Richtung auf das Nachbargrundstück" benutzt werden darf, folgert die Rechtsprechung, dass die Vermietung der Wandaußenfläche zu Reklamezwecken allein dem Nachbarn zusteht, der sein Haus abgerissen hat (BGHZ 43, 127, 133 ff.; OLG Düsseldorf DWW 1997, 306, 307; OLG Köln ZMR 2006, 772).

c) Haftungsfragen

Beseitigt der Eigentümer des zuerst bebauten Grundstücks vor dem Anbau die Nachbarwand ohne Einwilligung des Nachbarn (§ 10), und macht er so dessen Anbaurecht zunichte, hat er ohne Rücksicht auf Verschulden Schadensersatz zu leisten (§ 10 Abs. 3 Satz 1). Die gleiche verschuldensunabhängige (Gefährdungs-)Haftung tritt ein, wenn beim Unterfangen der Nachbarwand dem Eigentümer oder Nutzungsberechtigten des Nachbargrundstücks ein Schaden entsteht (§ 11 Abs. 3 Satz 2 i. V. m. § 19). Abgesehen von diesen Sonderbestimmungen gelten die allgemeinen Haftungsregeln des BGB.

aa) Haftung des Nachbarn bzw. Eigentümers

(1) Verletzt ein Nachbar konkrete, ihm durch das ThürNRG oder ergänzende bzw. abweichende vertragliche Vereinbarungen auferlegte **Pflichten** hinsichtlich des Baus, der Unterhaltung der Wand, usw. und entsteht dadurch dem anderen Nachbarn ein Schaden, so gelten für die Haftung des Schädigers die allgemeinen Regeln des Leistungsstörungsrechts, also insbesondere die Bestimmungen über Unmöglichkeit und Verzug (§ 275 und § 286 BGB) sowie **Schadensersatz wegen Pflichtverletzung (§ 280 Abs. 1 BGB)**. Es versteht sich, dass in diesem Bereich bei einem Verschulden von Hilfspersonen (zu denen auch selbstständige Unternehmer wie Architekten und Bauunternehmer gehören können) **§ 278 BGB anwendbar** ist. Ansonsten lehnt es die Rechtsprechung – nicht überzeugend und entgegen der h. M. in der Literatur (s. etwa Palandt/Herrler, Rn. 5 zu § 922; Staudinger/Roth, Rn. 52 zu § 921; näher dazu Bauer/Schlick, Rn. 34 der Einf. §§ 3-12) – nicht nur allgemein im Rahmen des nachbarlichen Gemeinschaftsverhältnisses, sondern auch speziell bei den Rechtsverhältnissen der Grenzeinrichtung bzw. der Nachbarwand ab, § 278 BGB heranzuziehen (grundlegend BGHZ 42, 374, 377 ff.).

(2) Deliktische Ansprüche (§§ 823 ff. BGB) der Grundstücksnachbarn untereinander kommen insbesondere im Zusammenhang mit Baumaßnahmen in Betracht. Es liegt in der Natur der Sache, dass die Errichtung eines Gebäudes unmittelbar an bzw. auf der Grundstücksgrenze mit erheblichen Einwirkungen auf das Nachbargrundstück und die darauf befindlichen baulichen Anlagen verbunden sein kann. Bei **„Vertiefungsschäden“** (wenn etwa infolge des Baugrubenaushubs der Boden des Nachbargrundstücks den Halt verliert; die Entfernung von Bauteilen, die dem Nachbargrundstück die Stütze nehmen, wird nicht erfasst, vgl. BGH NJW-RR 2012, 1160 Rn. 16 f.) kommt eine **Haftung des Bauherrn nach § 823 Abs. 2 i. V. m. § 909 BGB** infrage. Allerdings scheitert ein solcher Schadensersatzanspruch vielfach am fehlenden Verschulden. Der die Vertiefung veranlassende Bauherr bzw. Grundstückseigentümer genügt nämlich der ihm eigenverantwortlich obliegenden Pflicht zur Überprüfung, ob die beabsichtigte Baumaßnahme zu einer Beeinträchtigung der Standfestigkeit des Nachbargrundstücks führt, regelmäßig schon dadurch, dass er sorgfältig ausgewählte, fachkundige Architekten, Ingenieure und Bauunternehmer mit der Lösung der anfallenden bautechnischen Aufgaben und deren sachgemäßen Durchführung beauftragt (BGHZ 147, 45, 48 m. w. Nachw.).

Bei **sonstigen „Bauschäden"** (Schäden durch Erschütterungen bei der Verdichtung des Baugrunds; Schäden durch Überlastung der Tragfähigkeit der Nachbarwand usw.) ist **§ 823 Abs. 1 BGB** die infrage kommende Anspruchsgrundlage. Der Tatbestand des § 823 Abs. 1 BGB ist allerdings dann nicht in der Person des Bauherrn erfüllt, wenn diese Schäden – wie meist – durch von ihm beauftragte Bauunternehmer bzw. deren Arbeitnehmer verursacht werden. Für deren Fehlverhalten hat der Bauherr auch nicht nach **§ 831 BGB** einzustehen, weil **Architekten, Statiker und Bauunternehmer nicht seine Verrichtungsgehilfen** sind (BGHZ 42, 374, 375; BGH NJW 1994, 2756, 2757).

(3) Soweit eine deliktische Haftung des Grundstückseigentümers bzw. Bauherrn mangels Verschulden oder aus sonstigen Gründen ausscheidet, kommt ein **verschuldensunabhängiger nachbarrechtlicher Ausgleichsanspruch entsprechend § 906 Abs. 2 Satz 2 BGB** in Betracht. Dieser Anspruch besteht regelmäßig dann, wenn von einem Grundstück auf das benachbarte Grundstück ausgehende Einwirkungen zwar rechtswidrig sind und deshalb nicht geduldet werden müssen, der betroffene Eigentümer jedoch aus besonderen Gründen gehindert ist, die Störungen gemäß § 1004 Abs. 1 BGB zu unterbinden, und wenn er dadurch Nachteile erleidet, die das zumutbare Maß einer entschädigungslos hinzunehmenden Beeinträchtigung übersteigen (BGHZ 142, 227, 235; 147, 45, 49 f.; vgl. zum Verhältnis dieses Anspruchs zu deliktischen Ansprüchen BGHZ 120, 239, 249; BGH NJW-RR 1997, 1374 m. w. Nachw.). Seiner Rechtsnatur nach setzt der Ausgleichsanspruch voraus, dass der Anspruchsgegner als Störer zu qualifizieren ist. Eine Zurechnung des Verschuldens von Hilfspersonen nach § 278 BGB (etwa im Verhältnis Mieter-Eigentümer) kommt daher nicht in Betracht (BGH NJW 2006, 992 Rn. 5). Der Ausgleichsanspruch ist nicht auf die Folgen der Zuführung unwägbarer Stoffe i. S. d. § 906 Abs. 1 BGB beschränkt, sondern hat auch andere Störungen, insbesondere Schädigungen wegen einer unzulässigen Vertiefung i. S. d. § 909 BGB zum Gegenstand (BGHZ 147, 43, 50 m. w. Nachw.).

bb) Haftung sonstiger Personen

Architekten, Statiker und Bauunternehmer, die durch schuldhaftes Verhalten eine Beschädigung des Nachbargrundstücks einschließlich der Nachbarwand oder des Nachbargebäudes herbeiführen, unterliegen – wie selbstverständlich – **der deliktischen Haftung nach §§ 823 ff. BGB**. Dabei ist hervorzuheben, dass sich das **Verbot des § 909 BGB**, dem Nachbargrundstück die Stütze zu entziehen, auch gegen diesen Personenkreis und nicht nur gegen den Eigentümer des Grundstücks richtet, von dem die Störung ausgeht (BGH NJW 1996, 3205, 3206; VersR 2005, 1534). Ein Ausgleichsanspruch entsprechend § 906 Abs. 2 Satz 2 BGB gegen diese am Bau Beteiligten kommt allerdings nicht in Betracht (BGHZ 101, 290, 294).

4. Nachbarwand und öffentliches Baurecht

Nach öffentlichem Baurecht kommt der Bau einer Nachbarwand nur in Betracht, wenn vor den seitlichen Außenwänden **keine Abstandsflächen freizuhalten** sind. Dies ist nach § 6 Abs. 1 Satz 3 ThürBO dann der Fall, wenn nach planungsrechtlichen Vorschriften die Gebäude beidseitig bis an die Grenze gebaut werden müssen oder dürfen oder wenn nach der umgebenden Bebauung i. S. d. § 34 Abs. 1 Satz 1 BauGB abweichende Gebäudeabstände zulässig sind. Eine **Pflicht zum Bau an der Grenze** besteht grundsätzlich dann, wenn im **Bebauungsplan** (§ 30 BauGB) **geschlossene Bauweise** (§ 22 Abs. 3 BauNVO) festgesetzt ist; auch die Festsetzung von Baulinien (§ 23 Abs. 2 Satz 1 BauNVO) kann eine derartige Pflicht zur Folge haben. Aber auch bei offener Bauweise kann der Bebauungsplan vorsehen, dass Doppelhäuser oder Hausgruppen (Reihenhäuser) mit einer Länge von höchstens 50 m errichtet werden dürfen oder müssen (§ 22 Abs. 2 BauNVO).

Wenn und soweit Abstandsflächen nicht erforderlich sind, kann das Bauen ohne Grenzabstand mit der Errichtung zweier Grenzwände oder dem Bau einer Nachbarwand verwirklicht werden. Der Bau einer **Nachbarwand**, eines **bautechnisch gesehen „gemeinsamen Bauteiles für mehrere bauliche Anlagen"**, ist darüber hinaus nur zulässig, wenn öffentlich-rechtlich, also durch Baulast i. S. d. § 82 ThürBO, gesichert ist, dass die Wand bei Abbruch eines der beiden Gebäude bestehen bleiben kann (§ 12 Abs. 2 ThürBO).

5. Übergangsregelung

Die §§ 3 bis 12 ThürNRG finden **keine Anwendung auf Nachbarwände**, die **vor dem 1.1.1993** errichtet worden sind. Aus § 54 Abs. 3, wonach sich der Umfang von Rechten, die bei In-Kraft-Treten des Gesetzes zum 1.1.1993 (§ 56) bestanden haben, nach den Bestimmungen des ThürNRG richtet, ergibt sich nichts anderes.

a) Mit bzw. seit dem Inkrafttreten des ZGB und des EGZGB waren für die nachbarlichen Beziehungen von Nutzungsberechtigten bzw. Grundstückseigentümern allein die §§ 316 bis 322 ZGB maßgebend. Wenngleich diese Bestimmungen keine speziellen Vorschriften über die Nachbarwand enthielten, so bestehen doch keine Bedenken dagegen, eine zwischen den Nutzungsberechtigten bzw. Eigentümern benachbarter Grundstücke getroffene „Nachbarwandabrede" als gegenseitige Einräumung eines **Rechts zur dauernden Mitbenutzung eines Grundstücks** in bestimmter Weise i. S. d. § 321 ZGB zu verstehen (so im Ansatz wohl auch Dehner, A § 3 VII 8).

Die Fortgeltung von dauernden Mitbenutzungsrechten i. S. d. §§ 321, 322 ZGB hat der Bundesgesetzgeber in Art. 233 § 5 EGBGB besonders geregelt (s. auch Erl. 4a und c der Einl.). Für eine Anwendung der §§ 3 bis 12 ThürNRG ist daneben kein Raum mehr.

b) Für **Nachbarwände, die nach dem 3.10.1990 und vor dem 1.1.1993** gebaut worden sind, galten im Zeitpunkt ihrer Errichtung **allein die §§ 921, 922 BGB**. Auf solche Nachbarwände ist § 54 Abs. 3 nach Sinn und Zweck des Gesetzes nicht anwendbar (vgl. Bauer/Schlick, Rn. 42 der Einf. §§ 3-12).

c) Unabhängig vom Zeitpunkt der Errichtung der Nachbarwand wird man bei Vorliegen der Voraussetzungen des § 11 Abs. 3 Satz 1 i. V. m. § 16 Abs. 1 dem Anbauenden ein Recht auf Unterfangen der Wand zubilligen dürfen, da ein solches Recht auch dann bestünde, wenn es sich „nur" um eine Grenzwand handelte (vgl. Erl. 4 der Einf. III).

§ 3 Grundsatz

(1) Nachbarwand ist die auf der Grenze zweier Grundstücke errichtete Wand, die den auf diesen Grundstücken errichteten oder zu errichtenden Gebäuden als Abschlusswand oder zur Unterstützung oder Aussteifung dient oder dienen soll.
(2) Eine Nachbarwand darf nur errichtet werden, wenn der Nachbar einwilligt.
(3) Für die mit Einwilligung des Nachbarn errichtete Nachbarwand gelten die Bestimmungen der §§ 4 bis 12.

Erläuterungen

1. Absatz 1 enthält die Definition des Begriffs „Nachbarwand" (s. Erl. 1 der Einf. II). Die Wand muss **auf der Grenze** zweier Grundstücke stehen, also **mit einem Teil ihrer Dicke auf jedem der beiden Grundstücke**. Nicht notwendig ist, dass die Nachbarwand entsprechend dem gesetzlichen Regelfall (§ 4 Abs. 2 Satz 1) halbscheidig, also je zur Hälfte ihrer Dicke, auf beiden Grundstücken errichtet wird. Auch eine Wand, die sich im Hinblick auf die besonderen Erfordernisse eines der Gebäude (vgl. § 4 Abs. 2 Satz 2) mit dem größeren Teil ihrer Dicke auf dem betreffenden Grundstück befindet, oder die, etwa infolge mangelhafter Bauausführung, von der Grenze unregelmäßig geschnitten wird, ist eine Nachbarwand. Selbst eine baulich „missglückte" Wand, die mit ihrer ganzen Dicke an einem Ende auf dem eigenen Grundstück, am anderen Ende auf dem Nachbargrundstück steht, kann eine Nachbarwand sein: Denn die Wand muss, wie allgemein jede Grenzeinrichtung i. S. v. § 921 BGB, nicht notwendigerweise in voller Länge von der Grenze durchschnitten werden. Auch der nur auf einem der benachbarten Grundstücke stehende Teil einer Grenzeinrichtung bildet zusammen mit dem von der Grenze durchschnittenen Teil insgesamt eine Grenzeinrichtung (BGH NJW-RR 2014, 973 Rn. 35; s. auch OLG Dresden OLGR 2009, 937; so jetzt auch Bassenge/Olivet, Rn. 2 zu § 4).

2. Erbauer der Nachbarwand ist, wer nach der Verkehrsanschauung **„Geschäftsherr" des Bauvorhabens** ist, d. h. in wessen Namen und wirtschaftlichem Interesse gebaut wird; auf die rein handwerkliche Tätigkeit des Bauens kommt es nicht an (BGHZ 110, 298, 302; BGH

NJW 1983, 2022, 2023). Anders als § 912 Abs. 1 BGB verlangt Absatz 1 nicht ausdrücklich, dass der Eigentümer oder Erbbauberechtigte (§ 1 Abs. 1) des Grundstücks, das zuerst bebaut wird, die Wand errichten muss. Indes ist zu beachten, dass mit dem Bau einer Nachbarwand eine Grenzeinrichtung geschaffen werden soll, die ähnlich einer Grunddienstbarkeit zu einer wechselseitigen Erweiterung und Beschränkung des beiderseitigen Grundeigentums führt (vgl. BGHZ 154, 139, 146; BGH NJW-RR 2012, 346 Rn. 32), mithin verfügungsähnlichen Charakter hat. Demzufolge muss auch der für den Eintritt der Eigentumsbeschränkung maßgebliche Realakt **„Bau der Wand" entweder durch den Eigentümer oder den Erbbaugerechtigten selbst oder**, wenn ein Pächter oder ein sonstiger Besitzer des Grundstücks die Wand errichtet, **mit Einwilligung oder Genehmigung des Eigentümers** (§ 185 BGB entsprechend; vgl. Bauer/Schlick, Rn. 5 zu § 3) vorgenommen werden.

3. Das Gesetz geht davon aus, dass derjenige Nachbar, der die Wand errichtet (Abs. 1), und derjenige Nachbar, der in den Bau der Wand einwilligt (Abs. 2), **personenverschieden** sind, mithin die beiden Nachbargrundstücke verschiedenen Eigentümern gehören. Die Bestimmungen über die Nachbarwand sind aber analog anzuwenden, wenn der Eigentümer von zwei nebeneinander gelegenen Grundstücken auf der Grundstücksgrenze eine Wand errichtet, die die bauliche Funktion einer Nachbarwand hat, und die Grundstücke später in das Eigentum verschiedener Personen gelangen. Gleiches gilt, wenn ein einheitliches Grundstück mit einer Häuserreihe bebaut und später dergestalt geteilt und veräußert wird, dass die jeweiligen gemeinsamen Abschlusswände der einzelnen Reihenhäuser von der Grenze der neu gebildeten Grundstücke durchschnitten werden. Entsprechende Analogieschlüsse hat die höchstrichterliche Rechtsprechung zu den §§ 912 ff. BGB gezogen (zum Eigengrenzüberbau: BGHZ 110, 298, 300; zur Grundstücksteilung: BGHZ 64, 333; 105, 202, 204). Die Verhältnisse bei der Nachbarwand sind insoweit vergleichbar.

Angesichts der Identität der Eigentümer bedarf es in den genannten Fällen keiner Einwilligung nach Absatz 2.

4. Nicht jede Wand, die auf der Grenze steht, ist eine Nachbarwand. Erforderlich ist weiterhin, dass die Wand den auf beiden Grundstücken errichteten oder noch zu errichtenden Gebäuden als Abschlusswand, zur Unterstützung oder Aussteifung dienen soll. Damit sind die Fälle eines Baues auf der Grenze im Wege des Überbaus, dem die mit der Errichtung der Nachbarwand verbundene Zweckbestimmung fehlt, ausgeschieden.

a) Gemäß § 2 Abs. 2 ThürBO ist ein **Gebäude** eine **selbstständig benutzbare, überdeckte bauliche Anlage** (vgl. § 2 Abs. 1 Satz 1 ThürBO), **die von Menschen betreten werden kann und geeignet oder bestimmt ist, dem Schutz von Menschen, Tieren oder Sachen zu dienen**.

b) „Abschlusswand" ist jede Wand, die **ein Gebäude nach außen abschließt**. Daher dient die Nachbarwand auch dann als Abschlusswand, wenn das neben ihr errichtete Gebäude ohne die auf der Grenze stehende Wand zwar statisch selbstständig, jedoch nach der Nachbarseite hin offen wäre. Die Wand muss Teil eines Gebäudes sein. Hof- und Gartenmauern fallen nicht darunter.

c) Zur **Unterstützung** der Gebäude dient die Nachbarwand, wenn es sich bei ihr um eine sogenannte **tragende Wand** handelt, ihr also die Funktion zukommt, nicht unbedeutende Kräfte aus anderen Bauteilen aufzunehmen. Das ist dann zu bejahen, wenn tragende Bauteile des Anbaues, z. B. Decken oder das Dach, in sie eingelegt oder auf sie aufgelegt werden. Dagegen ist eine Wand, in die nur Versorgungsleitungen (Gas-, Wasser- und Abflussleitungen, elektrische Leitungen) des Anbaues eingelegt werden, nicht zur Unterstützung des Anbaues bestimmt. Sie wird aber in der Regel als Abschlusswand anzusehen sein.

d) Zur **Aussteifung** der Gebäude dient die Nachbarwand, wenn jedes der Gebäude auf den beiden Grundstücken zwar eine Abschlusswand hat, eine von ihnen jedoch **ohne die Nachbarwand nicht hinreichend steif** wäre. Eine solche Wand wird in der Regel durch Verzahnung oder Verankerung mit der Nachbarwand verbunden sein.

5. Nach Absatz 2 darf eine Nachbarwand **nur mit Einwilligung des Nachbarn**, also des Eigentümers oder des Erbbauberechtigten (§ 1 Abs. 1 Satz 1) des angrenzenden Grundstücks, errichtet werden. Niemand ist gezwungen, eine Nachbarwand zu errichten oder ihre Errichtung zu dulden. Die **Einwilligung** ist nach richtiger Auffassung **Inhalt eines schuldrechtlichen Vertrags („Nachbarwandabrede")** zwischen den beteiligten Grundstückseigentümern (Soergel/Baur, Rn. 11 zu § 921; Staudinger/Roth, Rn. 23 zu § 921; Bassenge/Olivet, Rn. 5 zu § 4 sowie – mit eingehender Begründung – Bauer/Schlick, Rn. 20 ff. zu § 3; a. A. Dehner, A § 6 I: einseitiges sachenrechtliches Rechtsgeschäft besonderer Art). Dieser Rechtsnatur steht nicht entgegen, dass die Nachbarwandabrede durch den Bau der Mauer eine „Verdinglichung" erfährt (s. Erl. 3 b, aa der Einf. II; s. auch Erl. 2).

6. Für die Einwilligung gelten die **allgemeinen Vorschriften des BGB über Willenserklärungen und Verträge**. Eine besondere Form ist nicht vorgeschrieben (wenngleich sich zur Vermeidung von Rechtsunsicherheit und Beweisschwierigkeiten Schriftform empfiehlt). Die Einwilligung kann auch durch **schlüssiges Verhalten** erteilt werden (BGH NJW-RR 2014, 973 Rn. 33). Ob der **Unterschrift des Nachbarn unter den Lageplan oder die Bauzeichnungen**, die bauordnungsrechtlich als Zustimmung zu dem Bauvorhaben zu werten ist (vgl. § 69 Abs. 2 ThürBO), darüber hinaus auch ein privatrechtlicher Erkärungswert beizumessen ist, ist durch Auslegung zu ermitteln (vgl. BayObLG NJW-RR 1991, 19, 20).

7. Die **Zustimmung** kann auch **nachträglich** erteilt werden (BGH NJW-RR 2014, 973 Rn. 33). Dies hat zur Folge, dass an der Wand ohne Unterschied, ob diese vorher im Alleineigentum des Erbauers stand (entschuldigter Überbau) oder ob an ihr entlang der Grenzlinie vertikal geteiltes Eigentum bestand (unentschuldigter Überbau), Miteigentum der beiden Grundstückseigentümer an der ganzen Wand entsteht (BGH a. a. O. Rn. 26) und die die Rechtsfolgen eines Anbaues regelnden Bestimmungen (§ 7 Vergütung; § 8 Unterhaltung der Nachbarwand) unmittelbar gelten.

8. Die Erklärung der **Einwilligung ist unwiderruflich** (so ausdrücklich § 5 Abs. 2 Satz 2 NbG LSA; im Ergebnis ebenso: Schäfer, Rn. 7; Bassenge/Olivet, Rn. 7 zu § 4). Von der Bindung des Erklärenden an die einmal gegenüber dem Vertragspartner abgegebene Einwilligung zu unterscheiden ist die Bindung eines Rechtsnachfolgers an die Einwilligung bzw. die schuldrechtliche „Nachbarwandabrede".

Die **Einwilligung wirkt vor der Errichtung der Nachbarwand nur unter den Vertragsschließenden und deren Gesamtrechtsnachfolgern** (z. B. den Erben). Im Falle einer Sonderrechtsnachfolge (z. B. Kauf) kann der neue Eigentümer dem Bau der Nachbarwand widersprechen, wenn er die vertraglichen Pflichten des früheren Eigentümers nicht übernommen hat. Dies gilt nicht, wenn zugunsten des bauwilligen Nachbarn eine entsprechende Grunddienstbarkeit bestellt worden ist. **Spätestens mit Beginn der Errichtung der Nachbarwand** und der damit einhergehenden „Verdinglichung" der Nachbarwandabrede (s. Erl. 2, 5) **ist jeder Rechtsnachfolger an die Einwilligungserklärung gebunden**.

9. Hat der Nachbar **nicht eingewilligt** oder nachträglich zugestimmt, so liegt ein **gewöhnlicher Überbau** vor, auf den nicht die §§ 4 bis 12, sondern die §§ 912 ff. BGB anzuwenden sind. Gleiches gilt, wenn sich die Nachbarn zwar über den Bau einer Nachbarwand einig geworden sind, diese (schuldrechtliche) Vereinbarung aber von Anfang an nichtig ist oder es rückwirkend durch Anfechtung geworden ist.

10. Trotz erteilter Einwilligung kann der Nachbar verlangen, dass mit dem Bau erst begonnen wird, wenn alle hierfür **nach öffentlichem Recht erforderlichen Voraussetzungen** erfüllt sind, also insbesondere auch – soweit notwendig – die Genehmigung durch die Bauaufsichtsbehörde (bestandskräftig oder zumindest vollziehbar) erteilt worden ist (§ 2 Abs. 2 Satz 2; s. Erl. 4 der Einf. II).

11. Soweit nichts anderes vereinbart worden ist, hat der Erbauer die Kosten der Errichtung der Nachbarwand zunächst allein zu tragen; erst im Falle eines Anbaues findet ein Ausgleich statt (§ 7).

§ 4 Beschaffenheit der Nachbarwand

(1) Die Nachbarwand ist in einer solchen Bauart und Bemessung, insbesondere in der Dicke und mit der Gründungstiefe auszuführen, dass sie den Zwecken beider Nachbarn genügt. Der zuerst Bauende braucht die Wand nur für einen Anbau herzurichten, der an die Bauart und Bemessung der Wand keine höheren Anforderungen stellt als sein eigenes Gebäude.

(2) Erfordert keines der beiden Gebäude eine größere Dicke der Wand als das andere, so darf die Nachbarwand höchstens mit der Hälfte ihrer notwendigen Dicke auf dem Nachbargrundstück errichtet werden. Erfordert das auf einem der Grundstücke geplante Gebäude eine

dickere Wand, so ist die Wand mit einem entsprechend größeren Teil ihrer Dicke auf diesem Grundstück zu errichten.

(3) Soweit die Nachbarwand den Bestimmungen des Absatzes 2 entspricht, hat der Nachbar keinen Anspruch auf Zahlung einer Vergütung (§ 912 des Bürgerlichen Gesetzbuches) oder auf Abkauf von Boden (§ 915 des Bürgerlichen Gesetzbuches). Wird die Nachbarwand beseitigt, bevor angebaut ist, so kann der Nachbar für die Zeit ihres Bestehens eine Vergütung nach § 912 des Bürgerlichen Gesetzbuches beanspruchen.

Erläuterungen

1. Die **Beschaffenheit der Nachbarwand** richtet sich nach den Gegebenheiten des Einzelfalls. In erster Linie sind die zwischen den Nachbarn **getroffenen Abreden maßgeblich** (§ 2 Abs. 1). Im Übrigen muss die technische Ausführung der Wand (Statik, Schall- und Wärmeschutz, Feuersicherheit) unter **Beachtung der öffentlich-rechtlichen Bauvorschriften** (§ 2 Abs. 2) den Anforderungen genügen, die sich aus ihrer Zweckbestimmung (§ 3 Abs. 1) ergeben. Sie ist danach insbesondere als Brandwand zu errichten (§ 30 ThürBO) und muss so beschaffen sein, dass ihre Standfestigkeit durch den Anbau nicht gefährdet wird und auch bei einem späteren Abbruch des zuerst errichteten oder des angebauten Gebäudes erhalten bleibt (§ 12 Abs. 1 ThürBO). Maßgeblich sind die Verhältnisse im Zeitpunkt der Errichtung der Nachbarwand.

2. Im Regelfalle – insbesondere wenn ein qualifizierter Bebauungsplan vorhanden ist, der geschlossene Bauweise vorschreibt (s. Erl. 4 der Einf. II) – sind die auf beiden Grundstücken zu errichtenden Gebäude von gleicher oder annähernd gleicher Beschaffenheit, etwa bei einer Reihenhausbebauung. Nach Absatz 1 Satz 2 braucht daher der zuerst Bauende die Wand nur für einen Anbau herzurichten, der an die **Bauart und Bemessung der Wand keine höheren Anforderungen stellt als sein eigenes Gebäude** (Amtl. Begr. S. 24). Dies entspricht dem Grundgedanken der §§ 921, 922 BGB, wonach eine Grenzeinrichtung, also auch eine Nachbarwand, beiden Grundstücken gleichermaßen zum Vorteil gereichen soll (BGHZ 53, 5, 7). Plant der später Bauende ein Gebäude, das wegen seiner Höhe, Ausstattung oder seines Verwendungszwecks höhere Anforderungen an die Wand stellt, und trägt die getroffene „Nachbarwandabrede“ diesem Umstand nicht

Rechnung, so braucht der zuerst Bauende – vom Sonderfall des § 12 (Gründungstiefe) abgesehen – hierauf keine Rücksicht zu nehmen.

3. Entspricht die Wand nicht den sich aus Absatz 1 oder den getroffenen Abreden ergebenden **Anforderungen**, so liegt darin eine **Pflichtverletzung i. S. d. § 280 Abs. 1 BGB** (s. auch Erl. 3 c, aa [1] der Einf. II). Da diese Art der Bauausführung nicht mehr von der Einwilligung gedeckt ist, liegt außerdem ein **objektiv rechtswidriger Überbau** i. S. d. §§ 912 ff. BGB vor (Bassenge/Olivet, Rn. 2 zu § 5; Schäfer, Rn. 4). Ob sich die Rechtsfolgen dieser Pflichtverletzung allein aus den Vorschriften der §§ 280 ff. BGB ergeben oder ob daneben auch die §§ 912 ff. BGB anwendbar sind, ist durch Auslegung der „Nachbarwandabrede" zu ermitteln (vgl. BGH NJW 1971, 426, 427). Im Zweifel wird diese Abrede einem an sich begründeten Beseitigungsverlangen aus § 1004 BGB wegen unentschuldigten (grob fahrlässigen oder vorsätzlichen) Überbaus nicht entgegenstehen (BGH, a. a. O.).

4. Absatz 2 regelt, inwieweit die Nachbarwand das angrenzende Grundstück in Anspruch nehmen darf. Die Vorschrift gilt nur, wenn nichts anderes vereinbart ist (§ 2 Abs. 1).

a) Erfordert, entsprechend dem **gesetzlichen Regelfall** (Abs. 1), keines der Gebäude eine größere Dicke der Wand als das andere, so darf die Nachbarwand **höchstens mit der Hälfte ihrer notwendigen Dicke auf dem Nachbargrundstück** errichtet werden (Abs. 2 Satz 1). Sind die auf den beiden Grundstücken geplanten Gebäude so unterschiedlich, dass eines von ihnen eine dickere Wand erfordert als das andere, so ist die Wand mit einem entsprechend größeren Teil ihrer Dicke auf dem Grundstück zu errichten, dessen Bebauung die dickere Wand erfordert (Abs. 2 Satz 2).

b) Maßgebend für die Standortbestimmung der Wand ist jeweils die notwendige Dicke der Wand. Will der zuerst Bauende die Wand ohne bautechnische Notwendigkeit mit einer größeren Dicke errichten, so muss er den dafür notwendigen besonderen Aufwand an Grundfläche allein aufbringen. Wie sich aus der Formulierung des Gesetzes ergibt („höchstens"), ist der zuerst Bauende nach Absatz 2 nur berechtigt, nicht aber verpflichtet, die Wand nach Maßgabe dieser Bestimmung zu errichten. Es steht ihm also frei, für die Errichtung der Wand von seiner eigenen Grundfläche mehr als nach Absatz 2 geboten zu verwenden. Dadurch entsteht für den Nachbarn ein Raumgewinn, der im Falle eines späteren Anbaues gemäß § 7 Abs. 3 auszugleichen ist. Wird für den Bau der Wand von der Fläche des Nachbargrundstücks mehr als zulässig in Anspruch genommen, so liegt hinsichtlich dieses „überschießenden“ Bodenstreifens ein objektiv rechtswidriger Überbau vor.

5. Wenn sich die Inanspruchnahme des Nachbargrundstücks für den Bau der Nachbarwand im Rahmen des nach Absatz 2 Erlaubten oder des sonst Vereinbarten hält, ist für eine Anwendung der §§ 912 ff. BGB kein Raum. Da die Nachbarwand eine Grenzeinrichtung i. S. d. §§ 921, 922 BGB ist, gilt das selbst dann, wenn ein Einzelrechtsnachfolger, der das überbaute Grundstück erwirbt, an einem Anbau kein Interesse hat; auch diesem Rechtsnachfolger steht ein Anspruch auf Überbaurente und Grundabnahme nicht zu. Diese Rechtsfolge wird in Absatz 3 Satz 1 klarstellend ausgesprochen.

Der Ausschluss der Überbauregeln gilt jedoch, wie das Gesetz ebenfalls klarstellend zum Ausdruck bringt, nur, soweit der Standort der Nachbarwand den Bestimmungen des Absatzes 2 bzw. den getroffenen Vereinbarungen entspricht. Wird **von der Fläche des Nachbargrundstücks mehr als erlaubt in Anspruch genommen**, sind die **§§ 912 ff. BGB grundsätzlich anwendbar**, sofern sich aus den Parteiabreden nichts anderes ergibt (vgl. BGH NJW 1971, 426, 427).

a) Liegt bezüglich des mehr als zulässig in Anspruch genommenen Bodenstreifens ein **entschuldigter Überbau** i. S. d. § 912 Abs. 1 BGB vor, so hat der Nachbar die Wand so, wie sie errichtet worden ist, hinzunehmen. Neben den Ansprüchen aus § 912 Abs. 2, § 915 BGB steht ihm ein Schadensersatzanspruch aus (leicht fahrlässiger) Eigentumsverletzung gemäß § 823 Abs. 1 BGB nicht zu (BGHZ 57, 304, 308; 97, 292, 295).

Der Umstand, dass der Standort der Wand gesetz- bzw. vertragswidrig ist, führt nicht dazu, dass der seinerseits gesetzes- bzw. vertragstreue Nachbar sein Anbaurecht (§ 5) verliert (die Situation ist anders als beim „schlichten“ Überbau, der nicht gelegentlich der Errichtung einer Nachbarwand vorgenommen wird, s. § 5, Erl. 2). Auf den Erhalt des Anbaurechts ist es auch ohne Einfluss, wenn der in seinem Eigentum beeinträchtigte Nachbar die Zahlung einer Geldrente (§ 912

Abs. 2 BGB) oder den Abkauf des objektiv rechtswidrig überbauten Geländestreifens (§ 915 BGB) verlangt. Andernfalls würde dem Nachbarn zugemutet werden, zur Bewahrung seines Anbaurechts – dessen Ausübung möglicherweise unsicher oder gegenwärtig noch nicht absehbar ist – die Verletzung seines Eigentums entschädigungslos hinzunehmen (BGHZ 53, 5, 9). Auch § 7 Abs. 3 Satz 1 geht von einem solchen Normenverständnis aus.

b) Im Falle eines **unentschuldigten Überbaus** kann der Eigentümer des Nachbargrundstücks nach § 1004 Abs. 1 Satz 1 BGB grundsätzlich **Beseitigung des Überbaus verlangen**. Gerade bei der objektiv rechtswidrigen Errichtung von Nachbarwänden wird der Überbau häufig unentschuldigt sein. Wer – wie der Erbauer einer Nachbarwand – nicht nur bewusst auf, sondern sogar über die Grundstücksgrenze baut, handelt bereits dann bösgläubig, wenn er sich nicht vor der Bauausführung, gegebenenfalls unter Hinzuziehung von Fachleuten (insbesondere eines Vermessungsingenieurs), genau darüber vergewissert, dass seine Baumaßnahme die vorgegebene Grenzlinie nicht überschreitet und sich auch sonst im Rahmen des Vereinbarten hält (vgl. BGHZ 156, 170, 171 f.). Da dem Beseitigungsverlangen allerdings regelmäßig nur durch vollständigen Abriss der Wand entsprochen werden kann, wird der Erbauer der Wand dem Abrissbegehren nicht selten nach § 275 Abs. 2 BGB entgegenhalten können, dass die **Beseitigung der Mauer mit Aufwendungen** verbunden ist, die in **keinem vertretbaren Verhältnis zum Nachteil des Nachbarn** stehen (vgl. BGH NJW 2008, 3122 Rn. 18 ff.). In diesem Fall stehen dem duldungspflichtigen Nachbarn die Ansprüche aus § 912 Abs. 2, § 915 BGB zu (Palandt/Herrler, Rn. 17 zu § 912).

Der Umstand, dass beim unentschuldigten Überbau den überbauenden Nachbarn ein größerer Schuldvorwurf trifft, lässt das Anbaurecht des anderen Nachbarn (erst recht) unberührt. Es ist nicht notwendig, das Anbaurecht damit zu begründen, dass der Nachbar an dem rechtswidrig unentschuldigt übergebauten Wandteil Eigentum erworben hat (so Palandt/Herrler, Rn. 6 zu § 921).

6. Wird die **Nachbarwand vor Durchführung eines Anbaues beseitigt** und dadurch dem Nachbarn die Anbaumöglichkeit entzogen, so kann er **für die Zeit des Bestehens** der Wand eine **Überbaurente** nach

§ 912 Abs. 2 BGB fordern (Abs. 3 Satz 2). Dieser Anspruch besteht unabhängig davon, ob die Wand mit oder ohne die nach § 10 erforderliche Einwilligung des Nachbarn beseitigt worden ist. Weder der Wortlaut noch der Zweck der Norm sprechen dafür, die Bestimmung nur bei zulässiger Beseitigung anzuwenden (a. M. Schäfer, Rn. 11). Der bei unzulässiger Beseitigung in Betracht kommende Schadensersatzanspruch nach § 10 Abs. 3 Satz 1 geht zwar inhaltlich weiter; er wird aber erst und nur fällig, wenn der anspruchsberechtigte Nachbar später baut. Es geht aber nicht an, im Falle eines „Bauverzichts" den durch eine unerlaubte Beseitigung der Nachbarwand getroffenen Nachbarn völlig leer ausgehen zu lassen und ihn damit schlechter als den Nachbarn zu stellen, der mit der Beseitigung der Wand einverstanden war. Da es sich um einen Ersatzanspruch für die entgangene Anbaumöglichkeit handelt, steht der Anspruch demjenigen zu, der zum Zeitpunkt der Beseitigung der Wand Eigentümer oder Erbbauberechtigter (§ 1 Abs. 1 Satz 1) des Nachbargrundstücks ist. Ersatzverpflichtet ist derjenige, der zur Zeit der Beseitigung der Wand Eigentümer oder Erbbauberechtigter des zuerst bebauten Grundstücks ist.

Bemessungsgrundlage für die Höhe des Anspruchs ist der **Wert des Grundstücks zur Zeit der Grenzüberschreitung** (§ 912 Abs. 2 BGB; grundlegend hierzu BGHZ 57, 304; 97, 292). Veränderungen des Grundstückswertes, die erst nach der Grenzüberschreitung eintreten, sind für die Bemessung der Überbaurente ohne Bedeutung.

§ 5 Anbau an die Nachbarwand

Der Nachbar ist berechtigt, an die Nachbarwand anzubauen. Anbau ist die Mitbenutzung der Wand als Abschlußwand oder zur Unterstützung oder Aussteifung der neuen baulichen Anlage.

1. Satz 1 normiert ein **Anbaurecht** des Eigentümers oder des Erbbauberechtigten (§ 1 Abs. 1 Satz 1) des Nachbargrundstücks **an die Nachbarwand**. Mangels anderweitiger Vereinbarung besteht daher nur ein Recht, nicht aber auch eine Pflicht zum Anbau. Errichtet der anbauberechtigte Nachbar später auf seinem Grundstück ein Gebäude, ohne von dem Anbaurecht Gebrauch zu machen, so greift § 9 ein.

2. Das Anbaurecht besteht nur dann, wenn es sich bei der Wand, an die angebaut werden soll, um eine Nachbarwand i. S. d. § 3 handelt. Entspricht die Wand nach Bauart oder Standort nicht den gesetzlichen oder vertraglichen Anforderungen, etwa weil sie an Bodenfläche des benachbarten Grundstücks mehr als nach § 4 Abs. 2 zulässig in Anspruch nimmt, so wird davon das Anbaurecht nicht berührt (s. § 4, Erl. 5).

Hat der Erbauer der Wand beim Bau seines Hauses die als Grenzwand i. S. d. § 13 Abs. 1 gedachte Abschlusswand leicht fahrlässig auf die Grenze gebaut **(entschuldigter Überbau)**, so braucht er **den Anbau nicht zu dulden**. Er ist Alleineigentümer der Wand; ohne entsprechende verpflichtende Vereinbarung („Nachbarwandabrede") ist sein Wille, sein Eigentum an dem übergebauten Gebäudeteil unangetastet zu lassen – selbstverständlich nur gegen Zahlung einer Überbaurente oder Bodenabkauf gemäß § 912 Abs. 2, § 915 BGB – zu respektieren (Palandt/Herrler, Rn. 6 zu § 921; Dehner, B § 8 II 3 b; a. M. Staudinger/Roth, Rn. 30 zu § 921 unter Berufung auf das nachbarliche Gemeinschaftsverhältnis).

Hat der Erbauer der Wand ohne Nachbarwandabrede grob fahrlässig oder vorsätzlich auf die Grenze gebaut **(unentschuldigter Überbau)**, so ist auch das keine Nachbarwand i. S. d. § 3. Allerdings ist in diesem Falle der Nachbar Eigentümer des Teils der Wand, der auf seinem Grundstück steht, sodass er gleichwohl anbauen darf. Dieses **„Anbaurecht"** ergibt sich jedoch nicht aus Satz 1, sondern ist **Ausfluss des allgemeinen Eigentümerrechts aus § 903 BGB**, mit der Sache nach Belieben zu verfahren (BGH NJW-RR 2014, 973 Rn. 40; s. auch Palandt/Herrler, Rn. 6 zu § 921; Staudinger/Roth, Rn. 31 zu § 921). Im Falle eines Anbaues übernimmt die überbaute Wand zwar bautechnisch die Funktion einer Nachbarwand (vgl. Erl. 5); es entsteht aber keine Nachbarwand im Rechtssinne, da diese nicht ohne oder gegen den Willen eines der beteiligten Nachbarn geschaffen werden kann (BGH a.a.O.).

3. Ist streitig, ob es sich bei der auf der Grenze stehenden Abschlusswand um eine Nachbarwand i. S. d. § 3 handelt, so trägt hierfür nach allgemeinen Grundsätzen der anbauwillige Nachbar die Darlegungs- und Beweislast. Wenn sich aber die Wand bei objektiver Betrachtungsweise als zu einem Anbau bestimmte, auf der Grenze errichtete Wand darstellt (s. Erl. 3 b, aa [3] der Einf. II), kommt ihm die Rechtszustandsvermutung des § 921 BGB zugute.

4. Das Anbaurecht schließt – im Unterschied zur Erhöhung (§ 11 Abs. 1) – nicht die Befugnis ein, die Nachbarwand zu verlängern.

5. Anbau ist die **Mitbenutzung der Nachbarwand als Abschlusswand oder zur Unterstützung oder Aussteifung der neuen baulichen Anlage** (Satz 2).

a) Die **Verwendung des Begriffs bauliche Anlage ist verfehlt**. Er lässt das Missverständnis aufkommen, der Anbau müsse lediglich den Anforderungen des § 2 Abs. 1 ThürBO genügen. Indes ergibt sich bereits aus der Definitionsnorm des § 3 Abs. 1, dass es sich nicht nur bei der baulichen Anlage, an die angebaut wird, sondern auch bei der neuen baulichen Anlage um ein Gebäude handeln muss. Der Anbau muss also auch die Voraussetzungen des § 2 Abs. 2 ThürBO erfüllen (s. § 3, Erl. 4).

b) Wie der Anbau im Einzelnen beschaffen sein muss, regelt das Gesetz nicht. Nach § 2 Abs. 2 müssen die an den Anbau zu stellenden **bauordnungsrechtlichen Anforderungen** erfüllt sein; insbesondere ist der Anbau so auszuführen, dass die Wand bzw. das bereits errichtete Gebäude in ihrer Standsicherheit nicht beeinträchtigt werden (§§ 3, 12, 16 ThürBO). Einen diesen Erfordernissen nicht genügenden und das Eigentum des Nachbarn gefährdenden – etwa wenn die Wand über ihre Tragfähigkeit hinaus belastet werden soll – Anbau braucht der Nachbar nicht zu dulden; und zwar auch nicht unter dem Gesichtspunkt des nachbarlichen Gemeinschaftsverhältnisses (BGH LM § 912 BGB Nr. 25). Er kann ihn als Eigentumsstörung nach § 1004 Abs. 1 BGB abwehren. Davon abgesehen hat der Eigentümer der Nachbarwand zum Zwecke eines den Regeln der Baukunst entsprechenden Anbaues Eingriffe in die Substanz der Wand grundsätzlich hinzunehmen (s. § 8, Erl. 3).

6. Ein Unterfangen der Nachbarwand zur Errichtung des Anbaues oder eines selbstständigen Gebäudes auf dem Nachbargrundstück ist nur unter den Voraussetzungen des § 16 Abs. 1 zulässig (§ 11 Abs. 3). Insoweit wird auf die Erl. zu § 16 verwiesen.

7. Entstehen bei der Ausführung des Anbaues **Schäden am Nachbargrundstück**, so bestimmt sich die Schadensersatzfrage nach den allgemeinen Vorschriften des BGB (s. Erl. 3 c der Einf. II). Nur wenn der Anbauende die Wand unterfängt (§ 11 Abs. 3 i. V. m. § 16 Abs. 1) und dadurch in besonders intensiver Weise auf sie einwirkt, tritt die strengere Gefährdungshaftung nach § 19 ein (Näheres hierzu s. § 16, Erl. 8). Für eine analoge Anwendung dieser Bestimmungen generell auf jeden „Anbauschadensfall" (die von Bassenge/Olivet, Rn. 3 zu § 6 für vertretbar erachtet wird) ist kein Raum, weil keine „planwidrige Regelungslücke" besteht.

§ 6 Anzeige des Anbaues

(1) Die Einzelheiten des beabsichtigten Anbaues sind mindestens drei Monate vor Beginn der Bauarbeiten dem Eigentümer und dem Nutzungsberechtigten des zuerst bebauten Grundstücks schriftlich anzuzeigen. Mit den Arbeiten darf erst nach Fristablauf begonnen werden.
(2) Etwaige Einwendungen gegen den Anbau sind unverzüglich zu erheben.
(3) Ist jemand, dem Anzeige nach Absatz 1 zu machen ist, unbekannten Aufenthaltes oder nicht alsbald erreichbar und hat er keinen Vertreter bestellt, so genügt statt der Anzeige an diesen Betroffenen die Anzeige an den unmittelbaren Besitzer.

1. Der Eigentümer bzw. der Erbbauberechtigte des zuerst bebauten Grundstücks hat ein schutzwürdiges Interesse daran, von einem beabsichtigten Anbau an die Nachbarwand rechtzeitig Kenntnis zu erlangen. Absatz 1 verpflichtet daher den anbauwilligen Nachbarn, die Absicht des Anbaues mindestens drei Monate vor Beginn der Bauarbeiten anzuzeigen. Die Anzeigepflicht umfasst alle Einzelheiten, die der Nachbar wissen muss, um etwaige Einwendungen erheben zu können. Einer Vorlage der gesamten Planungsunterlagen für das anzubauende Gebäude bedarf es dagegen nicht. Es genügt die Bekanntgabe der technischen Einzelheiten über die Teile des Gebäudes, von denen Einwirkungen auf die Nachbarwand ausgehen können.

2. Die **Anzeige** ist eine **geschäftsähnliche Handlung**, auf die eine entsprechende Anwendung der Bestimmungen des BGB über Willenserklärungen möglich ist (Dehner, A § 6 II 2 u. 3; Palandt/Ellenberger, Überbl. v. § 104, Rn. 6 ff.). Davon geht auch Absatz 3 aus, wonach sich der Anzeigeberechtigte eines Vertreters bedienen kann (§ 164 Abs. 3 BGB). Da die Erfüllung der Anzeigepflicht dem Anzeigenden nur einen rechtlichen Vorteil verschafft, ist entsprechend § 107 BGB Volljährigkeit auf Seiten des Anzeigenden nicht erforderlich (näher hierzu Dehner, a. a. O.). Demgegenüber ist, wenn der Anzeigeberechtigte nicht voll geschäftsfähig ist, die Anzeige an den gesetzlichen Vertreter zu richten. Bei der Übergabe oder Übersendung an einen gewillkürten Vertreter ist nach den §§ 164 ff. BGB zu entscheiden, ob der Vertreter über die entsprechende Vertretungsmacht verfügt. Ein Hausverwalter oder ein Hauswart ist regelmäßig nicht befugt, eine Anzeige nach Absatz 1 mit Wirkung für den Eigentümer oder einen sonstigen Nutzungsberechtigten entgegenzunehmen.

3. Die Anzeige muss **mindestens drei Monate vor Beginn der Bauarbeiten** für den Anbau erfolgen (Abs. 1 Satz 1). Sofern der Nachbar nicht dem früheren Baubeginn zustimmt, darf mit den Bauarbeiten erst nach Ablauf der Dreimonatsfrist begonnen werden (Abs. 1 Satz 2). Die Frist ist deshalb auf drei Monate bemessen, damit die Empfänger der Anzeige hinreichend Gelegenheit haben, den geplanten Anbau sorgfältig zu prüfen und sich unter Umständen von Fachleuten beraten zu lassen. Außerdem sollen die Nachbarn Gelegenheit haben, etwaige Zweifelsfragen noch rechtzeitig im Verhandlungswege zu bereinigen (Amtl. Begr. S. 25).

Die **Frist** beginnt mit dem **Zugang der vollständigen Anzeige** an den Anzeigeberechtigten (§ 130 BGB; Näheres hierzu s. Palandt/Ellenberger, Rn. 5 ff. zu § 130). Weil dem Nachbarn nicht zugemutet werden kann, eine mündliche Mitteilung über bautechnische Einzelheiten entgegenzunehmen, ist **Schriftform** (§ 126 Abs. 1 BGB) **vorgeschrieben** (Abs. 1 Satz 1). Enthält die Anzeige nicht die erforderlichen „Einzelheiten des beabsichtigten Anbaues", wird die Dreimonatsfrist nicht in Lauf gesetzt. Reicht der Anzeigende die noch fehlenden Informationen nach, so beginnt die Frist mit dem Zugang der nachträglichen Angaben zu laufen. Ein Verzicht des Anzeigeberechtigten auf die (vollständige) Mitteilung von (weiteren) Angaben ist möglich mit der Folge, dass die den Anforderungen des Absatzes 1 Satz 1 nicht genügende

Anzeige gleichwohl die Dreimonatsfrist in Lauf setzt. Für die Berechnung der Frist gelten die §§ 186 ff. BGB.

4. Da bei einem Anbau vielfach auch die Interessen von Pächtern, Mietern usw. berührt werden, muss nicht nur dem Eigentümer oder dem Erbbauberechtigten (§ 1 Abs. 1 Satz 2) Anzeige gemacht werden, sondern auch dem **Nutzungsberechtigten**. Gemäß § 1 Abs. 2 gilt dies jedoch nur dann, wenn dessen **Besitzstand berührt wird** (Näheres hierzu § 1, Erl. 5). Ist mehreren Personen Anzeige zu machen, darf erst nach Ablauf der zuletzt in Gang gesetzten Frist mit dem Anbau begonnen werden.

5. Die Erfüllung der in Absatz 1 normierten Anzeigepflicht stößt auf Schwierigkeiten, wenn einer der **Anzeigeberechtigten unbekannten Aufenthaltes oder nicht alsbald erreichbar** ist und auch keinen Vertreter bestellt hat. Da es in diesen Fällen dem anbauwilligen Nachbarn nicht zuzumuten ist, sein Bauvorhaben so lange zurückzustellen, bis der Berechtigte benachrichtigt werden kann, schränkt das Gesetz die Anzeigepflicht ein (Abs. 3). Der Regelung kommt insbesondere im Hinblick auf ungeklärte Eigentumsverhältnisse an Grundstücken Bedeutung zu (Amtl. Begr. S. 25).

Eine Anwendung des Absatzes 3 setzt voraus, dass der anbauwillige Nachbar im Rahmen des Zumutbaren eigene Anstrengungen unternommen hat, den Aufenthaltsort des Anzeigeberechtigten oder seines Vertreters ausfindig zu machen; schlichte Unkenntnis reicht nicht aus. Sind diese Nachforschungen erfolglos geblieben, so genügt die Anzeige an den **unmittelbaren Besitzer** (§ 854 BGB). Dieser erlangt dadurch, dass an ihn Anzeige zu machen ist, keine über die Besitzerstellung hinausgehende Rechtsmacht (s. Erl. 8). Das Gesetz geht lediglich davon aus, dass der unmittelbare Besitzer am ehesten in der Lage ist, eine Verbindung zu dem unerreichbaren Anzeigeberechtigten herzustellen.

Der Wortlaut des Gesetzes erfasst nicht den Fall, dass die Person des Eigentümers, Erbbauberechtigten oder Nutzungsberechtigten unbekannt ist. Hier ist Absatz 3 analog anzuwenden.

6. Nach Absatz 1 Satz 2 darf mit den Arbeiten erst nach Ablauf der Dreimonatsfrist begonnen werden. Ein früherer Beginn ist rechtswidrig und kann von dem Nachbarn im Wege der einstweiligen Verfügung oder der Unterlassungsklage verhindert werden. Dass der anbauwillige Nachbar im Besitz einer Baugenehmigung ist, ändert hieran nichts. Die Frist braucht jedoch nicht eingehalten zu werden, wenn sich sämtliche Beteiligten mit einem früheren Beginn der Arbeiten einverstanden erklären (§ 2 Abs. 1).

Im Hinblick auf den Gesetzeszweck muss davon ausgegangen werden, dass unter Arbeiten i. S. d. Vorschrift nur solche zu verstehen sind, von denen Einwirkungen auf die Nachbarwand ausgehen können. Der anbauwillige Nachbar ist daher nicht gehindert, schon vor Ablauf der Dreimonatsfrist und vor Erstattung der Anzeige nach § 6 Abs. 1 auf seinem Grundstück Bauarbeiten vornehmen zu lassen, mit denen noch kein Anbau an die Nachbarwand durchgeführt wird, z. B. Aushub der Baugrube, Errichtung von Fundamenten und Bauten, bei deren Herstellung nicht auf die Nachbarwand eingewirkt wird .

7. Eine Ausschlussfrist, innerhalb der die Einwendungen des Nachbarn geltend zu machen sind, legt das Gesetz nicht fest. Absatz 2 bestimmt lediglich, dass etwaige Einwendungen **„unverzüglich", d. h. ohne schuldhaftes Zögern** (§ 121 Abs. 1 Satz 1 BGB) vorgebracht werden müssen. Auch verspätet vorgebrachte Einwendungen sind grundsätzlich zu berücksichtigen, der Säumige kann jedoch u. U. zum Schadensersatz verpflichtet sein. Im Einzelfall können Einwendungen auch verwirkt sein, insbesondere wenn der Anbau bereits erfolgt ist.

8. Werden gegen den geplanten Anbau **Einwendungen** von solchen Personen erhoben, die den **(Mit-)Besitz an der Wand** innehaben, so darf der anbauwillige Nachbar ohne Rücksicht auf die Berechtigung dieser Einwendungen **nicht eigenmächtig** solche Maßnahmen ergreifen, die auf die Nachbarwand unmittelbar einwirken (Einstemmen von Löchern und Schlitzen usw.). Solche Maßnahmen stellen eine Besitzbeeinträchtigung i. S. d. § 858 Abs. 1 BGB (verbotene Eigenmacht) dar, die nach § 5 Satz 1, im Unterschied etwa zu § 7 Abs. 1 Satz 1 Halbsatz 2 NNachbG, nicht gestattet ist. Können sich daher die Beteiligten nicht einigen, ist der anbauberechtigte Nachbar gehalten, sich einen Titel auf Duldung des Anbaues zu verschaffen (Amtl. Begr. S. 25; s. auch Bassenge/Olivet, Rn. 4 zu § 6).

9. Wegen der Sicherheitsleistung für die Anbauvergütung s. Erl. 6 zu § 7.

§ 7 Vergütung

(1) Der anbauende Nachbar hat dem Eigentümer des zuerst bebauten Grundstücks den halben Wert der Nachbarwand zu vergüten, soweit ihre Fläche zum Anbau genutzt wird.

(2) Die Vergütung ist angemessen herabzusetzen, wenn die besondere Bauart oder Bemessung der Wand nicht erforderlich oder nur für das zuerst errichtete Gebäude erforderlich ist; sie ist angemessen zu erhöhen, wenn die besondere Bauart oder Bemessung der Wand nur für das später errichtete Gebäude erforderlich ist.

(3) Nimmt die Nachbarwand auf dem Grundstück des anbauenden Nachbarn eine größere Bodenfläche in Anspruch als in § 4 Abs. 2 vorgesehen, so kann dieser die Vergütung um den Wert des zusätzlich überbauten Bodens kürzen, wenn er nicht die in § 912 Abs. 2 des Bürgerlichen Gesetzbuches oder in § 915 des Bürgerlichen Gesetzbuches bestimmten Rechte ausübt. Nimmt die Nachbarwand auf dem Grundstück des anbauenden Nachbarn eine geringere Bodenfläche in Anspruch als in § 4 Abs. 2 vorgesehen, so erhöht sich die Vergütung um den Wert des Bodens, den die Wand andernfalls auf dem Grundstück des anbauenden Nachbarn zusätzlich benötigen würde.

(4) Die Vergütung wird mit der Fertigstellung des Rohbaus fällig; sie steht demjenigen zu, der zu dieser Zeit Eigentümer ist. Bei der Wertberechnung ist von den zu diesem Zeitpunkt üblichen Baukosten auszugehen und das Alter sowie der bauliche Zustand der Nachbarwand zu berücksichtigen. Auf Verlangen ist Sicherheit in Höhe der voraussichtlich zu gewährenden Vergütung zu leisten; in einem solchen Falle darf der Anbau erst nach Leistung der Sicherheit begonnen oder fortgesetzt werden. Die Sicherheit kann in einer Bankbürgschaft bestehen.

Erläuterungen

1. Baut der Nachbar an die Nachbarwand an, so benutzt er – bestimmungsgemäß (§ 3 Abs. 1) – einen Bauteil zum Bau seines Hauses, den der andere Nachbar auf eigene Kosten errichtet hat; zugleich erwirbt er das Miteigentum an der Wand, wobei sich die Größe der Miteigentumsanteile danach richtet, in welchem Umfang die Wand zum Anbau verwendet wird (s. Erl. 3 a, bb der Einf. II). Zum Ausgleich gewährt das Gesetz dem bisherigen Alleineigentümer einen **Vergütungsanspruch**. Die „Grundvergütung“, die sich nach Maßgabe der Absätze 2 und 3 ermäßigen oder erhöhen kann, besteht darin, dass der anbauende Nachbar den halben Wert der Nachbarwand zu vergüten hat, soweit er ihre Fläche zum Anbau nutzt (Abs. 1). Maßgebend ist danach das **Ausmaß der flächenmäßigen Mitbenutzung**. Wird die ganze Wand benutzt, wie dies üblicherweise bei einer Reihenhausbebauung der Fall ist, ist der halbe Wert der gesamten Wand zu vergüten. Bei einer Wand im Werte von 20 000 Euro ist demnach eine Vergütung von 10 000 Euro zu zahlen. Wird die Nachbarwand dagegen nur teilweise zum Anbau verwendet – etwa nur zur Hälfte – so beträgt die Vergütung 5000 Euro (1/4).

2. Bei der Bemessung der Vergütung sind **Besonderheiten hinsichtlich der Bauart oder Bemessung** der Wand zu berücksichtigen (Abs. 2). Ist die Wand in ihrer besonderen Ausführung nur für das zuerst errichtete Gebäude erforderlich, oder ist die besondere Bauart – etwa weil der Erbauer die Wand ohne sachlichen Grund besonders aufwendig und kostspielig errichtet hat – für keinen der beiden Nachbarn von Nutzen, so ist die Vergütung angemessen herabzusetzen. Dies hat regelmäßig in der Weise zu geschehen, dass bei den „üblichen Baukosten“ (Abs. 4 Satz 2) der durch die besondere Bauart oder Bemessung verursachte Mehraufwand nicht in Ansatz zu bringen ist.

Ist demgegenüber beim Bau der Wand nur mit Rücksicht auf die Baupläne des später bauenden Nachbarn ein besonderer Aufwand, etwa hinsichtlich der Dicke der Wand, betrieben worden, so ist die Vergütung angemessen heraufzusetzen. Dabei ist grundsätzlich so zu verfahren, dass die „fiktive“ Vergütung für eine Wand, die den Erfordernissen des zuerst errichteten Gebäudes genügt hätte, um den vorhandenen „Mehrwert“ zu erhöhen ist. Dies gilt nur, wenn die Parteien nichts anderes vereinbart haben (§ 2 Abs. 1). Das wird jedoch gerade bei dieser Konstellation häufig der Fall sein. Der Erbauer einer Nachbarwand wird sich selten ohne entsprechende sofortige Kostenbeteiligung des Nachbarn dazu bereitfinden, die Wand teurer und aufwendiger als für seine Zwecke notwendig zu gestalten.

Ist die Nachbarwand auf Verlangen des Nachbarn **tiefer gegründet** worden, und hat dieser dem Erbauer der Wand die hierfür **entstande-**

nen Mehrkosten erstattet (§ 12), so kann wegen der tieferen Gründung eine erhöhte Vergütung nicht mehr verlangt werden (s. Schäfer, Rn. 4). Dies folgt aus einer Analogie zu § 14 Abs. 2 Satz 1. Diese Bestimmung regelt für den vergleichbaren Fall des Anbaues an eine Grenzwand, dass eine Vergütung nicht zu zahlen ist, soweit sich der vergütungspflichtige Nachbar nach § 13 Abs. 4 an den Baukosten für eine besondere Gründung beteiligt hat. Es besteht eine „planwidrige Regelungslücke", da das Gesetz hinsichtlich der im Anbaufalle fällig werdenden Vergütung zwischen Grenz- und Nachbarwand keinen Unterschied machen will (Amtl. Begr. zu § 14, S. 28).

3. Nimmt die Nachbarwand auf dem Nachbargrundstück **mehr Fläche** in Anspruch, als nach § 4 Abs. 2 oder den getroffenen Abreden zulässig ist, sind grundsätzlich **Überbauregeln** anzuwenden (§ 4, Erl. 5). Kann danach der Eigentümer des unzulässig überbauten Geländestreifens Bodenabkauf nach § 915 Abs. 1 BGB verlangen, so ist die Geltendmachung dieses Rechts ausgesprochen umständlich, da ein regelmäßig sehr schmaler Geländestreifen genau vermessen und das Eigentum an ihn übertragen werden muss. Absatz 3 Satz 1 eröffnet daher dem Anbauenden die einfache Möglichkeit, von der Ausübung dieses Rechts abzusehen und die dem Eigentümer des zuerst bebauten Grundstücks infolge des Anbaues geschuldete Vergütung um den Wert des zusätzlich überbauten Bodens zu kürzen. Angesichts dieses Normzwecks ist für eine Kürzung der Vergütung kein Raum mehr, wenn der Nachbar bereits von der Möglichkeit des § 915 Abs. 1 BGB Gebrauch gemacht hat (was im Übrigen sein Anbaurecht nicht beeinträchtigt, s. § 4, Erl. 5; § 5, Erl. 2). Demgegenüber ist es auf das Recht, die Vergütung zu kürzen, ohne Einfluss, wenn der anbauende Nachbar in der Vergangenheit Zahlung einer Überbaurente verlangt hat (Argument § 915 Abs. 2 BGB).

Kürzt der anbauende Nachbar die Vergütung, so kann er für die Zukunft die Ansprüche aus den §§ 912 ff. BGB nicht mehr geltend machen (s. Amtl. Begr. S. 26: Im Gebrauchmachen des Kürzungsrechts liegt ein Verzicht auf die Rechte nach den §§ 912 ff. BGB).

Hat der Erbauer der Nachbarwand von dem Nachbargrundstück **weniger Boden** als nach § 4 Abs. 2 zulässig in Anspruch genommen – gleichgültig, ob dies auf Unkenntnis des genauen Grenzverlaufs oder auf mangelhafte Bauausführung zurückzuführen oder aus freien Stücken geschehen ist –, so ist die **Anbauvergütung** um den Wert des Bodens **zu erhöhen**, den die Wand bei vollständiger Ausnutzung der zur Verfügung stehenden Fläche auf dem Nachbargrundstück zusätzlich benötigt hätte.

Wegen der Ermittlung des Kürzungs- oder Erhöhungsbetrags wird auf Erl. 6 zu § 4 verwiesen.

4. Nach Absatz 4 Satz 1 Halbsatz 1 (i. d. F. des ÄndG 2006) wird die Vergütung mit der **Fertigstellung des Rohbaus** des Anbaues fällig. Zwar regelt die geltende Bauordnung nicht mehr ausdrücklich, wann **dieses Ausbaustadium erreicht ist, da damit keine konkreten (Anzeige-) Pflichten** des Bauherrn (mehr) einhergehen. Hier kann jedoch ohne Weiteres auf die Regelung des § 79 Abs. 1 Satz 2 ThürBO i. d. F. vom 3.6.1994 (GVBl. S. 553) zurückgegriffen werden (ebenso Schäfer, Rn. 2). Der Rohbau ist danach fertiggestellt, wenn die tragenden Teile, Schornsteine, Brandwände, notwendigen Treppen und die Dachkonstruktion vollendet sind.

Da der Vergütungsanspruch der Sache nach eine gesetzliche Entschädigung für den durch den Anbau eingetretenen Rechtsverlust ist, steht der Anspruch demjenigen zu, der zum Zeitpunkt der Fälligkeit Eigentümer oder Erbbauberechtigter (§ 1 Abs. 1 Satz 2) des zuerst bebauten Grundstücks ist (Abs. 4 Satz 1 Halbsatz 2).

5. Für die Bemessung des Vergütungsanspruchs ist der **Gegenwartswert der Nachbarwand** bei Fälligkeit des Anspruchs entscheidend (Abs. 4 Satz 2). Auszugehen ist hierbei von dem Betrag, den die Errichtung der Wand zu diesem Zeitpunkt üblicherweise kosten würde. Es kommt nicht darauf an, wie hoch die tatsächlich entstandenen Baukosten waren. Die wirklichen Baukosten, zu denen auch anteilige Kosten für die Bauplanung und die statischen Berechnungen gehören, geben jedoch einen Anhalt für den Wert der Wand, insbesondere dann, wenn Anbau und Errichtung der Wand zeitlich nicht allzu weit auseinanderliegen.

Bei der Ermittlung des Gegenwartswerts der Wand ist ihr Alter und der bauliche Zustand zu berücksichtigen.

6. Der anspruchsberechtigte Eigentümer oder Erbbauberechtigte kann eine **Sicherheitsleistung** in Höhe der voraussichtlich zu gewährenden Anbauvergütung verlangen; sobald er dies tut, darf der Anbau erst nach Leistung der Sicherheit begonnen oder fortgesetzt werden (Abs. 4 Satz 3). Dies gilt nicht, wenn die geforderte Anbauvergütung offensichtlich zu hoch ist und der anbauwillige Nachbar Sicherheit in angemessener Höhe leistet.

Für die Sicherheitsleistung gelten die §§ 232 ff. BGB. Abweichend von § 232 Abs. 2 BGB kann die Sicherheit stets durch Bankbürgschaft erbracht werden (Abs. 4 Satz 4).

7. Wird **ein Gebäude abgebrochen oder zerstört**, so bleiben die Rechtsverhältnisse an der Wand regelmäßig unverändert bestehen (s. Erl. 3 a, cc und b, cc der Einf. II). Es versteht sich, dass in diesem Falle durch den erneuten Anbau nicht nochmals eine Anbauvergütung fällig wird. Anderes gilt, wenn das abgerissene oder zerstörte Haus nur einen Teil der Nachbarwand in Anspruch genommen hat, und für den Neubau eine größere Wandfläche benutzt wird; für die zusätzlich verwendete Wandfläche fällt eine Vergütung an.

§ 8 Unterhaltung der Nachbarwand

(1) Bis zum Anbau fallen die Unterhaltungskosten der Nachbarwand dem Eigentümer des zuerst bebauten Grundstücks allein zur Last.
(2) Nach dem Anbau sind die Unterhaltungskosten für den gemeinsam genutzten Teil der Nachbarwand von beiden Nachbarn entsprechend dem Verhältnis ihrer Beteiligung gemäß § 7 Abs. 1 und 2 zu tragen.
(3) Wird eines der beiden Gebäude abgebrochen und nicht neu errichtet, so hat der Eigentümer des abgebrochenen Gebäudes die Außenfläche des bisher gemeinsam genutzten Teiles der Wand in einen für eine Außenwand geeigneten Zustand zu versetzen. Bedarf die Wand gelegentlich des Gebäudeabbruches noch weiterer Instandsetzung, so sind die Kosten dafür gemäß Absatz 2 von beiden Nachbarn gemeinsam zu tragen.

Erläuterungen

1. Die Vorschrift bestimmt, wer die Kosten für die Unterhaltung der Nachbarwand zu tragen hat.

Unterhaltungskosten sind diejenigen Aufwendungen, die erforderlich sind, um die Wand in einer ihrem Zweck entsprechenden Beschaffenheit zu erhalten. Ob die Aufwendungen nur einem der Nachbarn zugutekommen (z. B. bei Beseitigung eines Sprungs in der Mauer nur auf einer Seite), spielt dabei keine Rolle (Bauer/Schlick, Rn. 2 zu § 8 m. w. Nachw.). Zu den Unterhaltungskosten gehören nicht nur die Kosten der gewöhnlichen Unterhaltung, sondern auch Reparaturkosten aus außergewöhnlichem Anlass (z. B. Brand, Erdbeben). Die Kosten des Wiederaufbaues einer zerstörten Wand gehören jedoch nicht zu den Unterhaltungskosten.

Entstehen, etwa anlässlich des Anbaues an die Wand, Schäden, für die ein Nachbar nach allgemeinen Bestimmungen haftbar gemacht werden kann (s. Erl. 3 c der Einf. II), so hat der Betreffende die anfallenden Kosten unbeschadet der Bestimmungen der Absätze 1 bis 3 allein zu tragen.

2. Bis zum Anbau steht die Nachbarwand im Alleineigentum des Erbauers; er allein übt die bestimmungsgemäße Nutzung der Wand aus (s. Erl. 3 a, aa und b, aa der Einf. II). Folgerichtig fallen daher bis zum Anbau die Unterhaltungskosten der Nachbarwand **dem Eigentümer des zuerst bebauten Grundstücks allein** zur Last (Abs. 1). Nach § 14a Abs. 6 i. V. m. Abs. 1 darf der Erbauer der Wand diese (auf seine Kosten) an der dem Nachbarn zugewandten Seite mit einer Außendämmung versehen, die er im Falle eines späteren Anbaues – soweit erforderlich – wieder entfernen muss (vgl. § 14a Abs. 4; s. im Einzelnen die Erl. zu § 14a; vgl. auch BGH, Urt. v. 11.4.2008, NJW 2008, 2032 Rn. 17, der einen entsprechenden Duldungsanspruch aus § 745 Abs. 2 BGB hergeleitet hat; die Entscheidung ist zum NachbG NRW ergangen, das erst 2011 mit dem neuen § 23a eine § 14a vergleichbare Regelung erhalten hat).

3. Mit dem Anbau ändern sich die Rechtsverhältnisse an der Wand. Das Alleineigentum des Eigentümers des zuerst bebauten Grundstücks verwandelt sich in Miteigentum, wobei die Höhe des vom Anbauenden erworbenen Anteils (höchstens $^1/_2$) davon abhängig ist, in welchem flächenmäßigen Umfang die Nachbarwand zum Anbau benutzt wird (s. Erl. 3 a, bb der Einf. II).

In dem gegenständlichen Umfang, in dem der Nachbar an die Wand anbaut, wird sein Recht aktualisiert, die Wand im Rahmen ihrer Zweckbestimmung (§ 3 Abs. 1) für eigene Zwecke zu nutzen, soweit nicht die Mitbenutzung des anderen Nachbarn beeinträchtigt wird (§ 922 Satz 1 BGB). Diesbezüglich gilt: Soweit dies ohne Beeinträchtigung möglich ist, dürfen Träger, Balken oder Treppenstufen in die Wand – auch über die Mittellinie hinaus – eingefügt (RG Warn. 1911 Nr. 243), Leitungen für Gas, Wasser, Strom, Heizung, Entlüftung usw. verlegt sowie Öfen, Herde und Schornsteine angebracht werden (Bauer/Schlick, Rn. 6 zu § 8 m. w. Nachw.). An der Stirnseite der Nachbarwand kann jeder Nachbar ein Abfallrohr zur Dachrinne seines Hauses anbringen, jedoch nur so, dass der Nachbar gleichermaßen verfahren kann (Dehner, B § 7 V). Das Einfügen eines Fensters ist nicht zulässig.

4. Absatz 2 (i. V. m. § 7 Abs. 1) orientiert sich hinsichtlich der Tragung der **Unterhaltungskosten nach dem Anbau** nicht an der Eigentumslage (vgl. demgegenüber BGHZ 43, 127, 132 f.), sondern daran, **in welchem Umfang der anbauende Nachbar** gegenständlich **von seinem Anbaurecht Gebrauch gemacht hat**. Nur bezüglich des gemeinsam genutzten Teils der Nachbarwand haben beide Nachbarn (grundsätzlich hälftig) die Unterhaltungskosten zu tragen. Wird nur teilweise angebaut, so bleibt der Eigentümer des zuerst bebauten Grundstücks hinsichtlich der freibleibenden Wandfläche nach wie vor allein unterhaltungspflichtig. Diese Regelung wirkt sich konsequenterweise, auch wenn das Gesetz dies nicht ausdrücklich ausspricht, auf die Verwaltungsbefugnisse der beiden Nachbarn aus. Wird etwa der nicht zum Anbau verwendete Wandteil schadhaft, ohne dass dies auf den gemeinsam genutzten Wandteil nachteilige Auswirkungen hat, so ist es allein Sache des Eigentümers des zuerst bebauten Grundstücks, über eine Reparatur der Wand zu befinden. Entsteht dagegen der Schaden am gemeinsam genutzten Teil der Wand, haben beide Nachbarn gemeinsam darüber zu entscheiden, wobei die Stimmenanteile entsprechend ihrer Pflicht, die Unterhaltungskosten bezüglich des gemeinsam genutzten Wandteils zu tragen, zu gewichten sind. Diese von der Regelung der §§ 744, 745 BGB abweichende Verteilung der „Verwaltungskompetenz" durch § 8 ist eine andere gesetzliche Bestimmung i. S. d. § 741 BGB, die der „Natur" der Nachbarwand in besonderer Weise gerecht wird (s. Bassenge/Olivet, Rn. 3, 4 und 6 zu § 8).

Absatz 2 erfasst alle Unterhaltungskosten, die den gemeinsam genutzten Wandteil betreffen. Unerheblich ist, ob diese Kosten nur aufgrund der Benutzungsart durch einen Nachbarn entstanden sind, sofern sich diese Nutzung im Rahmen des Mitbenutzungsrechts (§ 922 Satz 1 BGB) bzw. des bauordnungsrechtlich Zulässigen (§ 2 Abs. 2) hält (vgl. auch OLG Karlsruhe MDR 1971, 1011 f.). Nach Auffassung des Saarl. OLG sollen auch die Kosten für Schallschutzmaßnahmen zu den Unterhaltungskosten der Nachbarwand gehören (OLGR 1999, 457). Dies dürfte indes allenfalls dann angenommen werden können, wenn derartige Maßnahmen zur Zeit der Errichtung der Wand zum üblichen Standard gehörten (vgl. zu diesem Aspekt Dehner, B § 8 V 1), die zu Schallschutzzwecken angebrachten Bauteile zu wesentlichen Bestandteilen der Wand geworden sind und darüber hinaus die Schallisolierung für die betroffenen Nachbarn von wesentlichem Vorteil ist (vgl. OLG Düsseldorf ZMR 1969, 20).

5. Weist die Nachbarwand nur mit Rücksicht auf die Anforderungen eines der beiden Gebäude eine **besondere Bauart oder Bemessung** auf, und ist deshalb nach § 7 Abs. 2 eine herabgesetzte oder eine erhöhte Vergütung geschuldet, so ermäßigt oder erhöht sich der von dem vergütungsberechtigten Nachbarn zu tragende Anteil an den Unterhaltungskosten entsprechend (Abs. 2 i. V. m. § 7 Abs. 2).

6. Wird eines der beiden Gebäude **abgebrochen** und nicht alsbald wieder aufgebaut, so wird der freigelegte Teil der Wand der **Gefahr witterungsbedingter Feuchtigkeitsschäden** ausgesetzt. Entsprechend dem Schutzzweck des § 922 Satz 3 BGB (BGHZ 78, 397, 399 f.) legt Absatz 3 Satz 1 demjenigen, dessen Gebäude abgerissen worden ist, die Verpflichtung auf, die stehen gebliebene Wand in einen für eine Außenwand geeigneten Zustand zu versetzen. Diese Verpflichtung beschränkt sich auf den Teil der Wand, der vorher gemeinsam genutzt worden war. In erster Linie sind die durch die frühere Verzahnung des abgebrochenen Gebäudes mit der Wand, das Auflegen von Balken und Trägern, die Befestigung von Treppen und die Unterbringung von Leitungen usw. entstandenen Löchern und Schlitze durch Ausmauern, Ausgießen mit Beton usw. zu beseitigen. Darüber hinaus wird regelmäßig ein **wetterfester Außenputz** (Amtl. Begr. S. 26) und, soweit dies zum Erhalt der Bestands- und Funktionsfähigkeit der Wand erforderlich ist, auch eine **ausreichende Wärmedämmung (Außenisolierung)** angebracht werden müssen (BGHZ 78, 397, 398 f.; BGH GE 2012, 1309; vgl. auch OLG Dresden NJW-RR 2008, 613; anders stellt sich die Rechtslage vor einem Anbau dar, da hier der Erbauer der Wand für deren Zustand allein verantwortlich ist, vgl. Erl. 2). Unerheblich ist hierbei, ob die Wand ursprünglich bereits mit einem Verputz oder einer Wärmedämmung versehen war oder ob sich dies, etwa weil der Anbau unmittelbar bevorstand, bei Errichtung der Wand erübrigt hatte (BGH a.a.O.).

7. Zeigt sich nach dem Abbruch eines der beiden Gebäude, dass noch weitere **Instandsetzungsarbeiten** an der Wand notwendig sind, z. B. weil die Wand infolge hohen Alters nicht mehr ohne beiderseits stützende Verbindungen standfest genug ist, so spricht die Vermutung dafür, dass dieser Reparaturbedarf während der Zeit entstanden ist, als die Wand gemeinsam genutzt wurde. Die Kosten für solche Reparaturen sind deshalb von den beiden Nachbarn im Verhältnis ihrer Beteiligung gemeinsam zu tragen (Abs. 3 Satz 2). Etwas anderes gilt, wenn einer der Nachbarn diesen Reparaturbedarf schuldhaft verursacht hat, z. B. durch unsachgemäßes Vorgehen beim Abriss seines Gebäudes. Solche Kosten hat allein derjenige zu tragen, der sie verursacht hat (s. Erl. 1).

8. Da Absatz 3 Ausdruck der **allgemeinen Verpflichtung** ist, **Grenzeinrichtungen funktionsfähig zu erhalten**, sind Bruchteils- oder Gesamthandseigentümer (Erbengemeinschaft) auch dann verpflichtet, den nach Satz 1 geschuldeten Zustand herzustellen, wenn der Abriss eigenmächtig durch einen der Miteigentümer oder Miterben vorgenommen worden ist (BGH NJW 1989, 2541, 2542); ändern sich nach dem Gebäudeabbruch die Eigentumsverhältnisse an dem „störenden" Grundstück, so trifft die Pflicht, die Nachbarwand (wieder) in einen funktionstüchtigen Zustand zu versetzen, grundsätzlich den neuen Eigentümer (vgl. OLG Köln NJW-RR 1996, 1104). In Fortführung dieses Gedankens – **Zustandshaftung des Eigentümers** – ist Absatz 3 entsprechend anwendbar, wenn die Freilegung der Wand nicht auf eine willentliche Handlung (Abriss), sondern auf eine unfreiwillige Zerstörung (z. B. durch Brand) eines der beiden Gebäude zurückzuführen ist.

9. Im Unterschied zu anderen NRGen (vgl. § 10 Abs. 3 Satz 3 NNachbG; § 9 Abs. 3 Satz 2 SaarlNRG; § 8 Abs. 3 Satz 2 NachbG Schl.-H.) regelt das Gesetz nicht, wer nach Erledigung der (Instandsetzungs-)Arbeiten die Kosten für die **künftige Unterhaltung** der Wand zu tragen hat. Dies hängt davon ab, ob sich durch den Abriss oder die Zerstörung eines der Gebäude die Rechts-(Eigentums-)Verhältnisse an der Wand geändert haben (s. Erl. 3 a, cc und b, cc der Einf. II). Sollte (ausnahmsweise) der Eigentümer des stehen gebliebenen Gebäudes Alleineigentümer (und Alleinnutzer) der Wand werden, so hat er, entsprechend dem Rechtsgedanken des Absatzes 1, die Kosten für die künftige Unterhaltung allein zu tragen.

§ 9 Nichtbenutzen der Nachbarwand

(1) Wird das später errichtete Gebäude nicht an die Nachbarwand angebaut, so hat der anbauberechtigte Nachbar für die durch Errichtung einer Nachbarwand entstandenen Mehraufwendungen gegenüber den Kosten einer Grenzwand (§ 13) Ersatz zu leisten. Dabei ist in angemessener Weise zu berücksichtigen, dass das Nachbargrundstück durch die Nachbarwand teilweise weiter genutzt wird. Ist der Anbau wegen einer Veränderung der Rechtslage unmöglich geworden, so hat der anbauberechtigte Nachbar lediglich die Hälfte des nach Satz 1 zu leistenden Betrages zu zahlen.
(2) Hat die Nachbarwand von dem Grundstück des zuerst Bauenden weniger Bodenfläche benötigt als eine Grenzwand (§ 13), so ermäßigt sich der Ersatz um den Wert der eingesparten Bodenfläche.
(3) Höchstens ist der Betrag zu erstatten, der im Falle des Anbaues zu zahlen wäre.
(4) Im übrigen ist § 7 Abs. 4 Satz 1 entsprechend anzuwenden.
(5) Der anbauberechtigte Nachbar ist verpflichtet, die Dachfläche seines Gebäudes auf seine Kosten dicht an die Nachbarwand anzuschließen sowie den zwischen der Nachbarwand und seinem Gebäude entstandenen Zwischenraum auf seine Kosten in geeigneter Weise so zu schließen, daß Schäden im Bereich des Zwischenraumes an dem zuerst errichteten Gebäude vermieden werden.

Erläuterungen

1. Der Bau einer auf die (grundsätzlich gleichartigen) Bedürfnisse zweier Gebäude ausgerichteten Nachbarwand erfordert regelmäßig höhere Kosten als der Bau einer Grenzwand. Für die Mehrkosten erhält der Erbauer der Wand im Falle eines Anbaues eine Vergütung nach § 7. Macht der Nachbar bei der späteren Errichtung eines Gebäudes von der Anbaumöglichkeit keinen Gebrauch, so enttäuscht er damit die berechtigte „Vergütungs-Erwartung" des Erbauers der Nachbarwand. Dafür soll der enttäuschte Nachbar einen finanziellen Ausgleich erhalten.

2. Der **Ausgleichsanspruch** setzt voraus, dass der anbauberechtigte Nachbar auf seinem Grundstück **ein Gebäude errichtet** (Abs. 1 Satz 1). Sieht der Nachbar von einer baulichen Nutzung seines Grundstücks überhaupt ab, entsteht ein solcher Anspruch nicht. Nach Sinn und Zweck des Gesetzes gilt dies auch dann, wenn der Anbauberechtigte auf seinem Grundstück ein (untergeordnetes) Gebäude errichtet, das die Möglichkeit eines Anbaues nicht beeinträchtigt.

3. Die Höhe des Anspruchs richtet sich im Ausgangspunkt nach der **Höhe der Mehraufwendungen** für die Nachbarwand gegenüber den Kosten der Herstellung einer Grenzwand (Abs. 1 Satz 1). Zu erstatten sind die Mehrkosten, die dadurch entstanden sind, dass statt einer für die Bedürfnisse des zuerst errichteten Gebäudes ausreichenden Grenzwand eine auf die Bedürfnisse beider Gebäude oder gar auf die besonderen Anforderungen des (ursprünglich geplanten) Nachbargebäudes zugeschnittene Wand errichtet worden ist.

Bei der Bemessung des Anspruchs ist in angemessener Weise zu berücksichtigen, dass das Nachbargrundstück durch die Nachbarwand teilweise weiter genutzt wird (Abs. 1 Satz 2).

Da von einer enttäuschten Anbauerwartung nicht gesprochen werden kann, wenn aus objektiven Gründen ein Anbau gar nicht möglich ist, entsteht nach Sinn und Zweck des Gesetzes in diesem Falle keine Ausgleichsforderung. Ist daher ein Anbau technisch unmöglich, weil sich durch Witterungs- oder sonstige Einflüsse der bauliche Zustand der Wand erheblich verschlechtert hat, so trifft den von einem Anbau Abstand nehmenden Nachbarn keine Ausgleichspflicht (Schäfer, Rn. 5). Nach Absatz 1 Satz 3 ist aber dann, wenn die Unmöglichkeit eines Anbaues auf einer Veränderung der Rechtslage, z. B. der Änderung eines Bebauungsplans, beruht, die Hälfte des nach Satz 1 zu leistenden Betrages zu zahlen. Da sich bei einer solchen Fallkonstellation ein Risiko verwirklicht, das keiner der beiden Nachbarn beherrschen kann, hielt es der Gesetzgeber für angemessen, die Mehraufwendungen unter den Nachbarn aufzuteilen (Amtl. Begr. S. 26).

4. Nach Absatz 2 **ermäßigt** sich der **Ausgleichsanspruch um den Wert der** durch die Errichtung einer Nachbarwand **eingesparten Bodenfläche**. Der in Ansatz zu bringende Betrag richtet sich nach der Größe und dem Wert des Geländestreifens, der für das zuerst bebaute Grundstück dadurch „gewonnen" worden ist, dass statt einer vollständig auf dem eigenen Boden befindlichen Grenzwand eine auf der Grenze stehende Nachbarwand errichtet worden ist. Erreicht oder überschreitet der Bodenwert den sich nach Absatz 1 ergebenden Betrag, so ist nichts auszugleichen; keinesfalls kann der einen Anbau unterlassende Nachbar im Falle eines „Negativsaldos" den über den Betrag nach Absatz 1 hinausgehenden Bodenwert ersetzt verlangen.

5. Damit der Eigentümer des zuerst bebauten Grundstücks nicht bessergestellt wird, als er gestanden hätte, wenn angebaut worden wäre, bestimmt Absatz 3, dass der nach Absatz 1 und 2 zu ermittelnde Saldobetrag nicht höher sein darf als der Betrag, der bei einem Anbau nach § 7 zu zahlen wäre. Damit sind auch die Fälle berücksichtigt, in denen der Nachbar ein Gebäude errichtet, das im Falle eines Anbaues nur einen Bruchteil der Fläche der Nachbarwand in Anspruch genommen hätte.

6. Der Anspruch wird mit der **Fertigstellung des Rohbaus** des später errichteten Gebäudes **fällig** (§ 9 Abs. 4 i. V. m. § 7 Abs. 4 Satz 1; s. § 7, Erl. 4).

7. Wird das später errichtete Gebäude unmittelbar neben der Nachbarwand errichtet, ohne dass ein Anbau i. S. d. § 5 Satz 2 vorliegt, z. B. weil eine eigene Wand hochgeführt wird, so entsteht zwangsläufig zwischen den beiden Gebäuden ein kleiner Zwischenraum. Zum Schutz vor Feuchtigkeit, die in diesen Zwischenraum eindringen kann, ist der Eigentümer des später bebauten Grundstücks verpflichtet, die Dachfläche seines Gebäudes auf seine Kosten dicht **an die Nachbarwand anzuschließen**. Außerdem muss er den zwischen der

Nachbarwand und seinem Gebäude entstandenen Zwischenraum auf seine Kosten in geeigneter Weise so schließen, dass Schäden im Bereich des Zwischenraumes an dem zuerst errichteten Gebäude vermieden werden.

8. Die **künftigen Unterhaltungskosten** des Dach- oder Wandanschlusses muss der **später bauende Nachbar allein** tragen. Dies folgt aus einer Analogie zu § 15 Abs. 1 Satz 2, der eine entsprechende Regelung für den von der Interessenlage her vergleichbaren (s. Amtl. Begr. zu § 15, S. 29) Fall des Anschlusses einer Grenzwand an das zuerst errichtete Nachbargebäude trifft.

§ 10 Beseitigen der Nachbarwand vor dem Anbau

(1) Der Eigentümer des zuerst bebauten Grundstücks darf die Nachbarwand nur mit Einwilligung des Nachbarn beseitigen. Die Absicht, die Nachbarwand zu beseitigen, muß dem Nachbarn schriftlich erklärt werden. Die Einwilligung gilt als erteilt, wenn der Nachbar dieser Erklärung nicht innerhalb von zwei Monaten schriftlich widerspricht. Für die Erklärung gilt § 6 Abs. 3 entsprechend.

(2) Die Einwilligung gilt trotz Widerspruchs als erteilt, wenn

1. **der Nachbar nicht innerhalb von sechs Monaten nach Empfang der Erklärung einen Bauantrag zur Errichtung des Anbaues bei der Baugenehmigungsbehörde einreicht oder, falls dieses Vorhaben keiner Baugenehmigung bedarf, andere zur Schaffung der öffentlich-rechtlichen Zulässigkeitsvoraussetzungen erforderliche Maßnahmen einleitet,**
2. **nicht innerhalb eines Jahres nach Vorliegen der für den Anbau erforderlichen öffentlich-rechtlichen Zulässigkeitsvoraussetzungen mit dessen Ausführung begonnen wird,**
3. **bei verfahrensfreien Baumaßnahmen nicht innerhalb eines Jahres ab der Erklärung nach Absatz 1 Satz 2 mit dem Anbau begonnen wird oder**
4. **die Versagung einer für den Anbau erforderlichen Genehmigung oder sonstigen öffentlich-rechtlichen Entscheidung nicht mehr angefochten werden kann.**

(3) Beseitigt der Erbauer der Nachbarwand diese ganz oder teilweise, ohne hierzu nach den Absätzen 1 und 2 berechtigt zu sein, so kann der anbauberechtigte Nachbar ohne Rücksicht auf Verschulden Ersatz für den ihm durch die völlige oder teilweise Beseitigung der Anbaumöglichkeit zugefügten Schaden verlangen. Der Anspruch wird mit der Fertigstellung des Rohbaus des späteren Gebäudes fällig.

Erläuterungen

1. Der Nachbar ist regelmäßig mit der Inanspruchnahme seines Grundstücks für den Bau einer Abschlusswand des Nachbargebäudes nur deshalb einverstanden, weil er im Gegenzug die Möglichkeit erhält, seinerseits an die Nachbarwand anzubauen. Darauf richtet er sich mit seinen Planungen ein. Es besteht daher ein Bedürfnis, den Nachbarn vor einem einseitigen Abbruch der Wand zu schützen (Amtl. Begr. S. 27; s. Erl. 3 b, aa [2] der Einf. II). Absatz 1 Satz 1 bestimmt daher, dass der Eigentümer oder Erbbauberechtigte (§ 1 Abs. 1 Satz 2) des zuerst bebauten Grundstücks die Nachbarwand nur **mit Einwilligung des anbauberechtigten Nachbarn** wieder **beseitigen darf**.

2. Die **Absicht der Beseitigung** der Nachbarwand ist dem Nachbarn **schriftlich** (§ 126 BGB) **mitzuteilen** (Abs. 1 Satz 2). Eine nur mündlich erfolgte Mitteilung genügt nicht. Ist der Nachbar, dem Mitteilung zu machen ist, unbekannten Aufenthaltes oder nicht alsbald erreichbar und hat er keinen Vertreter bestellt, so genügt die Mitteilung an den unmittelbaren Besitzer (Abs. 1 Satz 4 i. V. m. § 6 Abs. 3). Ein Recht des unmittelbaren Besitzers, dem Abriss zu widersprechen oder mit Wirkung für den Nachbarn zuzustimmen, folgt daraus nicht (§ 6, Erl. 5).

3. Die Einwilligung des Nachbarn gilt als erteilt, wenn er nicht innerhalb von zwei Monaten seit Zugang der Erklärung über die Beseitigungsabsicht schriftlich widerspricht (Abs. 1 Satz 3). Ein nur **mündlich oder verspätet erklärter Widerspruch ist wirkungslos**. Der Widerspruch ist rechtzeitig, wenn er innerhalb der nach §§ 186 ff. BGB zu berechnenden Zweimonatsfrist zugeht (§ 130 BGB; § 6, Erl. 3).

Das **Widerspruchsrecht** des Nachbarn **dient der Wahrung seines Anbaurechts**. Besteht dieses Recht nicht mehr, etwa weil zwingende öffentlich-rechtliche Bauvorschriften einem Anbau entgegenstehen, kann er dem Abriss nicht widersprechen. Gleiches gilt, wenn ein

Anbau aus tatsächlichen Gründen ausscheidet, etwa weil die Nachbarwand so baufällig geworden ist, dass sie für einen Anbau nicht mehr geeignet ist, oder der Nachbar bereits ein Gebäude errichtet hat, ohne von der vorhandenen Anbaumöglichkeit Gebrauch zu machen (s. Erl. 2 zu § 9). Soll die Nachbarwand nur deshalb beseitigt werden, damit an gleicher Stelle ein Neubau errichtet werden kann, dessen Abschlusswand sich in gleicher Weise wie die bestehende Wand für einen Anbau eignet, so ist ein schutzwürdiges Interesse des Nachbarn, den Abbruch der Wand zu verhindern, regelmäßig nicht vorhanden. Ein gleichwohl erhobener Widerspruch kann gegen Treu und Glauben verstoßen und daher unbeachtlich sein (s. Bauer/Schlick, Rn. 5 zu § 10).

4. Damit der anbauberechtigte Nachbar den Abbruch der Wand nicht mit der bloßen Behauptung einer Anbauabsicht verhindern kann, verlangt das Gesetz, dass der widersprechende Nachbar zumindest den zeitnahen Versuch unternimmt, seine Anbaupläne zu verwirklichen. Geschieht oder gelingt dies nicht, so gilt die Einwilligung trotz des Widerspruchs als erteilt (Abs. 2).

Im Einzelnen ist zur Regelung des Absatzes 2, die durch das ÄndG 2006 an das 2004 novellierte Bauordnungsrecht angepasst worden ist (vgl. Amtl. Begr. 2006 S. 12), zu bemerken:

a) Zu Absatz 2 Nr. 1

Die Frist von sechs Monaten wird mit dem Zugang der schriftlichen Erklärung über die beabsichtigte Beseitigung der Wand in Gang gesetzt. Der Zeitpunkt des Widerspruchs ist unerheblich. Sofern für das Bauvorhaben eine Baugenehmigung erforderlich ist, ist es zur Fristwahrung notwendig, dass der **Bauantrag** nebst den zu seiner Bearbeitung erforderlichen Unterlagen **innerhalb der Sechs-Monatsfrist** bei der zuständigen unteren Bauaufsichtsbehörde (Kreisverwaltung bzw. – bei kreisfreien Städten – Stadtverwaltung) **eingereicht wird** (§ 67 ThürBO). Dabei ist unerheblich, ob ein „reguläres" Genehmigungsverfahren nach § 63 ThürBO oder – was häufig in Betracht kommen wird (§ 62 Abs. 1 Nr. 1 ThürBO) – ein vereinfachtes Baugenehmigungsverfahren nach § 62 ThürBO durchzuführen ist.

Liegt das Bauvorhaben, was nicht selten der Fall sein wird, im Geltungsbereich eines Bebauungsplans i. S. d. § 30 Abs. 1 oder der §§ 12,

30 Abs. 2 BauGB, so ist das Vorhaben nach § 61 ThürBO grundsätzlich genehmigungsfrei gestellt. In diesem Fall ist die Frist gewahrt, wenn innerhalb von sechs Monaten die erforderlichen Unterlagen bei der Gemeinde eingereicht werden (§ 61 Abs. 3 Satz 1 ThürBO).

b) Zu Absatz 2 Nr. 2

Damit ein erklärter Widerspruch beachtlich bleibt, ist weiter erforderlich, dass innerhalb eines Jahres nach Vorliegen der für den Anbau erforderlichen öffentlich-rechtlichen Zulässigkeitsvoraussetzungen mit der Ausführung der Baumaßnahme begonnen wird. Bei genehmigungsbedürftigen Bauvorhaben beginnt die Frist **im Regelfall** mit dem **Zugang der Baugenehmigung** beim Bauherrn (vgl. § 71 Abs. 6 ThürBO); wird gegen die Genehmigung ein Rechtsbehelf ergriffen, so beginnt die Frist erst mit **Eintritt der Bestandskraft des Bescheids**. Beim vereinfachten Genehmigungsverfahren ist jedoch zu beachten, dass dann, wenn über den Bauantrag nicht innerhalb der gesetzlich vorgegebenen Frist von regelmäßig drei bzw. (höchstens) fünf Monaten nach Vorlage der vollständigen Unterlagen entschieden worden ist, der Antrag als genehmigt gilt (§ 62 Abs. 2 ThürBO). Ist der Anbau von der Genehmigung freigestellt, darf mit dem Vorhaben im Regelfall einen Monat nach Vorlage der erforderlichen Unterlagen bei der Gemeinde begonnen werden (§ 61 Abs. 3 Satz 2 ThürBO).

Ein Gebrauchmachen von der Baugenehmigung bzw. der Bauberechtigung liegt vor, wenn mit den Bauarbeiten begonnen worden ist, z. B. durch Aushub der Baugrube. Die vorbereitende Einrichtung der Baustelle genügt nicht. Andererseits verlangt das Gesetz nicht, dass innerhalb der Jahresfrist Bauteile des Neubaues mit der Nachbarwand verbunden werden. Werden allerdings die Bauarbeiten länger als ein Jahr unterbrochen, ohne dass eine solche Verbindung hergestellt worden ist, und besteht für die Unterbrechung kein hinreichender Grund, so kann nach Verwirkungsgrundsätzen (§ 242 BGB) ein Abriss der Wand trotz des erfolgten Widerspruchs des Nachbarn zulässig sein.

c) Zu Absatz 2 Nr. 3

Nummer 3 enthält eine Sonderregelung für verfahrensfreie Baumaßnahmen (vgl. § 60 ThürBO), bei denen die Bauabsicht jederzeit ohne

Einhaltung irgendwelcher Formalien in die Tat umgesetzt werden kann. Dieser Bestimmung dürfte, da sie nur für untergeordnete (etwa: Garagen) bzw. kleine (Neben-)Gebäude gilt (s. die Aufzählung in § 60 Abs. 1 Nr. 1 ThürBO), kaum eine praktische Bedeutung zukommen.

d) Zu Absatz 2 Nr. 4

Die Ablehnung einer beantragten Baugenehmigung kann nicht mehr angefochten werden, wenn der ablehnende Bescheid oder Widerspruchsbescheid bestandskräftig geworden, eine erhobene Verpflichtungsklage rechtskräftig abgewiesen oder ein eingelegter Rechtsbehelf zurückgenommen worden ist.

5. Richtet sich der Widerspruch des Nachbarn nur gegen den Abriss eines Teils der Wand, so darf der übrige Teil beseitigt werden. Dabei muss die Standfestigkeit des Teils der Wand, an den angebaut werden soll, gewährleistet sein.

6. Absatz 3 Satz 1 gibt dem Nachbarn, dessen Anbaurecht durch die unzulässige Beseitigung der Nachbarwand beinträchtigt wurde, einen **Schadensersatzanspruch**, der ein Verschulden nicht voraussetzt. Dieser Anspruch ist von dem Vergütungsanspruch nach § 4 Abs. 3 Satz 2 streng zu unterscheiden (s. dazu § 4, Erl. 6).

Der anbauberechtigte Nachbar ist wirtschaftlich so zu stellen, wie er stehen würde, wenn die Wand beim Bau seines Hauses noch vorhanden wäre. Der Schadensersatz ist in Geld zu leisten; **ein Anspruch auf Naturalrestitution** (Wiedererrichtung der Mauer) **besteht**, wie bereits aus der Fälligkeitsregelung des Absatzes 3 Satz 2 deutlich wird, **nicht** (s. Bauer/Schlick, Rn. 15 zu § 10 m. w. Nachw.; a. A. OLG Hamm MDR 2012, 1028). Der Schaden besteht regelmäßig in der Differenz zwischen den Mehrkosten für die Errichtung einer Grenzwand und der (fiktiven, ersparten) Vergütung nach § 7 (Amtl. Begr. S. 27).

7. Der Schadensersatzanspruch wird nach Absatz 3 Satz 2 mit der **Fertigstellung des Rohbaus** des späteren Gebäudes **fällig** (§ 7, Erl. 4).

8. Gläubiger des Schadensersatzanspruches ist der Eigentümer oder Erbbauberechtigte (§ 1 Abs. 1 Satz 1) des zunächst unbebaut gebliebenen Grundstücks. Schuldner ist nach dem Wortlaut des Absatzes 3 Satz 1 der Erbauer der Nachbarwand. Dabei hat der Gesetzgeber übersehen, dass im Falle eines Eigentumsübergangs, etwa durch den Verkauf des bebauten Grundstücks, nicht mehr der Erbauer der Wand, sondern sein Rechtsnachfolger über die Beseitigung der Wand zu befinden hat (vgl. auch den Wortlaut des Absatzes 1 Satz 1). Richtigerweise ist daher der **Eigentümer** bzw. der Erbbauberechtigte (§ 1 Abs. 1 Satz 2) des zuerst bebauten Grundstücks **im Zeitpunkt des Abbruchs** der Nachbarwand **passivlegitimiert** (vgl. auch § 11 Abs. 4 NachbG Bln; § 9 Abs. 4 Satz 2 NachbG Schl.-H.).

§ 11 Erhöhen und Unterfangen der Nachbarwand

(1) Jeder Nachbar ist berechtigt, die Nachbarwand auf seine Kosten zu erhöhen. Für den hinzugefügten oberen Teil der Nachbarwand gelten die §§ 4 bis 10 entsprechend.
(2) Der höher Bauende darf auf das Nachbardach einschließlich des Dachtragewerks einwirken, soweit dies erforderlich ist; er hat auf seine Kosten das Nachbardach mit der erhöhten Nachbarwand ordnungsgemäß zu verbinden.
(3) Ein Unterfangen der Nachbarwand ist nur unter den Voraussetzungen des § 16 Abs. 1 zulässig. Für die Verpflichtung zur vorherigen Anzeige der Rechtsausübung und zum Schadensersatz gelten die §§ 6 und 19 entsprechend.

Erläuterungen

1. Absatz 1 Satz 1 gibt beiden Grundstückseigentümern vor und nach dem Anbau das **Recht**, unabhängig vom Einverständnis des Nachbarn die **Nachbarwand zu erhöhen**. Die Erhöhung muss bauordnungsrechtlich zulässig sein (§ 2 Abs. 2). Das Gesetz schreibt nicht ausdrücklich vor, dass die Erhöhung der Wand anzuzeigen ist; Absatz 3 Satz 2 normiert nur für das Unterfangen der Wand eine Anzeigepflicht. Eine Anzeige dürfte sich immer empfehlen; sie ist in den meisten Fällen schon deshalb unumgänglich, weil sich die Erhöhung der Wand vielfach nicht ohne Einwirkungen auf das Nachbargebäude (s. Abs. 2) bewerkstelligen lässt (s. auch Erl. 3).

2. Hinsichtlich der Verweisung in Absatz 1 Satz 2 gelten die Erl. zu den §§ 4–10 sinngemäß.

3. Die Erhöhung einer Nachbarwand erfordert regelmäßig Einwirkungen auf das Dach des bereits vorhandenen Gebäudes. Absatz 2 bestimmt daher, dass der höher Bauende in dem erforderlichen Umfang **auf das Nachbardach** einschließlich des Dachtragewerks **einwirken darf**. Diese Bestimmung verleiht kein Recht zu einem eigenmächtigen Eingriff in den Besitz des Nachbarn (s. dazu § 6, Erl. 8).

4. Nach der Erhöhung muss der Höherbauende auf seine Kosten das Nachbardach mit der erhöhten Nachbarwand **ordnungsgemäß verbinden**. Eine ordnungsgemäße Verbindung setzt insbesondere voraus, dass sie regendicht ist. Im Gegensatz zu § 15 Abs. 1 Satz 2 bestimmt Absatz 2 nicht, dass der höherbauende Nachbar diesen Anschluss auch künftig auf seine Kosten zu unterhalten hat. Im Hinblick darauf, dass der regendichte Anschluss insbesondere die darunter stehende gemeinschaftliche Mauer schützen soll, wird man davon ausgehen müssen, dass es sich um einen Teil der gemeinsam zu tragenden Unterhaltungskosten handelt (Bauer/Schlick, Rn. 9 zu § 11).

5. Eine Verstärkung der Nachbarwand auf dem eigenen Grundstück ist ohne Einwilligung des Nachbarn zulässig, da dieser durch eine solche Maßnahme nicht berührt wird. An den Kosten der Verstärkung braucht sich der Nachbar jedoch nicht zu beteiligen.

6. Ein **Unterfangen der Nachbarwand** ist nur unter den Voraussetzungen des § 16 Abs. 1 zulässig (Abs. 3 Satz 1). Es wird daher auf die Erl. 1–7 zu § 16 verwiesen.

7. Nach Absatz 3 Satz 2 sind die **Einzelheiten des beabsichtigten Unterfangens** dem Eigentümer oder Erbbauberechtigten (§ 1 Abs. 1 Satz 2) sowie dem Nutzungsberechtigten nach Maßgabe des § 6 **anzuzeigen** (s. Erl. zu § 6). Die Verweisung auf § 6 erfasst nach dem Zweck der Norm auch dessen Absatz 2, der sich nicht an den Anzeigeverpflichteten, sondern an den Anzeigeberechtigten wendet. Die Anzeige soll nicht nur den Anzeigeempfänger über die Anbau- oder Unterfangensabsichten des Nachbarn unterrichten, sondern dem Anzeigenden auch alsbald Klarheit darüber verschaffen, ob und gegebenenfalls welche Einwendungen gegen sein Bauvorhaben bestehen.

8. Ein bei **Unterfangen** der Nachbarwand **entstehender Schaden** ist nach Absatz 3 Satz 2 i. V. m. § 19 dem betroffenen Eigentümer bzw. Erbbauberechtigten oder Nutzungsberechtigten **ohne Rücksicht auf ein**

Verschulden zu ersetzen (s. § 16, Erl. 8 und 9 sowie § 19, Erl. 1 und 2); auf Verlangen ist Sicherheit in Höhe des möglichen Schadens zu leisten (§ 19, Erl. 3 und § 23, Erl. 4). Diese Regelung trägt dem Umstand Rechnung, dass der unterfangende Nachbar die Wand einer besonderen Gefahrenlage aussetzt (s. § 16, Erl. 8). Obwohl auch eine Erhöhung der Wand in der Regel eine intensive, die Gefahr von „Setzrissen" begründende Einwirkung auf die Wand darstellt, sieht das Gesetz für den Ersatz etwaiger „Erhöhungsschäden" keine Sonderregelung vor (anders § 10 Abs. 2 Satz 2 NachbG Schl.-H.; § 17 Satz 1 NachbG NRW); es verbleibt insoweit bei den allgemeinen Haftungsgrundsätzen (s. Erl. 3 c der Einf. II).

§ 12 Gründungstiefe

(1) Soll eine Nachbarwand errichtet werden, so kann der Nachbar von ihrem Erbauer bis zum Vorliegen der erforderlichen öffentlich-rechtlichen Zulässigkeitsvoraussetzungen verlangen, daß dieser die Gründung so tief legt, wie es erforderlich ist, um bei Errichtung eines baurechtlich zulässigen Gebäudes auf dem Nachbargrundstück die Nachbarwand zu benutzen. Er hat ihm in diesem Falle die entstandenen Mehrkosten zu erstatten. Auf Verlangen ist binnen zwei Wochen Vorschuß in Höhe der voraussichtlichen Mehrkosten zu leisten. Der Anspruch auf tiefere Gründung erlischt, wenn der Vorschuss nicht fristgerecht geleistet wird.

(2) Der Erbauer der Nachbarwand kann verlangen, daß der Nachbar innerhalb angemessener Frist die tiefere Gründung selbst ausführt. Nach Ablauf dieser Frist gilt das Verlangen auf tiefere Gründung nach Absatz 1 als nicht gestellt.

(3) Soweit die tiefere Gründung zum Vorteil des zur Bebauung vorgesehenen Grundstücks ausgenutzt wird, beschränkt sich die Erstattungspflicht des Nachbarn auf die Hälfte der entstandenen Mehrkosten; darüber hinaus erbrachte Leistungen können zurückgefordert werden. Absatz 2 ist nicht anzuwenden.

Erläuterungen

1. Absatz 1 Satz 1 gibt dem Nachbarn – also dem Eigentümer oder Erbbauberechtigten (§ 1 Abs. 1 Satz 1) – das Recht, von dem Erbauer

(s. Erl. 2 zu § 3) der Nachbarwand eine **tiefere Gründung zu verlangen**, um zu vermeiden, dass bei einer späteren Bebauung seines eigenen Grundstücks das zuerst fertig gestellte Gebäude mit kostspieligen Maßnahmen unterfangen werden muss. Das Maß der Tieferlegung hat sich nach den technischen Erfordernissen zu richten (Amtl. Begr. S. 28).

2. Da Vereinbarungen der Beteiligten vorgehen (§ 2 Abs. 1), kann Absatz 1 Satz 1 nur dann bedeutsam werden, wenn sich die Nachbarn über die Errichtung einer Nachbarwand geeinigt haben, ohne besondere Absprachen über die Gründungstiefe zu treffen.

Das Verlangen kann nur bis zum Vorliegen der erforderlichen öffentlich-rechtlichen Zulässigkeitsvoraussetzungen gestellt werden (so Absatz 1 Satz 1 in der dem novellierten Bauordnungsrecht angepassten Fassung des ÄndG 2006). Insoweit kann im Einzelnen auf Erl. 4 zu § 10 verwiesen werden.

Hat der Nachbar die Einwilligung zum Bau einer Nachbarwand nicht erteilt (§ 3 Abs. 2), so kann er selbstverständlich auch noch nach Erteilung der Baugenehmigung seine Zustimmung zum Bau der Wand von einer tieferen Gründung abhängig machen.

3. Wird eine **tiefere Gründung verlangt**, sind dem Erbauer der Wand die dadurch **entstandenen Mehrkosten zu erstatten** (Abs. 1 Satz 2). Zu den Mehrkosten gehören auch die zusätzlichen Gebühren für den Architekten oder den Statiker.

4. Der Erbauer der Nachbarwand ist berechtigt, in Höhe der voraussichtlichen Mehrkosten **Vorschuss zu verlangen** (Abs. 1 Satz 3).

5. Der Vorschuss ist **binnen zwei Wochen** seit der Aufforderung zur Zahlung zu leisten. Die Frist ist kurz bemessen, damit das Bauvorhaben nicht verzögert wird. Setzt der Erbauer der Nachbarwand dem Nachbarn eine längere Frist, so ist diese maßgebend. Setzt er dagegen eine kürzere Frist, so ist dies unbeachtlich und es gilt die gesetzliche Zweiwochenfrist. Für die Berechnung der Frist gelten die §§ 186 ff. BGB. Wird der **Vorschuss nicht fristgerecht geleistet**, so **erlischt** der **Anspruch** des Nachbarn auf die tiefere Gründung der Nachbarwand (Abs. 1 Satz 4). Dies gilt nicht, wenn der geforderte Vorschuss offensichtlich zu hoch bemessen war und der Nachbar einen angemessenen Vorschuss fristgerecht angeboten hat.

6. Die tiefere Gründung der Nachbarwand geschieht allein im Interesse des Nachbarn, der später anbauen will. Der Erbauer der Nachbarwand kann daher verlangen, dass dieser Nachbar die von ihm geforderte **tiefere Gründung selbst ausführt** (Abs. 2 Satz 1), d. h. sie in eigenem Namen und auf eigene Rechnung durchführen lässt.

Die Ausführung der tieferen Gründung durch denjenigen, der sie gefordert hat, muss innerhalb angemessener Frist erfolgen. Die Angemessenheit der Frist bestimmt sich nach dem Umfang und dem Schwierigkeitsgrad der zusätzlichen Gründungsmaßnahmen unter Berücksichtigung des für Planung und Auftragsvergabe erforderlichen Zeitbedarfs sowie dem Zeitplan für das Bauvorhaben des Erbauers der Nachbarwand.

Wird die tiefere Gründung **nicht innerhalb angemessener Frist** ausgeführt, so **gilt das Verlangen** auf tiefere Gründung **als nicht gestellt** (Abs. 2 Satz 2). Der Erbauer der Nachbarwand kann dann die Gründung so ausführen, wie er sie mit Rücksicht auf die Bedürfnisse seines Gebäudes geplant hat. Als nicht ausgeführt mit der Rechtsfolge des Absatzes 2 Satz 2 ist auch eine tiefere Gründung anzusehen, die zwar innerhalb angemessener Frist begonnen (z. B. Aushub des tieferen Fundamentgrabens) aber nicht fertig gestellt wird. Verzögert sich jedoch die Ausführung wegen unvorhergesehener Umstände, die der Verpflichtete nicht zu vertreten hat (z. B. Wassereinbruch in den tiefer gelegten Fundamentgraben), so ist die zunächst als angemessen angesehene Frist um die Zeitspanne zu verlängern, die für entsprechende Abhilfemaßnahmen benötigt wird.

7. Nutzt der Erbauer der Nachbarwand die von dem Nachbarn geforderte tiefere Gründung **auch zum Vorteil seines Grundstücks** aus, so **beschränkt sich die Erstattungspflicht** des Nachbarn entsprechend (Abs. 3 Satz 1 Halbsatz 1). Dies ist etwa der Fall, wenn der Erbauer der Nachbarwand ein höheres Gebäude als zunächst geplant errichtet, oder sein Gebäude, anders als ursprünglich vorgesehen, unterkellert. Da sich der Vorteil, der sich durch das Ausnutzen der tieferen Gründung für eigene Zwecke ergibt, ziffernmäßig nicht genau bemessen lässt, beschränkt Absatz 3 Satz 1 Halbsatz 1 die Erstattungspflicht des Nachbarn auf die Hälfte der entstandenen Mehrkosten (vgl. Amtl. Begr. S. 28). Ist eine Kostenteilung vorzunehmen, hat der Erbauer der

Nachbarwand auch die tiefere Gründung vorzunehmen; deren Ausführung durch den die tiefere Gründung begehrenden Nachbarn kann nicht mehr verlangt werden (Abs. 3 Satz 2).

8. Falls der Nachbar bereits höhere Leistungen für die tiefere Gründung erbracht hat, als er im Hinblick auf ihre Ausnutzung durch den Erbauer der Nachbarwand erbringen muss, so kann er die Mehrleistungen zurückfordern (Abs. 3 Satz 1 Halbsatz 2). Dieser Fall kann vor allem dann eintreten, wenn die Veränderungen an dem zuerst errichteten Gebäude, die sich als Gebrauchmachen von der tieferen Gründung darstellen, erst nachträglich vorgenommen werden; z. B. Aufstocken des zuerst errichteten Gebäudes oder nachträglicher Einbau einer Tiefgarage.

9. Zur Rückerstattung verpflichtet ist bei nachträglichem Gebrauchmachen von der tieferen Gründung der Bauherr der auf dem zuerst bebauten Grundstück vorgenommenen Veränderung; dieser kann durchaus personenverschieden von dem Erbauer der Wand selbst sein. Zur Rückforderung berechtigt ist der jeweilige Eigentümer oder Erbbauberechtigte (§ 1 Abs. 1 Satz 1) des Grundstücks, für dessen Bebauung die tiefere Gründung verlangt worden ist.

Dritter Abschnitt
Grenzwand

Einführung III §§ 13 – 16

1. Rechtsgeschichtliche Entwicklung

Reichs- oder bundesrechtliche Bestimmungen über die Errichtung von Grenzwänden wurden nicht erlassen. Auch die ThürAVOBGB und das ZGB enthielten keine speziellen Vorschriften über Grenzwände.

2. Grenzwand und BGB

a) Eigentumsverhältnisse an der Grenzwand

Da sich die Grenzwand definitionsgemäß (§ 13 Abs. 1) in voller Dicke auf dem Grundstück befindet, auf dem auch das Gebäude errichtet ist, das sie zum Nachbargrundstück hin abschließt, steht sie im **Alleineigentum** des jeweiligen **Gebäude- bzw. Grundstückseigentümers**. Dies folgt sowohl aus dem Gebot der rechtlichen Einheit zwischen den einzelnen Teilen eines Gebäudes (§§ 93, 94 Abs. 2 BGB) als auch aus dem Grundsatz der Bodenakzession (§§ 93, 94 Abs. 1 Satz 1, § 946 BGB).

An dieser Rechtslage ändert sich nichts, wenn der Nachbar mit Einwilligung des Eigentümers der Grenzwand an diese anbaut (§ 14 Abs. 1). Zwar wird in diesem Falle die Grenzwand auch wesentlicher Bestandteil des Anbaues. Der Umstand, dass sich der gemeinsame Bauteil vollständig auf einem der beiden Grundstücke befindet, bleibt aber bei wertender Betrachtungsweise nach wie vor bestimmend für die eigentumsmäßige Zuordnung der Wand (BGHZ 41, 177, 179 f.; BGH NJW-RR 2001, 1528 f.; NJW-RR 2016, 588 Rn. 6).

Nach dem Gesagten versteht sich, dass der Abbruch oder die Zerstörung des Anbaues auf die Eigentumslage ohne Einfluss ist. Aber auch nach Abbruch oder Zerstörung des zuerst errichteten Gebäudes unter Fortbestand der Grenzwand – die danach nur noch Bauteil des Anbaues ist – bleibt die Eigentumslage unverändert (BGHZ 68, 350, 353; OLG Düsseldorf DWW 1997, 306, 307; Palandt/Herrler, Rn. 15 zu

§ 921; Bassenge/Olivet, Rn. 7 zu § 11; s. weiter Bauer/Schlick, Rn. 4 der Einf. §§ 13-16).

b) Grenzwand und §§ 921, 922 BGB

Die Grenzwand ist **keine Grenzeinrichtung i. S. d. §§ 921, 922 BGB**, weil sie nicht von der Grenze geschnitten wird. Auch der Anbau des Nachbarn an die Grenzwand mit Einwilligung des Eigentümers der Wand (§ 14 Abs. 1) macht sie nicht zu einer solchen (BGHZ 68, 350, 352; BGH NJW-RR 2001, 1528, 1529; NJW-RR 2016, 588 Rn. 8). Allerdings übernimmt die Grenzwand im Anbaufalle bautechnisch (gemeinsamer Bauteil) und wirtschaftlich (Einsparung von Baugrund und Baumaterial) die Funktion einer Nachbarwand (§ 3 Abs. 1). Es ist daher sachgerecht, die Grenzwand hinsichtlich der Nutzung, Unterhaltung usw. weitgehend wie eine Nachbarwand zu behandeln (Amtl. Begr. zu § 14, S. 28). Soweit danach die Grenzwand durch Normen des Landesrechts einer Grenzeinrichtung i. S. d. §§ 921, 922 BGB angenähert wird – was insbesondere hinsichtlich der Bindung eines Einzelrechtsnachfolgers des einwilligenden Nachbarn bedeutsam ist (s. Erl. 2 zu § 14) – handelt es sich um andere gesetzliche Beschränkungen des Grundeigentums i. S. d. Art. 124 EGBGB, die der Landesgesetzgeber kompetenzgemäß vornehmen durfte (zustimmend OLG Koblenz OLGR 2000, 304, 305; ebenso Staudinger/Roth, Rn. 57 zu § 921; a. M. Dehner, B § 8 a I; Hodes/Dehner, Rn. 6 zu § 8).

Da die Grenzwand keine Grenzeinrichtung ist, besteht ungeachtet eines Anbaues **keine gesetzliche Vermutung** für ein gemeinsames **Mitbenutzungsrecht** (BGHZ 68, 350, 352). Sind die Umstände, die vor langer Zeit zu dem Anbau an die Grenzwand geführt haben, nicht mehr aufklärbar, kann dem Abriss der Grenzwand der Grundsatz von Treu und Glauben entgegenstehen (BGHZ a.a.O. S. 353 f.).

3. Grenzwand und öffentliches Baurecht

Nach öffentlichem Baurecht ist der Bau einer **Grenzwand zulässig**, wenn vor den seitlichen Außenwänden **keine Abstandsflächen freizuhalten sind**, also die Gebäude bis an die Grenze gebaut werden müssen oder dürfen (§ 6 ThürBO; vergleichbare Bestimmungen über Gebäudemindestabstände, Grenzabstände und Grenzbebauung enthielten die §§ 103 ff. DBO). Der Anbau an eine Grenzwand, durch den die Grenzwand „gemeinsamer Bauteil für mehrere bauliche Anlagen" wird, setzt weiter voraus, dass die Wand – durch Baulast gesichert – bei Abbruch eines der beiden Gebäude bestehen bleiben kann (§ 12 Abs. 2 ThürBO; s. auch Erl. 4 der Einf. II).

4. Übergangsregelung

Die §§ 13 bis 16 gelten **nicht** für Grenzwände, die **vor dem 1.1.1993 vorhanden** waren (§ 56). Sie sind aber uneingeschränkt anwendbar auf alle Grenzwände, die nach dem 1.1.1993 errichtet worden sind bzw. errichtet werden und zwar ohne Rücksicht darauf, ob sich auf dem Nachbargrundstück bereits eine Grenzwand befindet und wann diese erbaut worden ist. Demnach darf z. B. der später Bauende die Grenzwand des Nachbarn nach § 16 unterfangen, auch wenn dem Nachbarn bei der Errichtung seines Gebäudes ein solches Recht nicht zugestanden hätte.

Kommen die Nachbarn nach dem 1.1.1993 überein, dass an eine vor dem 1.1.1993 errichtete Grenzwand angebaut werden darf, so ist mangels besonderer Abreden (§ 2 Abs. 1) § 14 anzuwenden.

§ 13 Errichten der Grenzwand

(1) Grenzwand ist die unmittelbar an der Grenze zum Nachbargrundstück, jedoch ausschließlich auf dem Grundstück des Erbauers errichtete Wand.
(2) Wer eine Grenzwand errichten will, hat dem Nachbarn die Bauart, Bemessung und Gründung der beabsichtigten Wand schriftlich anzuzeigen. § 6 Abs. 3 findet entsprechende Anwendung.
(3) Der Nachbar kann innerhalb eines Monats nach Zugang der Anzeige eine solche Gründung der Grenzwand verlangen, daß zusätzliche Baumaßnahmen vermieden werden, wenn er später neben der Grenzwand ein Gebäude errichtet oder erweitert. Mit den Arbeiten

zur Errichtung der Grenzwand darf erst nach Ablauf der Frist begonnen werden.

(4) Die nach Absatz 3 entstehenden Mehrkosten sind zu erstatten. In Höhe der voraussichtlich erwachsenden Mehrkosten ist auf Verlangen binnen zwei Wochen Vorschuß zu leisten; der Anspruch auf besondere Gründung erlischt, wenn der Vorschuss nicht fristgerecht geleistet wird.

(5) Soweit die besondere Gründung auch zum Vorteil des zuerst errichteten Gebäudes ausgenutzt wird, beschränkt sich die Erstattungspflicht des Nachbarn auf den angemessenen Kostenanteil; darüber hinaus bereits erbrachte Leistungen können zurückgefordert werden.

(6) Die Absätze 2 bis 5 gelten nicht, wenn Garagen oder andere eingeschossige Nebengebäude ohne Aufenthaltsräume an der Grenze errichtet werden sollen.

Erläuterungen

1. Absatz 1 enthält die Definition des Begriffs der „Grenzwand“. Eine **Grenzwand** ist **unmittelbar an der Grenze**, aber in ihrer **vollen Dicke auf dem Grundstück des Erbauers** errichtet, während die Nachbarwand auf der Grenze steht (§ 3 Abs. 1).

Auch wenn die Wand geringfügig von der Grenze zurückbleibt, handelt es sich noch um eine Grenzwand i. S. d. Absatzes 1. Nach Sinn und Zweck des Gesetzes ist auch die „übergebaute“ Grenzwand als solche zu behandeln, wenn der Nachbar den Überbau dulden muss und ihm ein Anbaurecht nicht zusteht (s. § 5, Erl. 2; so ausdrücklich § 22 Satz 1 NNachbG; § 20 Satz 1 SaarlNRG; § 16 NachbG Schl.-H.). Aus welchem Grunde die §§ 912 ff. BGB anwendbar sind, ist gleichgültig. Im Regelfalle wird dies darauf beruhen, dass der Erbauer der Grenzwand leicht fahrlässig die Grenze überschritten und der Nachbar nicht sofort widersprochen hat (§ 912 Abs. 1 BGB). Möglich ist aber auch, dass sich die Nachbarn über den Bau einer Nachbarwand geeinigt haben und die Nachbarwandabrede nichtig ist (s. § 3, Erl. 9).

Ist der Eigentümer der **übergebauten Grenzwand** mit einem **Anbau einverstanden**, so ist diese Einwilligung als Teil einer **nachträglichen Nachbarwandabrede** zu verstehen (§ 3, Erl. 7; Bassenge/Olivet, Rn. 6

und 7 zu § 16) mit der Folge, dass etwa hinsichtlich der Anbauvergütung oder der Unterhaltung der Wand die §§ 7 und 8 unmittelbar anzuwenden sind (vgl. § 22 Satz 2 NNachbG; § 20 Satz 2 SaarlNRG, wo diese Rechtsfolge ausdrücklich ausgesprochen wird).

2. Das **ThürNRG** trifft für Außenwände von Gebäuden, anders als bei Fenstern und Türen (§ 34), **keine eigenständige Abstandsregelung**. Ein Grundstückseigentümer kann also nachbarrechtsgesetzlich nicht verhindern, dass der Nachbar beim Bau seines Hauses die Abschlusswand unmittelbar an der Grenze errichtet. Der Nachbar hat jedoch Anspruch darauf, dass **bauordnungsrechtliche Abstandsflächen** (§ 6 ThürBO) **eingehalten werden**. Verstößt der Erbauer der Wand gegen öffentlich-rechtliche Bauwichvorschriften, so kann sich der betroffene Nachbar dagegen auch mit Mitteln des Zivilrechts (Unterlassung, Beseitigung, Schadensersatz) zur Wehr setzen (vgl. BGHZ 66, 354).

3. Bei der Errichtung eines Gebäudes neben einer bereits an der Grenze errichteten Wand können oft erhebliche Kosten entstehen, die weitgehend vermieden werden können, wenn schon bei der Gründung der Grenzwand auf das später zu errichtende Gebäude Rücksicht genommen wird. Darüber hinaus besteht bei der Errichtung einer Wand an der Grenze häufig die Gefahr, dass durch den Erdaushub usw. das Nachbargrundstück in Mitleidenschaft gezogen wird. Absatz 2 Satz 1 bestimmt daher, dass die **beabsichtigte Errichtung** einer **Grenzwand** dem Nachbarn **anzuzeigen** ist. Die Anzeigepflicht besteht unabhängig davon, ob das Nachbargrundstück bebaut oder unbebaut ist.

Die Anzeige ist an den Eigentümer oder den Erbbauberechtigten (§ 1 Abs. 1 Satz 1) des Nachbargrundstücks zu richten. Ist derjenige, demgegenüber die Anzeige zu erstatten ist, unbekannten Aufenthaltes oder nicht alsbald erreichbar, so genügt eine Anzeige an den unmittelbaren Besitzer (Abs. 2 Satz 2 i. V. m. § 6 Abs. 3; s. § 6, Erl. 5).

Anzuzeigen sind **Bauart, Bemessung und Gründung** der geplanten Wand. Der Wortlaut des Gesetzes ist enger als der des § 6 Abs. 1 Satz 1 und des § 15 Abs. 2, wonach die Einzelheiten eines beabsichtigten Anbaues bzw. eines beabsichtigten Anschlusses mitzuteilen sind. Angesichts der schützenswerten Interessen des Nachbarn, über mögliche Gefährdungen seines Grundstücks bzw. der darauf befindlichen baulichen Anlagen umfassend unterrichtet zu werden, sind solche zusätzlichen Angaben jedenfalls auf ausdrückliches Verlangen des Nachbarn hin zu machen (vgl. Bauer/Schlick, Rn. 9 zu § 13).

Nach Absatz 2 Satz 1 ist für die Anzeige **Schriftform erforderlich** (§ 126 BGB). Ein Verzicht des Nachbarn ist möglich. Möglich ist auch, dass bei einer bloßen Mitteilung der Absicht, eine Grenzwand zu errichten, die näheren Angaben über Bauart, Bemessung und Gründung nachgeholt werden. In diesem Fall beginnt jedoch die Monatsfrist erst mit dem Zugang dieser Angaben zu laufen (s. § 6, Erl. 3).

4. Sofern nicht der Nachbar einem früheren Baubeginn zugestimmt hat, darf mit den Arbeiten zur Errichtung der Grenzwand erst **nach Ablauf eines Monats** seit Zugang der Anzeige über die beabsichtigte Errichtung der Grenzwand begonnen werden (Abs. 3 Satz 2; s. im Übrigen § 6, Erl. 3). Ein früherer Baubeginn ist rechtswidrig. Der Nachbar kann in einem solchen Fall auf Unterlassung klagen oder im Wege der einstweiligen Verfügung die Einstellung der Bauarbeiten erzwingen.

5. Der Nachbar kann innerhalb eines Monats seit Zugang der Anzeige von dem Erbauer der Grenzwand verlangen, die Wand **so zu gründen, dass zusätzliche Baumaßnahmen vermieden** werden, wenn er später neben der Grenzwand ein Gebäude errichtet oder erweitert (Abs. 3 Satz 1). Für das Verlangen einer besonderen Gründung ist eine Form nicht vorgeschrieben, aber Schriftform stets zu empfehlen.

Der Anspruch auf besondere Gründung kann eingeklagt und im Wege der Ersatzvornahme nach § 887 ZPO vollstreckt werden. Der Beginn und die Fortsetzung von Bauarbeiten, die dem Gründungsverlangen nicht entsprechen, kann gemäß § 1004 Abs. 1 Satz 2 BGB verhindert werden; notfalls im Wege einer einstweiligen Verfügung (Bassenge/Olivet, Rn. 4 zu § 12).

6. Wird die **Anzeigepflicht schuldhaft verletzt** oder ein rechtzeitig gestelltes Verlangen auf besondere Gründung missachtet und wird dadurch der an einer besonderen Gründung interessierte Nachbar vor vollendete Tatsachen gestellt, so kann er von dem Erbauer der Wand nach § 280 Abs. 1 BGB **Schadensersatz wegen Pflichtverletzung** verlangen. Der Schaden wird regelmäßig in der Differenz zwischen den Kosten einer besonderen Gründung bei Errichtung der Grenzwand und den nachträglich notwendig gewordenen zusätzlichen Baumaßnahmen bestehen.

7. Nach Absatz 4 hat der Nachbar die durch eine von ihm verlangte besondere Gründung entstehenden Mehrkosten zu erstatten und auf Verlangen binnen zwei Wochen Vorschuss zu leisten, wenn er das Erlöschen seines Anspruchs auf eine besondere Gründung vermeiden will. Die Regelung stimmt mit der in § 12 Abs. 1 Satz 2 bis 4 überein (s. § 12, Erl. 3–6).

8. Bei einer **Mitbenutzung der besonderen Gründung** durch den Erbauer trifft Absatz 5 in Anlehnung an § 12 Abs. 3 eine Regelung über den **Vorteilsausgleich** (s. § 12, Erl. 7 und 8). Im Unterschied zu § 12 Abs. 3 beschränkt sich jedoch in diesem Falle die Erstattungspflicht des Nachbarn nicht auf die Hälfte der entstandenen Mehrkosten, sondern auf einen angemessenen Kostenanteil. Ein Grund für diese unterschiedliche Handhabung durch den Gesetzgeber ist nicht ersichtlich, zumal er bei beiden Regelungen dieselben Erwägungen angestellt hat (Amtl. Begr. S. 28).

9. Absatz 6 nimmt **Garagen** und andere eingeschossige **Nebengebäude** ohne Aufenthaltsräume von der Anzeigepflicht und dem Anspruch auf tiefere Gründung aus. Diese Gruppe von Gebäuden kommt für eine besondere Gründung ohnehin kaum in Betracht. Bei solchen Gebäuden von untergeordneter Bedeutung ist es nicht gerechtfertigt, dem Nachbarn die in Absatz 2 bis 5 vorgesehenen Rechte zu geben, weil dies zu einer Verzögerung und Belastung solcher Bauvorhaben führen könnte, die in keinem angemessenen Verhältnis zu ihrer Bedeutung steht (Amtl. Begr. S. 28).

§ 14 Anbau an eine Grenzwand

(1) Der Nachbar darf eine Grenzwand durch Anbau (§ 5 Satz 2) nutzen, wenn der Eigentümer einwilligt.

(2) Der anbauende Nachbar hat eine Vergütung zu zahlen, soweit er sich nicht schon nach § 13 Abs. 4 an den Baukosten beteiligt hat. Auf diese Vergütung ist § 7 Abs. 1, 2 und 4 entsprechend anzuwenden. Die Vergütung erhöht sich um den Wert des Bodens, den der An-

bauende gemäß § 4 Abs. 2 bei Errichtung einer Nachbarwand hätte zur Verfügung stellen müssen.

(3) Für die Unterhaltungskosten der Grenzwand gilt § 8 entsprechend.

Erläuterungen

1. Anders als die Nachbarwand dient die Grenzwand ihrer Zweckbestimmung nach nur dem von ihrem Erbauer errichteten Gebäude als Abschlusswand. **Mit Einwilligung des Eigentümers der Grenzwand** bzw. des Erbbauberechtigten (§ 1 Abs. 1 Satz 2) darf der Eigentümer oder Erbbauberechtigte **des Nachbargrundstücks** (§ 1 Abs. 1 Satz 1) an die Grenzwand **anbauen**. Voraussetzung ist weiterhin, dass der Anbau nach öffentlichem Baurecht zulässig ist (§ 2 Abs. 2).

2. Die Einwilligung ist Teil einer **schuldrechtlichen „Anbauabrede"**, die zunächst nur die vertragsschließenden Nachbarn bindet. Ein Einzelrechtsnachfolger des einwilligenden Eigentümers der Grenzwand ist an die Abrede nur gebunden, wenn er die vertraglichen Pflichten seines Rechtsvorgängers übernommen hat; es sei denn, zugunsten des anbauwilligen Nachbarn ist eine entsprechende Grunddienstbarkeit bestellt worden. Ein Einzelrechtsnachfolger muss aber den Anbau in jedem Falle dulden, wenn im Zeitpunkt des Eintritts der Rechtsnachfolge mit dem Bauvorhaben bereits begonnen worden ist und damit die Einwilligung schon eine gewisse „Vergegenständlichung" erfahren hat (s. § 3, Erl. 5 c und 8; ebenso OLG Köln DWW 1975, 164, 165; Schäfer, Rn. 2; ähnlich Bassenge/Olivet, Rn. 1 zu § 13; Schäfer/Fink-Jamann/Peter, Rn. 2 zu § 20: zumindest Duldungspflicht entsprechend § 912 BGB; a. M. BGHZ 68, 350, 352; BGH NJW-RR 2001, 1528, 1529; Dehner, B § 8 a I; Staudinger/Roth, Rn. 55 zu § 921). Diese „Verdinglichung" der Einwilligung ist – anders als bei der Nachbarwand – nicht in den §§ 921, 922 BGB angelegt, sondern Ausfluss der Entscheidung des Landesgesetzgebers, die Grenzwand nachbarrechtsgesetzlich wie eine Nachbarwand zu behandeln, wenn sie infolge eines Anbaues bautechnisch und wirtschaftlich die Funktion einer Nachbarwand (§ 3 Abs. 1) übernimmt (Amtl. Begr. S. 28; s. auch Erl. 2 b der Einf. III und Erl. 10).

3. Anbau ist die **Mitbenutzung der Grenzwand als Abschlusswand oder zur Unterstützung oder Aussteifung** der neuen baulichen Anlage

(§ 5 Satz 2). Unter einer baulichen Anlage i. S. d. Gesetzes ist auch hier nur ein Gebäude zu verstehen (s. § 5, Erl. 5; § 3, Erl. 4).

4. Wird mit dem Anbau begonnen, ohne dass die erforderliche Einwilligung des Nachbarn vorliegt, so kann der Nachbar auf Unterlassung klagen und notfalls durch einstweilige Verfügung die vorläufige Einstellung des Anbaues erzwingen.

5. Bei der Durchführung des Anbaues sind die **allgemeinen Anforderungen an bauliche Anlagen** (§ 3 ThürBO) einzuhalten; insbesondere darf die Grenzwand durch den Anbau nicht über ihre Tragfähigkeit hinaus belastet werden (s. § 5, Erl. 5 b). Einen diesen Anforderungen nicht genügenden Anbau braucht der Eigentümer der Grenzwand trotz seiner Einwilligung nicht zu dulden (§ 1004 Abs. 1 BGB). Entstehen durch den Anbau Schäden an der Grenzwand oder dem zuerst errichteten Gebäude, kann deren Eigentümer nach den allgemeinen Vorschriften des BGB Schadensersatz verlangen (s. Erl. 3 c der Einf. II).

6. Falls keine abweichende Vereinbarung getroffen worden ist (§ 2 Abs. 1), hat der anbauende Nachbar dem Eigentümer der Grenzwand eine **Anbauvergütung** zu zahlen (Abs. 2). Bei der Berechnung der Vergütung ist § 7 Abs. 1, 2 und 4 entsprechend anzuwenden (Abs. 2 Satz 2). Insoweit kann im Einzelnen auf die Erl. zu § 7 verwiesen werden.

Nach Absatz 2 Satz 2 i. V. m. § 7 Abs. 2 Halbsatz 2 ist auch dann, wenn auf Verlangen des Nachbarn eine **besondere Gründung** der Grenzwand vorgenommen worden ist (§ 13 Abs. 3), die **Anbauvergütung angemessen zu erhöhen**. Da das in den Fällen, in denen der Nachbar die durch die besondere Gründung entstandenen Mehrkosten bereits nach § 13 Abs. 4 erstattet hat, zu einer „Doppelvergütung" führen würde, bestimmt Absatz 2 Satz 1, dass der anbauende Nachbar eine Vergütung nur zu zahlen hat, soweit er sich nicht schon an den Baukosten beteiligt hat. Ist dies geschehen, so ist bei der Berechnung des Wertes der Wand die besondere Gründung außer Ansatz zu lassen; der Nachbar hat den halben Wert der Wand – bei teilweisem Anbau einen entsprechend geringeren Anteil – ohne die besondere Gründung zu vergüten (Bauer/Schlick, Rn. 8 zu § 14; a.M. Schäfer, Rn. 5; danach ist die nach § 7 Abs. 2 Halbsatz 2 angemessen erhöhte Vergütung um die gezahlten Erstattungsbeträge nach § 13 Abs. 4 zu kürzen; dies führt aber nur dann zu korrekten Ergebnissen, wenn der Wert der Wand zur Zeit des Anbaues den bei der Errichtung der Wand aufgewendeten Baukosten entspricht). Ist eine Erstattung von Mehrkosten (noch) nicht erfolgt, so verdrängt der (erhöhte) Anspruch aus § 14 Abs. 2 Satz 2 i. V. m. § 7 Abs. 1 und 2 den bisher bestehenden Anspruch aus § 13 Abs. 4 (Bauer/Schlick, a.a.O.).

Bei der Berechnung der Vergütung ist weiterhin zu beachten, dass der Anbauende durch die Benutzung der Grenzwand einen Streifen eigenen Geländes erspart, den er für die Errichtung einer (im Regelfall halbscheidigen) Nachbarwand hätte zur Verfügung stellen müssen. Die Vergütung ist um den Wert des „gewonnenen" Bodens zu erhöhen (Abs. 2 Satz 3). Maßgebend ist der Wert des unbebauten Bodens bei Fälligkeit der Anbauvergütung.

7. Die Anbauvergütung wird mit der **Fertigstellung des Rohbaus** des Anbaues **fällig** (Abs. 2 Satz 2 i. V. m. § 7 Abs. 4 Satz 1 Halbsatz 1; s. Erl. 4 zu § 7). Der Vergütungsanspruch steht demjenigen zu, der zu diesem Zeitpunkt Eigentümer oder Erbbauberechtigter (§ 1 Abs. 1 Satz 2) des zuerst bebauten Grundstücks ist (Abs. 2 Satz 2 i. V. m. § 7 Abs. 4 Satz 1 Halbsatz 2). Der Anspruchsberechtigte kann eine **Sicherheitsleistung** in Höhe der voraussichtlich zu gewährenden Anbauvergütung verlangen (Abs. 2 Satz 2 i. V. m. § 7 Abs. 4 Satz 3 und 4; s. § 7, Erl. 6).

8. Vor dem Anbau sind die **Unterhaltungskosten der Grenzwand allein von ihrem Erbauer** bzw. dessen Rechtsnachfolger zu tragen (Abs. 3 i. V. m. § 8 Abs. 1). Diese Regelung versteht sich von selbst. Die Grenzwand steht im Alleineigentum des Erbauers; dieser ist der allein Nutzungsberechtigte; ein Mitbenutzungsrecht nach § 922 Satz 1 BGB oder eine Mitbeteiligung an den Unterhaltungskosten nach § 922 Satz 2 BGB scheiden von vornherein aus, weil die Grenzwand keine Grenzeinrichtung i. S. d. §§ 921, 922 BGB ist (s. Erl. 2 b der Einf. III).

9. Nach dem Anbau sind die **Unterhaltungskosten für den gemeinsam genutzten Teil der Grenzwand** von beiden Nachbarn „entsprechend dem Verhältnis ihrer Beteiligung" **gemeinsam zu tragen** (Abs. 3 i. V. m. § 8 Abs. 2). Das bedeutet, dass die Grenzwand ungeachtet des Umstands, dass sie sich – im Unterschied zur Situation bei der Nachbarwand – auch nach dem Anbau im Alleineigentum ihres

Erbauers oder dessen Rechtsnachfolgers befindet (s. Erl. 2 a der Einf. III), hinsichtlich der Unterhaltungskosten einer Nachbarwand gleichgestellt wird. In beiden Fällen (s. § 8 , Erl. 4) orientiert sich das Gesetz an der „Nutzungslage“: In dem gegenständlichen Umfang, in dem die Grenzwand zum Anbau verwendet wird, hat der anbauende Nachbar die gleichen Nutzungsbefugnisse wie ein Nachbar, der an eine Nachbarwand anbaut (s. § 8, Erl. 3).

10. Nach **Abbruch** oder Zerstörung **eines Gebäudes** hat dessen Eigentümer, falls die bauliche Anlage nicht neu errichtet wird, die Außenfläche des bisher gemeinsam genutzten Teiles der Wand in einen für eine **Außenwand geeigneten Zustand zu versetzen**; weitere notwendige Instandsetzungsarbeiten sind von beiden Nachbarn gemeinsam zu tragen (Abs. 3 i. V. m. § 8 Abs. 3). Für Schäden, die infolge des Abbruchs des Anbaues an der Grenzwand entstehen, wird nach § 823 Abs. 1 BGB gehaftet (vgl. BGH NJW-RR 2016, 588 Rn. 10 ff.).

Nach dem klaren Wortlaut des Gesetzes kann die Pflicht nach Absatz 3 i. V. m. § 8 Abs. 3 gegebenenfalls den Alleineigentümer der Grenzwand treffen, wenn nämlich nicht das angebaute, sondern das zuerst errichtete Gebäude abgerissen wird (vgl., wenn auch noch weitergehend, OLG Frankfurt a. M. OLGZ 1982, 352). Die Regelung geht demzufolge (argumentum a maiore) davon aus, dass der jeweilige Eigentümer der Grenzwand nach erfolgtem Anbau die Wand nicht mehr eigenmächtig beseitigen darf (so auch OLG Koblenz OLGR 2000, 304, 305); des Rückgriffs auf das nachbarliche Gemeinschaftsverhältnis bedarf es insoweit nicht (s. dazu BGHZ 68, 350, 353 f.; vgl. auch BGH NJW-RR 2016, 588 Rn. 8). Allein diese Auslegung des Gesetzes wird dem Willen des Gesetzgebers (Amtl. Begr. S. 28) und dem wirtschaftlichen Interesse an der Erhaltung der jeweiligen Gebäudeeinheit gerecht. Die darin liegende, über die Regelung des § 922 Satz 3 BGB hinausgehende (die Grenzwand ist keine Grenzeinrichtung) Beschränkung der Eigentümerbefugnisse (§ 903 BGB) durch den Landesgesetzgeber ist durch Art. 124 EGBGB gedeckt (s. Erl. 2 b der Einf. III).

11. Wird das **angebaute Gebäude abgebrochen** oder zerstört, so wird man im Zweifelsfalle davon ausgehen können, dass auch ein alsbaldiger (gleichartiger) Neu- oder Wiederaufbau – und zwar ohne nochmalige Zahlung einer Anbauvergütung – von der für den ursprünglichen Anbau erteilten Einwilligung gedeckt ist. Unterbleibt ein baldiger Wiederanbau, so dürfte – anders als bei der Grenzeinrichtung Nachbarwand (s. Erl. 3 b, cc der Einf. II; § 7, Erl. 7) – das Anbaurecht „verbraucht" und im Falle eines späteren Anbauwunsches eine erneute Einwilligung des jeweiligen Eigentümers oder Erbbauberechtigten der Grenzwand notwendig sein.

§ 14a Überbau durch Wärmedämmung

(1) Der Eigentümer und die Nutzungsberechtigten eines Grundstücks haben zu dulden, dass die auf einer vorhandenen Grenzwand nachträglich aufgebrachte Wärmedämmung und sonstige mit ihr im Zusammenhang stehende untergeordnete Bauteile auf das Grundstück übergreifen, soweit

1. **die übergreifenden Bauteile öffentlich-rechtlich zulässig oder zugelassen worden sind,**
2. **eine vergleichbare Wärmedämmung auf andere Weise mit vertretbarem Aufwand nicht vorgenommen werden kann und**
3. **sie die Benutzung des Grundstücks nur unwesentlich beeinträchtigen.**

Eine wesentliche Beeinträchtigung liegt insbesondere dann vor, wenn die Überbauung die Grenze zum Nachbargrundstück in der Tiefe um mehr als 0,25 m überschreitet.

(2) Dem Eigentümer und dinglich Nutzungsberechtigten des betroffenen Grundstücks ist ein angemessener Ausgleich in Geld zu leisten. Sofern nichts anderes vereinbart wird, gelten § 912 Abs. 2, die §§ 913 und 914 des Bürgerlichen Gesetzbuchs entsprechend.

(3) Der Eigentümer des durch den Überbau begünstigten Grundstücks hat die Wärmedämmung in einem ordnungsgemäßen Zustand zu erhalten.

(4) Der duldungsverpflichtete Nachbar ist berechtigt, die Beseitigung der Wärmedämmung zu verlangen, soweit dadurch eine zulässige beabsichtigte Benutzung seines Grundstücks nicht nur unwesentlich beeinträchtigt wird, insbesondere soweit er selbst zulässigerweise an die Grenzwand anbauen will.

(5) Die §§ 21 bis 25 gelten entsprechend für die Anbringung, Unterhaltung und Beseitigung der Wärmedämmung.
(6) Die Absätze 1 bis 5 gelten entsprechend für Nachbarwände und sonstige Wände, die nahe an der Grundstücksgrenze stehen oder über diese hinausreichen und zu deren Duldung der Eigentümer und der Nutzungsberechtigte des Nachbargrundstücks verpflichtet sind.

Erläuterungen

1. Durch das **ÄndG 2016** hat der thüringische Gesetzgeber im Anschluss an bereits zuvor erlassene vergleichbare Normen in anderen NRGen (s. nur § 7c NRG BW; § 19a BbgNRG; § 10a HessNRG; § 21a NNachbG; § 23a NachbG NRW) mit § 14a eine besondere Bestimmung betreffend den **„Überbau durch Wärmedämmung"** in das ThürNRG eingefügt. Nach Einschätzung des Gesetzgebers (vgl. Amtl. Begr. 2015 S. 8 f. unter Berufung auf den Beschluss des BVerfG vom 19.7.2007, NJW-RR 2008, 26) besteht nach Art. 124 EGBGB eine **Gesetzgebungskompetenz des Landes** für die Vorschrift, weil die §§ 912 ff. BGB die Duldungspflichten im Falle eines Überbaus nicht abschließend und erschöpfend regelten (vgl. Art. 72 Abs. 1, Art. 74 Abs. 1 Nr. 1 GG). Der BGH hat in seinem Urteil vom 2.6.2017 (MDR 2017, 996 Rn. 8; s. auch Bruns, Rn. 4 zu § 7b u. Rn. 3 zu § 7c) – im Zusammenhang mit § 16a NachbG Bln – insoweit Bedenken geäußert, die Frage der Gesetzgebungskompetenz des Landes aber letzlich offen gelassen.

Die Vorschrift hat vor allem **„die Verbesserung der Energieeffizienz bei Bestandsgebäuden"** im Auge, die einen „wesentlichen Bestandteil der Energiewende" darstellt (Amtl. Begr. 2015 S. 7 f.)

2. Nach Absatz 1 Satz 1 haben der Eigentümer und die Nutzungsberechtigten eines Grundstücks das **nachträgliche Aufbringen** einer „grenzüberschreitenden" Wärmedämmung nur bei **bereits vorhandenen Grenzwänden** zu dulden. Dieser Einschränkung liegt der Gedanke zugrunde, dass Neubauten (wie selbstverständlich) so zu planen sind, dass sie sich unter Beachtung aller aktuell geltenden (auch: energetischen) Standards vollständig auf das eigene Grundstück beschränken (vgl. Amtl. Begr. 2015 S. 9; so auch BGH, MDR 2017, 996 Rn. 12 m. w. Nachw.): Das Gesetz will nicht denjenigen Bauherrn auf Kosten des Nachbarn begünstigen, der beim Bau der Grenzwand die geltenden

Energieeinsparvorschriften missachtet hat. Für einen privilegierten Wärmeschutzüberbau kommen daher vor allem Gebäude in Frage, die **vor Inkrafttreten der Erstfassung der Ernergieeinsparverordnung** vom 16.11.2001 (BGBl. I S. 3085) am 1.2.2002 errichtet worden sind (vgl. Bruns, Rn. 5 zu § 7c; „Nachrüstung von Altbauten“).

3. Das Gesetz erlaubt den Überbau **nur für Zwecke der Wärmedämmung** (also nicht: Lärmdämmung; Stabilisierung der Wand etc.). Der Begriff der Wärmedämmung ist nicht eng auszulegen; insbesondere gestattet das Gesetz das Anbringen sonstiger, mit der Wärmedämmung im Zusammenhang stehender (untergeordneter) Bauteile. Es dürfen insbesondere **Putze, Verblendungen**, Putzträger oder Unterkonstruktionen angebracht werden; als **notwendige Folgeänderungen** kommen etwa das **Erweitern des Daches**, das **Verbreitern von Fensterbänken** oder das **Versetzen von Fallrohren** in Betracht (vgl. Amtl. Begr. 2015 S. 9; s. auch Schäfer/Fink-Jamann/Peter, Rn. 5 u. 7 zu § 23a). Entsprechend der Zielsetzung des Gesetzes, Bestandsbauten an den heutigen Stand der Technik anzupassen (vgl. Amtl. Begr. 2015 S. 8 f.), ist es dem Eigentümer der Grenzwand – auch wenn § 14a (im Unterschied etwa zu § 10a Abs. 1 Satz 1 Nr. 1 HessNRG; § 23a Abs. 1 Satz 1 NachbG NRW) insoweit keine konkreten Vorgaben macht – grundsätzlich erlaubt, eine den **Bauteilanforderungen der Energieeinsparverordnung genügende Dämmung** in der bei Durchführung der Baumaßnahme geltenden Fassung anzubringen (derzeit: EnEV vom 24.7.2007, BGBl. I S. 1519, zuletzt geändert durch VO vom 24.10.2015, BGBl. I S. 1789). Gegen die Einhaltung noch höherer Standards ist dann nichts einzuwenden, wenn dies insgesamt keine höhere oder gar eine geringere Beeinträchtigung des Nachbarn zur Folge hat (a. A. OLG Frankfurt a. M. NJW 2012, 3729, 3730 f. zu § 10a HessNRG).

4. Ein Überbaurecht besteht nach Absatz 1 Satz 1 Nr. 1 nur, wenn die übergreifenden Bauteile und ihre Anbringung **öffentlich-rechtlich zulässig** oder zugelassen worden sind. Nach Nummer 2 ist die Duldungspflicht – entsprechend dem Gebot der vorrangigen Inanspruchnahme des eigenen Grundstücks – daran geknüpft, dass eine vergleichbare Wärmedämmung auf andere Weise mit vertretbarem Aufwand nicht vorgenommen werden kann. Danach ist insbesondere zu prüfen, ob der Eigentümer der Grenzwand auf eine **Dämmung auf**

der Innenseite der Wand verwiesen werden kann. Nach Einschätzung des Gesetzgebers dürfte freilich im Allgemeinen die Anbringung einer **Außendämmung aus physikalischen und bautechnischen Gründen vorzugswürdig** sein (Amtl. Begr. 2015 S. 9; vgl. auch Bruns, Rn. 13 zu § 7c; Schäfer/Fink-Jamann/Peter, Rn. 9 zu § 23a). Nach Nummer 3 darf die Benutzung des betroffenen Grundstücks nur unwesentlich beeinträchtigt werden. Eine relevante Beeinträchtigung kann etwa gegeben sein, wenn bei einer schmalen Hofeinfahrt das Einfahren mit Kraftfahrzeugen erschwert wird. **Satz 2 konkretisiert die Nummer 3** dahin, dass die Grenze zum Nachbargrundstück in keinem Falle um mehr als **0,25 m** überbaut werden darf. Nach Absatz 3 hat der Eigentümer oder der Erbbauberechtigte (§ 1 Abs. 1 Satz 2) des begünstigten Grundstücks die nach Maßgabe des Absatzes 1 angebrachte Wärmedämmung in einem **ordnungsgemäßen Zustand** (auf seine Kosten) **zu unterhalten**.

5. Nach Absatz 2 ist dem Eigentümer und den dinglich Nutzungsberechtigten (also nicht: den Mietern oder Pächtern; diese können sich ggf. durch eine Miet- oder Pachtzinsminderung schadlos halten) des in Anspruch genommenen Grundstücks ein (jeweils eigenständiger, vgl. § 916 BGB) **angemessener Ausgleich in Geld** zu zahlen, der bei Fehlen einer Vereinbarung (was dem Regelfall entspricht) wie eine Überbaurente zu bemessen ist.

6. Nach Absatz 4 kann der duldungsverpflichtete Nachbar die **Beseitigung der Wärmedämmung** verlangen, wenn dadurch eine zulässige beabsichtigte Benutzung des betroffenen Grundstücks nicht nur unwesentlich beeinträchtigt wird, insbesondere soweit er selbst zulässigerweise an die Grenzwand **anbauen will**. Anbau i. S. dieser Bestimmung ist nicht nur ein Anbau gemäß § 14 Abs. 1 i. V. m. § 5 Satz 2 (ansonsten würde die Vorschrift weitgehend leerlaufen), sondern auch die Errichtung einer eigenen Grenzwand nach § 15 (so zutreffend Schäfer/Fink-Jamann/Peter, Rn. 11 zu § 23a).

7. Absatz 5 stellt klar, dass dem Bauherrn zur Anbringung, Unterhaltung und Beseitigung der Wärmedämmung die in den § 21 normierten **Nutzungs- und Betretungsrechte** zustehen. Hinsichtlich der **Verpflichtungen zur Anzeige, zum Schadensersatz** (kein Verschulden erforderlich) und zur **Entschädigung** gelten die §§ 22, 23 und 25 entsprechend (auf die Erl. zu den genannten Vorschriften kann verwiesen werden). Das Gesetz nimmt auch auf § 24 (Gefahr in Verzug) Bezug; dieser Fall dürfte aber kaum praktisch werden.

8. Der **Duldungsanspruch** nach Absatz 1 Satz 1 steht regelmäßig dem **Eigentümer** oder dem Erbbauberechtigten (§ 1 Abs. 1 Satz 2) **des begünstigten Grundstücks** zu (vgl. auch Abs. 3). Es bestehen keine Bedenken, einen Duldungsanspruch auch dann zu gewähren, wenn der Eigentümer dritten Personen gestattet hat, die Baumaßnahme durchzuführen (s. Rn. 2 zu § 3). **Duldungsverpflichtet** sind der **Eigentümer** bzw. der Erbbauberechtigte (§ 1 Abs. 1 Satz 2) des betroffenen Grundstücks sowie die (in ihrem Besitzstand berührten; vgl. § 1 Abs. 2) **Nutzungsberechtigten**, und zwar nicht nur die dinglichen (wie Nießbraucher und andere Dienstbarkeitsberechtigte, denen nach Absatz 2 ein Ausgleichszahlungsanspruch zusteht, vgl. Erl. 5), sondern auch die persönlichen (Mieter, Pächter). Die nach Absatz 1 duldungspflichtigen Personen (bzw. ihre Gesamt- oder Einzel-Rechtsnachfolger) können auch beseitigungsberechtigte Nachbarn i. S. d. Absatzes 4 sein, da diese Vorschrift, die die Beendigung der Duldungspflicht regelt, sozusagen die „Kehrseite“ des Absatzes 1 darstellt. Aus diesem Kreis setzen sich auch diejenigen Personen zusammen, denen nach Absatz 5 i. V. m. § 22 Anzeige zu erstatten ist bzw. denen nach Absatz 5 i. V. m. §§ 23, 25 Schadensersatz- und Entschädigungsansprüche zustehen können.

9. Die Regelungen zur Duldung eines Wärmedämmungsüberbaus gelten nach Absatz 6 **entsprechend für Nachbarwände** und sonstige Wände, die nahe an der Grundstücksgrenze stehen oder über diese hinausreichen und zu deren Duldung der Eigentümer und die Nutzungsberechtigten des Nachbargrundstücks verpflichtet sind (entschuldigter Überbau, vgl. Erl. 2 zu § 5). In all diesen Fällen sei, so die Auffassung des Gesetzgebers, „die Interessenabwägung in gleicher Weise vorzunehmen" (Amtl. Begr. 2015 S. 11). Bei der entsprechenden Anwendung erweist sich jedoch die in Absatz 1 Satz 2 festgelegte **„absolute gesetzliche Überbaugrenze“ von 0,25 m** als problematisch. Die Nachbarwand ist im Regelfall – entsprechend ihrer Funktion und im Einverständnis beider Nachbarn – mit der Hälfte ihrer Dicke (ggf. sogar darüber hinaus, vgl. § 4 Abs. 2 Satz 2) über die Grenze gebaut;

würde man hier, entsprechend dem Gesetzeswortlaut, die maximal zulässige Überbauung in der Tiefe von 0,25 m ab der Grundstücksgrenze messen, würde das Recht zur Anbringung einer Außendämmung vielfach mangels einer ausreichenden „Aufbaustärke“ leerlaufen. Damit würde sich die Rechtsposition des Eigentümers der Nachbarwand im Ergebnis durch die Zubilligung des „gesetzlichen Überbauprivilegs“ nicht – wie vom Gesetzgeber beabsichtigt – verbessern, sondern sogar verschlechtern, da sich das Recht zur Anbringung einer (funktionsfähigen, dem Stand der Technik entsprechenden) Außendämmung an eine Nachbarwand bereits unmittelbar aus § 745 Abs. 2 BGB ergibt (vgl. BGH NJW 2008, 2032 Rn. 17; s. auch § 8, Erl. 2). Daher erscheint es jedenfalls bei der Nachbarwand vorzugswürdig, die 0,25 m-Grenze ab der Außenseite der Wand zu messen (zumal auch erst ab diesem Punkt eine „echte Überbausituation“ vorliegt, vgl. § 4, Erl. 5).

Bei der **(entschuldigt) übergebauten Grenzwand** ist der Eigentümer der – objektiv rechtswidrig erbauten – Wand nicht in gleicher Weise schutzwürdig. Gleichwohl bleibt auch hier das Bedenken, dass das gesetzgeberische Ziel, die Anpassung von Bestandsbauten an die heutigen energetischen Standards auch bei diesen Wänden zu fördern, durch eine wortlautgetreue Auslegung des Absatzes 1 Satz 2 vielfach konterkariert würde. Im Übrigen ist zu bedenken, dass ungeachtet der Frage der „richtigen Messmethode“ in keinem Falle eine wesentliche Beeinträchtigung der Grundstücksnutzung hingenommen werden muss (Absatz 1 Satz 1 Nr. 3).

§ 15 Anschluss bei zwei Grenzwänden

(1) Wer eine Grenzwand neben einer schon vorhandenen Grenzwand errichtet, hat sie auf seine Kosten an das zuerst errichtete Gebäude dicht anzuschließen. Er hat den Anschluß auf seine Kosten zu unterhalten.
(2) Die Einzelheiten des beabsichtigten Anschlusses sind in der nach § 13 Abs. 2 vorgeschriebenen Anzeige dem Nachbarn mitzuteilen.

(3) Werden die Grenzwände gleichzeitig errichtet, so tragen die Nachbarn die Kosten des Anschlusses und seiner Unterhaltung zu gleichen Teilen.

Erläuterungen

1. Wird neben einer bereits bestehenden Grenzwand eine weitere Grenzwand errichtet, so entsteht zwangsläufig zwischen beiden Gebäuden ein kleiner Zwischenraum, durch den insbesondere Feuchtigkeit eindringen und an beiden Bauwerken Schaden anrichten könnte. Absatz 1 Satz 1 bestimmt daher, dass der Erbauer der später errichteten Grenzwand diese **dicht an das zuerst errichtete Gebäude** anzuschließen hat. Wie er den Anschluss bewerkstelligt, bleibt ihm überlassen. Wird der Anschluss unzureichend hergestellt und entstehen dadurch an der Grenzwand bzw. an dem Gebäude des Nachbarn (Feuchtigkeits-)Schäden, kommen Schadensersatzansprüche nach § 823 Abs. 1 und Abs. 2 (i. V. m. § 15 Abs. 1 Satz 1) sowie – bei fehlendem Verschulden des Anschließenden – ein nachbarrechtlicher Ausgleichsanspruch entsprechend § 906 Abs. 2 Satz 2 BGB in Betracht (OLG Köln ZMR 2011, 404, 405).

2. Da die Herstellung eines sachgemäßen Anschlusses Einwirkungen auf die bereits bestehende Grenzwand mit sich bringen kann, bestimmt Absatz 2, dass die Einzelheiten des beabsichtigten Anschlusses in der nach § 13 Abs. 2 vorgeschriebenen Anzeige dem Nachbarn mitzuteilen sind. Näheres zu dieser Anzeige Erl. 3 zu § 13.

3. Werden die beiden Grenzwände **in zeitlichem Abstand** errichtet, so sind nach Absatz 1 Satz 1 und 2 **die Kosten des Anschlusses und seiner späteren Unterhaltung** von dem Eigentümer des Grundstücks mit der später errichteten Wand zu tragen. In der amtlichen Begründung zu dem Entwurf des Gesetzes ist hierzu ausgeführt, der Anschluss liege in seinem überwiegenden Interesse (S. 29). Bei **gleichzeitiger Errichtung** der beiden Grenzwände (z. B. Errichtung von Reihenhäusern mit getrennten Abschlusswänden) sind nach Absatz 3 die Kosten des Anschlusses und seiner Unterhaltung von den beiden Nachbarn zu gleichen Teilen zu tragen. Zu dem Begriff „Unterhaltungskosten" s. Erl. 1 zu § 8.

4. Aufgrund der Interessenlage besteht nicht nur eine Pflicht, sondern auch ein **Recht zur Herstellung des Anschlusses**. Dabei handelt es sich jedoch nur um einen einklagbaren Duldungsanspruch. Ein eigenmächtiges Herstellen des Anschlusses im Wege der Selbsthilfe ist nicht gestattet (s. Schäfer/Fink-Jamann/Peter, Rn. 3 zu § 22; vgl. auch § 6, Erl. 8).

5. Besteht zwischen zwei benachbarten Gebäuden lediglich ein Anschluss i. S. d. § 15 und wird das eine Gebäude abgebrochen, so hat der Eigentümer des stehen gebliebenen Gebäudes keinen Anspruch gegen den Nachbarn auf wetterfeste Herrichtung seiner durch den Abbruch ungeschützt gewordenen Außenwand (BGH NJW 2010, 1808 Rn. 8; NJW-RR 2011, 515 Rn. 6; NJW-RR 2016, 588 Rn. 8 f.). Der Anschluss i. S. d. § 15 ist vom Anbau i. S. d. § 14 zu unterscheiden; wegen der Rechtsfolgen beim Abbruch eines angebauten Gebäudes s. Erl. 10 und 11 zu § 14.

§ 16 Unterfangen einer Grenzwand

(1) Muss der Nachbar zur Errichtung seines Gebäudes seine Grenzwand tiefer als die zuerst errichtete Grenzwand gründen, so darf er diese unterfangen, wenn keine erhebliche Schädigung des zuerst errichteten Gebäudes zu besorgen ist und das Unterfangen nur mit unzumutbar hohen Kosten vermieden werden könnte.
(2) Für die Verpflichtung zur vorherigen Anzeige der Rechtsausübung und zum Schadensersatz gelten die §§ 6 und 19 entsprechend.

Erläuterungen

1. Die Vorschrift betrifft den Fall, dass der Nachbar neben einem an die Grenze herangebauten Gebäude ein anderes Gebäude errichten will, das wegen seiner Größe oder Bauart eine **tiefere Gründung** als das zuerst errichtete Gebäude **verlangt**. Ist dem Eigentümer des später zu bebauenden Grundstücks diese Notwendigkeit bereits bei Errichtung der Grenzwand auf dem zuerst bebauten Grundstück bekannt, so kann er schon zu diesem Zeitpunkt eine den Erfordernissen des von ihm geplanten Bauvorhabens entsprechende Gründung der Grenzwand verlangen (§ 13 Abs. 3). Hat er von diesem Recht keinen Gebrauch gemacht, oder stellt sich die Notwendigkeit einer tieferen Gründung erst später heraus, so ist es häufig die bautechnisch beste und bisweilen sogar die einzig mögliche Lösung, das Fundament der bereits bestehenden Grenzwand zu unterfangen. Nach Absatz 1 ist ein **Unterfangen der Wand zulässig**, wenn **keine erhebliche Schädigung des zuerst errichteten Gebäudes zu besorgen** ist und das Unterfangen nur mit **unzumutbar hohen Kosten** vermieden werden könnte. Das Einverständnis des Nachbarn ist nicht erforderlich. Wird allerdings gegen den Widerspruch des Nachbarn mit dem Unterfangen begonnen, so liegt darin eine verbotene Eigenmacht; Absatz 1 gewährt nur einen Duldungsanspruch, der gegebenenfalls gerichtlich durchgesetzt werden muss (vgl. OLG Hamm BauR 2002, 669, 670 zu § 22 Abs. 3 NachbG NRW).

2. Ob bei dem Unterfangen der Grenzwand eine erhebliche Schädigung des zuerst errichteten Gebäudes zu besorgen ist, muss im Einzelfall durch Einholung von Sachverständigengutachten geklärt werden; in Betracht kommen insbesondere Schäden durch Setzungsbeeinflussungen des bereits bestehenden Gebäudes. Dabei spielen die Beschaffenheit und Zweckbestimmung des auf dem Nachbargrundstück vorhandenen Gebäudes eine wesentliche Rolle.

3. Ob das Unterfangen nur mit unzumutbar hohen Kosten vermieden werden könnte, hängt zunächst wiederum davon ab, welche anderen **technischen Möglichkeiten** außer dem Unterfangen für die Durchführung des geplanten Bauvorhabens zur Verfügung stehen (z. B. Niederbringen einer Wand neben der bereits bestehenden Grenzwand, Verfestigung des Bodens unter der Grenzwand usw.). Sind diese Möglichkeiten ermittelt, so sind die Kosten der Unterfangung mit den Kosten der jeweils preiswertesten „Alternativ-Variante" zu vergleichen. Die Mehrkosten einer Methode, mit der das Unterfangen der Grenzwand vermieden werden kann, sind dann unzumutbar hoch, wenn sie den Bauherrn des neuen Bauvorhabens in unzumutbarer Weise belasten würden und er gezwungen wäre, Kosten aufzubringen, die zu dem Nutzen seines Grundstücks in keinem vernünftigen Verhältnis stehen. Es kommt auch insoweit auf die Verhältnisse des Einzelfalles an.

4. Die **Einzelheiten des beabsichtigten Unterfangens** der Grenzwand sind dem Eigentümer und den Nutzungsberechtigten des mit der

Wand bebauten Grundstücks **drei Monate vor Beginn der Bauarbeiten anzuzeigen** (Abs. 2 i. V. m. § 6 Abs. 1). Im Hinblick auf den Zweck der Anzeigepflicht muss die Anzeige hier insbesondere auch Angaben darüber enthalten, bis zu welcher Tiefe die Unterfangung erfolgen soll, welcher zusätzliche Bodendruck dadurch entsteht, wie die Unterfangung sowie etwaige Sicherungsmaßnahmen durchgeführt werden sollen und ob mit Schäden an dem Nachbargebäude durch das Unterfangen zu rechnen ist (s. im Übrigen die Erl. zu § 6).

5. Mit Ausnahme der Errichtung des neu hinzuzufügenden Teilstücks unter der bestehenden Wand sind die Bauarbeiten zum Unterfangen der Wand (z. B. Sicherungsverbau usw.) auf dem Grundstück des Erbauers der späteren baulichen Anlage durchzuführen. Ein Betreten des Nachbargrundstücks zur Ausführung der Arbeiten ist nur zulässig, wenn der Nachbar zugestimmt hat oder die Voraussetzungen des § 21 vorliegen.

6. Die **Kosten des Unterfangens** hat der Erbauer des später errichteten Gebäudes zu tragen, da die Maßnahme ausschließlich in seinem Interesse erfolgt.

7. Da durch das Unterfangen der Grenzwand für das bereits errichtete Gebäude eine **besondere Gefahrenlage** herbeigeführt wird, bestimmt Absatz 2 durch Verweisung auf § 19, dass hierdurch am Nachbargebäude eingetretene Schäden ohne Rücksicht auf Verschulden zu ersetzen sind. Diese **Gefährdungshaftung** trifft den das Unterfangungsrecht in Anspruch nehmenden Grundstückseigentümer oder Erbbauberechtigten (§ 1 Abs. 1 Satz 1). Ist Bauherr des Vorhabens ein Dritter, dem der Eigentümer die Ausübung des Unterfangungsrechts gestattet hat, so haftet auch dieser als Gesamtschuldner neben dem Eigentümer (OLG Düsseldorf BauR 1976, 71, 72; NJW-RR 1997, 146, 147). Hingegen haften Architekten, Statiker und Bauunternehmer dem geschädigten Nachbarn nur nach deliktischen Grundsätzen, wobei insbesondere eine Haftung nach § 823 Abs. 2 i. V. m. § 909 BGB in Frage kommt (s. Erl. 3 c, bb der Einf. II).

8. Der **Umfang des Schadensersatzanspruchs** richtet sich nach den allgemeinen Vorschriften (§§ 249 ff. BGB; s. § 19, Erl. 3). Zu ersetzen ist daher nicht nur der unmittelbare Sachschaden (Reparaturkosten), sondern auch ein etwaiger Vermögensfolgeschaden (Nutzungsausfall usw.). Für eine durch die Schädigung eingetretene Einschränkung der baulichen Nutzbarkeit und eine damit einhergehende Wertminderung (Wertinteresse) ist nach § 251 Abs. 1 BGB Geldersatz zu leisten, ohne dass es darauf ankommt, ob der Verkauf des Grundstücks oder eine Neubebauung beabsichtigt ist (BGH NJW 1997, 2595, 2596 zu § 22 Abs. 4 i. V. m. § 17 Satz 1 NachbG NRW; danach ist die durch den zur Unterfangung eingebrachten Beton bedingte Wertminderung selbst dann auszugleichen, wenn das Unterfangen an sich zu dulden war).

9. Ersatzberechtigt nach den Regeln über die Gefährdungshaftung sind der **Eigentümer** oder der Erbbauberechtigte (§ 1 Abs. 1 Satz 2) sowie die **Nutzungsberechtigten** des betroffenen Grundstücks (Abs. 2 i. V. m. § 19 Abs. 1 Satz 1). Zur Abgrenzung des Kreises der Nutzungsberechtigten s. Erl. 5 zu § 1.

10. Auf Verlangen des Eigentümers oder der Nutzungsberechtigten des Nachbargrundstücks ist **Sicherheit** in Höhe des möglichen Schadens **zu leisten** (Abs. 2 i. V. m. § 19 Abs. 2 Satz 1).

Für die Sicherheitsleistung gelten die §§ 232 ff. BGB, wobei die Sicherheit stets durch eine Bankbürgschaft erbracht werden kann. Macht der schadensbedrohte Nachbar von seinem Recht auf Sicherheitsleistung Gebrauch, so darf mit dem Unterfangen erst nach Leistung der Sicherheit begonnen werden (Abs. 2 i. V. m. § 19 Abs. 2). Maßgebend ist eine Sicherheitsleistung in angemessener Höhe. Ist die geforderte Sicherheitsleistung offensichtlich überhöht, so kann nach Leistung einer Sicherheit in angemessener Höhe auf Duldung des Unterfangens geklagt, aber nicht vor Erwirken eines entsprechenden Duldungstitels mit dem Unterfangen begonnen werden.

11. Das in § 16 geregelte Unterfangen der Grenzwand stellt nur einen Teil der Einwirkungen auf das Nachbargrundstück dar, die mit der Errichtung einer baulichen Anlage an der Grundstücksgrenze verbunden sein können. Andere, zum Teil mit weit erheblicheren Auswirkungen als das Unterfangen einer Grenzwand verbundene Einwirkungen auf das Nachbargrundstück können durch Baugrubenaushub, Baugrubenverankerung, Setzungsbeeinflussungen sowie durch Erschütterungen entstehen. Hierfür enthält das ThürNRG keine Regelung. Es gelten daher die allgemeinen Haftungsgrundsätze (s. Erl. 3 c der Einf. II).

Vierter Abschnitt
Hochführen von Abgasanlagen, Lüftungsschächten und Antennenanlagen

§ 17 Inhalt und Umfang

(1) Der Eigentümer und der Nutzungsberechtigte eines Grundstücks müssen dulden, dass der Nachbar an dem Gebäude Abgasanlagen, Lüftungsschächte und Antennenanlagen seines angrenzenden niedrigeren Gebäudes befestigt, wenn
1. die Höherführung der Schornsteine und Lüftungsschächte zur Betriebsfähigkeit oder zur Einhaltung öffentlich-rechtlicher Anforderungen oder die Erhöhung der Antennenanlage für einen einwandfreien Empfang von Sendungen erforderlich ist,
2. die Befestigung der höhergeführten Schornsteine, Lüftungsschächte und Antennenanlagen ohne Inanspruchnahme des Nachbargebäudes nur mit erheblichen technischen Nachteilen oder unverhältnismäßig hohen Kosten möglich wäre und
3. das betroffene Grundstück nicht erheblich beeinträchtigt wird.

(2) Der Eigentümer und der Nutzungsberechtigte des betroffenen Grundstückes müssen ferner dulden,
1. dass die höhergeführten Schornsteine, Lüftungsschächte und Antennenanlagen von ihrem Grundstück aus unterhalten und gereinigt werden und
2. dass die hierfür erforderlichen Einrichtungen auf ihrem Grundstück angebracht werden,

wenn diese Maßnahmen anders nicht zweckmäßig oder nur mit unverhältnismäßig hohen Kosten getroffen werden können. Sie können die Berechtigten darauf verweisen, an ihrem Gebäude außen eine Steigleiter anzubringen und zu benutzen, wenn dies den notwendigen Zugang für die nach Satz 1 vorzunehmenden Arbeiten ermöglicht.

(3) Absätze 1 und 2 gelten für Antennenanlagen nicht, wenn dem Eigentümer und dem Nutzungsberechtigten des niedrigeren Gebäudes die Mitbenutzung einer dazu geeigneten Antennenanlage des höheren Gebäudes gestattet wird.

Erläuterungen

1. **Duldungspflicht**. § 17 beruht auf der Annahme einer Situation, in der ein **Anlageerrichtungs- oder Anlageunterhaltungsbedürfnis** besteht, das mit Mitteln des privaten oder öffentlichen Nachbarschutzes nicht abgewehrt werden kann. Abs. 1 ist durch das Gesetz vom 8.3.2016 eher im Sinn einer Klarstellung dahin erweitert worden, dass das Nachbargrundstück auch dann und insoweit in Anspruch genommen werden kann, als es darum geht, die Einhaltung öffentlich-rechtlicher Bestimmungen der auf dem berechtigten Grundstück betriebenen Anlagen geht. Abs. 1 unterstellt, dass weder privat- noch öffentlich-rechtliche Hindernisse der auf dem Nachbargrundstück geplanten oder installierten Abgasanlagen, Lüftungsschächte oder Antennenanlagen entgegenstehen; so sind neben bau- auch immissions- und denkmalschutzrechtliche Vorgaben zu beachten. Das Vorliegen dieser Voraussetzungen ist daher eine für die Duldungspflicht erhebliche Vorfrage (§ 21, Erl. 1), zumal die in § 17 angesprochenen Anlagen eine starke „Abwehraffinität" haben. Nachbarrechtliche Probleme treten leicht auf, wenn die verschiedene Höhe benachbarter Gebäude die Druck- und Sogwirkung der Abgasanlagen und Lüftungsschächte des niedrigen Gebäudes vermindert und dort zu Störungen der Heizungs- und (Ent-)Lüftungssysteme führt, Entlüftungsanlagen sind Quelle von Feinemissionen und führen z.B. zu Rauch- oder Geruchsbeeinträchtigungen (vgl. OLG Hamm BeckRS 2016, 19671); auch können von der Antenne einer Mobilfunksendeanlage abwehrfähige Beeinträchtigungen in Form ihrer Magnetfelder ausgehen (vgl. BGH NJW 2004, 1317 [Frankfurter Jakobskirche]). Andererseits beeinträchtigt der „Funkschatten" des höheren Gebäudes den Einfall der Radiowellen mit der Folge eines gestörten Rundfunk- und Fernsehempfang, sodass die durch diese sog. negative Immission Betroffenen an der Errichtung einer besonderen Empfangsanlage interessiert sein können.

2. **Benutzungsrecht**. Abs. 1 nimmt das Nachbargrundstück zur Schaffung oder Erhaltung der Errichtungsbedingungen in Dienst durch Begründung einer Duldungspflicht des Eigentümers/Nutzungsberechtigten und eines korrespondierenden **Benutzungsrechts** gemäß den in Abs. 1, 2 normierten Vorgaben. Damit verbindet § 17 Elemente der

Grunddienstbarkeit (Benutzungsrecht, § 1018 Alternative 1 BGB) mit dem für die Anlagenerstellung (Hochführen) in Anspruch zu nehmenden Hammerschlags- und Leiterrecht (§ 21). Im Verhältnis zu § 21 ist § 17 die Spezialregelung; für Zweifelsfragen kann ergänzend auf §§ 21 ff. zurückgegriffen werden. Das Dauerbenutzungsrecht kann öffentlich-rechtlich durch eine Baulast (Einl. Rn. 46) privatrechtlich durch Grunddienstbarkeit gesichert sein. Duldungspflichtig sind neben dem Eigentümer auch der Nutzungsberechtigte des Grundstücks, das für die in Abs. 1, 2 genannten Arbeiten betreten und in Anspruch genommen werden muss. Das Nutzungsrecht steht dem Eigentümer und dem Nutzungsberechtigten des Nachbargrundstücks zu. Es kann daher auch von Mietern in Anspruch genommen werden. Steht der Duldungsanspruch mehreren Personen zu, kann jede von ihnen ihn selbstständig einfordern. Realisieren kann ein Mit-Berechtigter das Recht, wenn sichergestellt ist, dass es zur Errichtung der Anlage kommt. Insoweit ist auf die verbandsrechtliche Organisation der Personenmehrheit abzustellen. Die Duldungspflicht kann nur nach Maßgabe eines entsprechenden Titels durchgesetzt werden (§ 21, Erl. 3c und 4c); zu Eigenmächtigkeiten berechtigt Abs. 1 nicht. Außerdem sind die gesetzlichen Ausübungsförmlichkeiten (§§ 18, 19 Abs. 2) einzuhalten (BGH, NZM 2013, 243, Rn. 15). Nur wenn diese in öffentlicher Form nachgewiesen sind (§ 726 ZPO), wird der Duldungstitel vollstreckbar ausgefertigt.

3. Voraussetzungen

a) Begünstigte Anlagen. Abs. 1 setzt voraus, dass ohne die Inanspruchnahme des Nachbargrundstücks die **Anlage nicht bestimmungsgemäß betrieben** werden kann oder dass ohne die Antenne ein störungsfreier Zugang zu den Funk-Medien nicht besteht. Das ist bei Abgasanlagen und Lüftungsschächten als Funktionselementen auf den Betrieb der Anlage als Funktionseinheit zu beziehen, der sie zugeordnet sind. Dienen **Lüftungsschächte** der bloßen Entlüftung von Räumen (vgl. § 41 ThürBO), stellen **Abgasanlagen** ähnlich den in der Vorfassung genannten Schornsteinen eine Verbindung her zu Feuerstätten oder einer anderen Verbrennungs- oder sonstige gasförmige Produktionsreste hinterlassenden Anlage (vgl. § 42 ThürBO). Mit **Antennenanlagen** meint Abs. 1 technische Vorkehrungen zum Empfang von

Radiowellen. Der Anschluss an ein Datenübertragungskabel steht einer Antennenanlage i. S. d. § 17 gleich. Hier ist zur Begründung der Duldungspflicht nachzuweisen, dass das Wiedergabegerät mangels Wellen- oder Datenempfang nicht funktioniert. Dabei muss nicht jeder generell im Belegenheitsgebiet erreichbare Sender empfangen werden; jedoch ist eine Grundversorgung zu gewährleisten, zu der bei aus dem Ausland zugewanderten Berechtigten auch der Empfang eines Heimatsenders gehört (BVerfGE 90, 27; BGH, NJW 2008, 218). Hinsichtlich der Empfangsmöglichkeiten ist auch auf den Internetzugang abzustellen (BGH NJW-RR 2013, 1168), sodass eine Duldungspflicht zur Erstellung einer Antennenanlage nicht besteht, wenn der mit ihr erreichbare Erfolg auf diesem Weg erreicht ist. Ist das nicht so, kann über § 17 die Installation einer Empfangsanlage („Schüssel") realisiert werden, wenn nur so das aus Art. 5 Abs. 1 Satz 1 Halbsatz 2 GG gewährleistete Zugangsrecht zu den Heimatmedien verwirklicht werden kann. Insoweit kann einem Duldungsanspruch Abs. 3 entgegenstehen, wenn eine „Gemeinschaftsschüssel" o. Ä. einen ausreichenden Empfang gewährleistet. Nicht erfasst sind Sendeantennen, für welche die Vorschriften über den Amateurfunk gelten (vgl. das Amateurfunkgesetz v. 23.6.1997, BGBl. I S. 1494 nebst Amateurfunkverordnung v. 23.12.1997, BGBl. I 1998 S. 42). Zu den Anlagen gehört auch deren **Zubehör**, sodass die für ihre spätere Unterhaltung und Reinigung notwendigen Einrichtungen, z.B. fixe Leiter, Laufbretter, Standvorrichtungen oder ähnliche Zugangshilfen, auf dem dienenden Grundstück verbleiben (Abs. 2 Satz 1 Nr. 2).

b) Nachbarschaft. Abs. 1 geht aus von unmittelbar benachbarten, angrenzenden Grundstücken, auf denen Gebäude so zueinander stehen, dass das höhere Gebäude i. S. d. Abs. 1 genutzt werden kann. Eine unmittelbare Grenzbebauung etwa i. S. einer Nachbarwand oder einer mitgenutzten Grenzwand (§§ 4, 6, 14) setzt die technische **Realisierbarkeit** des Hochführens am Nachbargebäude nicht zwingend voraus (a. M. Dehner, B § 28 a II 1). Die Duldungspflicht nach Abs. 1 erstreckt sich nicht nur auf die dem begünstigten Grundstück zugekehrte Wand, sie erfasst das gesamte Gebäude. Unerheblich ist, ob das höhere Gebäude zuerst vorhanden war.

c) Erfolgsaussicht. Abs. 1 stellt auf das „Höherführen" das Luft- oder Rauchabführungsleitung, das Erreichen einer öffentlich-rechtlichen Anforderungen (insbes. von Immissionsgrenzwerten) oder den Sendungsempfang ab. Dazu darf das Nachbargrundstück nur genutzt werden, wenn diese Maßnahme geeignet ist, die **Betriebsfähigkeit** der Entlüftungs- oder Abgasentsorgungsanlage **herzustellen**, die Grenzwerte zu erreichen und einzuhalten oder zu sichern bzw. einen einwandfreien Rundfunkempfang zu bewirken (Nr. 1). Bloße Steigerung einer vorhandenen Betriebsfähigkeit oder die Ausdehnung eines an sich ausreichenden Rundfunkempfangs genügen nicht; andererseits ist der Nutzungsgrad generell unzureichend ausreichend, wenn ungestörter Empfang nur über zwei bis drei Kanäle stattfindet oder ein Heimatsender des Berechtigten sonst nicht empfangen werden kann. Zur Ermittlung dieser Voraussetzungen im Einzelfall wird meist die Hilfe eines Sachverständigen geboten sein.

d) Inanspruchnahme des Nachbargrundstücks. Kann das Hochführen einer der in Abs. 1 genannten Anlagen die Betriebsfähigkeit herstellen oder sichern bzw. den Rundfunkempfang bewirken (ein positives Ergebnis muss nicht vorab feststehen), ist weitere Voraussetzung der Duldungspflicht die **Notwendigkeit einer Nutzung** des Nachbargrundstücks. Notwendig ist sie, wenn die von Abs. 1 intendierten Erfolge nur mit erheblichen technischen Nachteilen oder unverhältnismäßig hohen Kosten erreichbar sind **(Nr. 2)**. Es genügt einer dieser Gründe. Gibt es keine technisch realisierbare Ausführungsvariante, stellt sich die Verhältnismäßigkeitsfrage nicht. Gleiches gilt, wenn einer technisch möglichen Ausführung auf dem eigenen Grundstück durchgreifende Rechtsgründe entgegenstehen. Sind andererseits die bei Benutzung des eigenen Grundstücks zu erwartenden Nachteile aus technischer Sicht nicht als erheblich zu bewerten, kann das Nachbargebäude nur in Anspruch genommen werden, wenn diese Lösung mit unverhältnismäßig hohen Kosten verbunden wäre. **Unverhältnismäßig hohe Kosten** erfordern ein sich aus einem Kostenvergleich ergebendes grobes Missverhältnis zwischen den ohne und mit Benutzung des Nachbargebäudes anfallenden Kosten. Ein fester, in einer prozentualen Relation zu bestimmender Grenzwert lässt sich nicht postulieren, weil es auch auf den absoluten Kostenbetrag insgesamt ankommt.

Bei Gesamtkosten unter 2.000 € wird die Inanspruchnahme des Nachbargrundstücks von vornherein ausscheiden. Da das Hochführen von Entlüftungsschächten und Abgasanlagen schon wegen der durch das Baurecht vorgegebenen Standards in jedem Fall erhebliche Kosten verursacht, kann die Verhältnismäßigkeitsschwelle grds. bei einer Kostendifferenz von 20 % bis 25 % angenommen werden. Allerdings sind für das Leitungsrecht in der Rechtsprechung höhere Kostenunterschiede gefordert worden (vgl. § 26, Erl. 5); dabei ist jedoch dem Grundsatz des nachbarrechtlichen Gemeinschaftsverhältnisses vor allem dann nicht ausreichend Rechnung getragen, wenn die Nutzung des Nachbargrundstücks nicht nachhaltig beeinträchtigt wird. Bei Antennenanlagen ist zu prüfen, ob nicht die Versorgung über Satellitenempfang oder über einen Kabelanschluss bei geringeren Kosten zu gleichen Ergebnissen führt; hier beschränkt sich das Recht nach Abs. 1 in der Mitnutzung einer bereits auf dem Nachbargrundstück vorhandenen Antenne **(Abs. 3)**.

4. Umfang des Nutzungsrechts

a) Anlagenerstellung. Abs. 1 berechtigt, zur **Erstellung der Anlage** das Nachbargrundstück zunächst zu betreten und dann dort die zur Anlagenerstellung erforderlichen Arbeiten einschließlich des An- und Abtransports von Material und Montagewerkzeugen durchzuführen; wegen der Gegebenheiten bei Wohnungseigentum vgl. § 21, Erl. 2. Wegen des Umfangs dieser Befugnis vgl. § 21, 3. Abs. 1 verpflichtet nicht zu aktivem Tun (§ 21, Erl. 3. d). Die **Grenze der Duldungspflicht** ist erreicht, wenn das betroffene Grundstück erheblich beeinträchtigt zu werden droht. Auch hier kommt es auf den Einzelfall an. Maßgeblich sind nicht nur die Intensität der für die Herstellung der Anlage erforderlichen Maßnahmen, sondern die nachhaltig verbleibenden Wirkungen. Vorübergehende, allein durch die Anlagenmontage verursachte Beeinträchtigungen, insbes. Lärm, Schmutz oder Erschütterungen sind i.d.R. vom Recht aus Abs. 1 erfasst. Eine erhebliche Beeinträchtigung kann aus Auswirkungen auf die bauliche und architektonische Substanz des dienenden Gebäudes wie in fortdauernden Einschränkungen der Grundstücksnutzung resultieren. Die Nachteile sind im Verhältnis zu Vorteilen zu werten, welche das dienende Grundstück nach einer Verbesserung des Zustands auf dem Nachbargrundstück, z. B. eine trotz Zulässigkeit geringere Immissionsbelastung, zu erwarten hat. Die nach § 17 auf dem Nachbargrundstück erlaubten Anlagen einschließlich der auf sie bezogenen Aktivitäten unterliegen sowohl für die Errichtungs- wie für die Unterhaltungsphase dem **Schonungsprinzip**. Das gilt für das Betreten des Nachbargrundstücks und die Montagearbeiten sowie für den Zeitpunkt, in dem das dienende Grundstück genutzt wird. Die Anlage ist so anzubringen, dass das Nachbargrundstück, insbes. das für Befestigungspunkte zu nutzende Gebäude weder in seiner baulichen Substanz noch in seinem Erscheinungsbild mehr als konstruktiv notwendig beansprucht wird.

b) Anlagenunterhaltung. Die unter Benutzung des Nachbargrundstücks hochgeführten Lüftungsschächte, Abgas- und Antennenanlagen verbleiben als Scheinbestandteile des beanspruchten Grundstücks (§ 95 BGB) im Eigentum des Anlagenerrichters; dieser hat die Anlagen zu reinigen und in einem funktionsfähigen Zustand zu erhalten. Seine Sache ist es, die bei Abgasanlagen vorgeschriebenen Bestimmungen für die Inbetriebnahme (§ 79 ThürBO) sowie die laufenden Reinigungs- und Überwachungsarbeiten durch den Schornsteinfeger oder andere technische Aufsichtsstellen (vgl. §§ 14, 15 1. BImSchV) durchführen zu lassen. Auf dieser Grundlage verlängert **Abs. 2 Satz 1 Nr. 1** eine Fortsetzung der in Abs. 1 begründeten Duldungspflicht für **Unterhaltungsarbeiten** an einer der in Abs. 1 genannten Anlagen. Eine Unterhaltungsmaßnahme sind die Anpassung der Betriebseinheit an veränderte technische oder rechtliche Gegebenheiten, wenn andernfalls deren Stilllegung droht sowie der Abbau und das Entfernen der Anlage nach Betriebsbeendigung unabhängig davon, ob er z.B. nach § 79 Abs. 2 ThürBO angeordnet oder deswegen erfolgt, weil der Betrieb der Anlage öffentlich-rechtlichen Vorschriften widerspricht. Zu dulden sind auch hier das Betreten des Nachbargrundstücks, der Zugang zu den Anlagen, das Verbringen des für die Unterhaltungsarbeiten erforderlichen Geräts und diese selbst einschließlich der dabei auftretenden Beeinträchtigungen. Lässt sich die Anlage nicht anders unterhalten und reinigen, umfasst Abs. 2 auch den Zutritt zu einer Wohnung. Sind die für die Anlagenunterhaltung notwendigen Einrichtungen nicht schon mit der Anlage montiert worden, darf der Berechtigte sie nachträglich anbringen, soweit die notwendigen Wartungs- und Reparaturmaßnahmen das erfordern **(Abs. 2 Satz 1 Nr. 2)**. Auch für diese Arbeiten gilt das Prinzip der geringstnötigen Inanspruchnahme des Nachbargrundstücks. **Zweckmäßig** i. S. d. Abs. 2 ist die Inanspruchnahme des Nachbargrundstücks, wenn so die Reinigung oder Unterhaltung weniger gefährlich oder deutlich leichter und schneller oder effektiver stattfinden können als vom begünstigten Grundstück aus. In jedem Fall genügt es, wenn die Unfallverhütungsvorschriften z.B. der Berufsgenossenschaften oder anderer Träger der Unfallversicherung Schutzvorkehrungen der in Abs. 2 Satz 1 Nr. 2 genannten Art vorschreiben und wenn diese nur auf dem dienenden Grundstück angebracht werden können. Die **Kostenrelationen** fallen für die meist kurzfristige Reinigungsarbeiten grds. nicht ins Gewicht. Bei Unterhaltungsarbeiten ist ein Kostenvergleich im Hinblick auf Abs. 2 Satz 1 nur geboten, wenn die Arbeiten längere Zeit dauern und die Nutzung des dienenden Grundstücks spürbar beeinträchtigen. Hat für die Anlagenerrichtung eine Duldungspflicht nach Abs. 1 bestanden, besteht nach der Lebenserfahrung die Sach- und Rechtslage für die Anlagenunterhaltung fort. Es ist Sache des nach Abs. 1 Duldungspflichtigen, das Gegenteil darzutun und jedenfalls einen Sachverhalt nachzuweisen, der den Erfahrungssatz erschüttert. Kann die Unterhaltung über eine am Gebäude des Nutzungsberechtigten angebrachte Steigleiter erfolgen, entfällt nach **Abs. 2 Satz 2** die Duldungspflicht. Das dürfte eher selten eintreten, weil das Unfallverhütungsrecht i.a.R verbietet., dass mit Hilfe einer lose von außen an die Lüftungs- oder die Abgasableitung angelegten Leiter die zur ordnungsmäßigen Reinigung und/oder Unterhaltung der Anlage notwendigen Arbeiten ausgeführt werden; auf diesen Weg kann der Berechtigte mithin nicht verwiesen werden.

c) Entschädigung. Bei der Ausübung des Benutzungsrechts entstandene Schäden sind nach § 19 zu ersetzen. Die mit der Anlagenerrichtung beginnende Nutzung des Nachbargrundstücks ist nach § 20 zu entschädigen. Die Entschädigung für die Errichtungszeit kann auf § 25 Abs. analog zurückgegriffen werden (§ 20, Erl. 1)

5. Mitnutzung von Empfangsanlagen. Abs. 3 beschränkt bei **Antennenanlagen** die Duldungspflicht auf ein Recht zur **Mitnutzung** einer auf dem dienenden Grundstück **vorhandenen Antenne**, sofern diese leistungsfähig ist. Eine Alternative zur Gemeinschaftsantenne ist ein über das Nachbargrundstück erreichbarer Zugang ins Kabelfernseh- und -rundfunknetz oder in eine vergleichbare Empfangsstelle. Eine Partizipation an einem WLAN-Anschluss ist über § 17 nicht zu erreichen. Von der Leistungsfähigkeit ist auszugehen, wenn an die Anlage mehrere Nutzer angeschlossen sind und diese den Empfangsumfang für ausreichend erachten, sofern der Personenkreis eine durchschnittliche, Kinder einschließende Nutzergruppe repräsentiert. Die Leistungsfähigkeit der auf dem dienenden Grundstück vorhandenen Anlage ist ungenügend, wenn sie das Bedürfnis eines ausländischen Nutzungsberechtigten nach Zugang zu den Heimatmedien nicht befriedigt (3 a). Das Duldungsrecht entfällt, wenn durch interne Mittel die Leistungsfähigkeit der vorhandenen Empfangsanlage auf den von Abs. 3 vorausgesetzten Umfang erweitert werden kann. Die Mitbenutzung ist nur zu dulden, wenn der Nachbar-Nutzer sich an den dabei entstehenden Kosten beteiligt (z.B. Kabelgebühren). Lehnt er das ab, kann er nicht auf den Anspruch aus Abs. 1 zurückgreifen. Die Kosten des Anschlusses an die Gemeinschaftsantenne oder eine vergleichbare Empfangsstelle trägt der Berechtigte (BGH NJW 1984, 729). Der Anschluss an die Nachbarantenne ändert nichts an den Eigentumsverhältnissen an der Antenne, insbes. erwirbt der neu Angeschlossene kein Miteigentum. Eine Nutzer-Gesellschaft (§ 705 BGB) kommt über Abs. 3 weder zustande, noch lässt sich aus Abs. 3 ein Anspruch auf Eintritt in eine vorhandene Antennen-GbR ableiten. Für die Nutzungsgemeinschaft gelten die Bestimmungen der §§ 741 ff. BGB (vgl. § 8, Erl. 4); gem. § 748 BGB hat danach der Begünstigte sich an den Betriebs- und Unterhaltungskosten der Anlage zu beteiligen. Der Kostenanteil entspricht dem Anteil an der Nutzungsgemeinschaft, d.h. dem Nutzungsumfang, welcher grds. für jeden angeschlossenen Haushalt gleich hoch ist. Mit dem Anschluss an die Sammelantenne kommen Folgerechte nach Abs. 2 nur für eine etwaige Reparatur oder Erneuerung des Zuleitungskabels in Betracht.

§ 18 Anzeigepflicht

Für die Verpflichtung zur vorherigen Anzeige der Rechtsausübung gilt § 6 entsprechend. Keiner vorherigen Anzeige bedürfen jedoch die vorgeschriebenen Tätigkeiten des Schornsteinfegers, notwendige Besichtigungen der Anlage durch den Berechtigten sowie kleinere Arbeiten, die den Verpflichteten nicht belästigen.

Erläuterungen

1. Unterrichtungsobliegenheit. § 18 unterstellt, dass das Einverständnis der nach § 17 duldungspflichtigen Seite vorliegt oder dass die berechtigte Seite über einen Duldungstitel verfügt. (Das so begründete Recht kann aber erst realisiert werden, wenn der Betroffene rechtzeitig **über die Inanspruchnahme seines Grundstücks unterrichtet** wurde (§ 17, Erl. 2.). Die Anzeigepflicht erstreckt sich sowohl auf Maßnahmen nach § 17 Abs. 1 als auch auf Reinigungs- oder Unterhaltungsarbeiten nach § 17 Abs. 2, soweit hier nicht die Ausnahmebestimmung des § 18 Satz 2 eingreift. Wegen des Umfangs der Unterrichtung, des Inhalts und der Form der Anzeige, den Anzeigeverpflichteten, den Adressaten und den Folgen eines Verstoßes gegen Satz 1 vgl. § 22, Erl. 2.

2. Unterrichtungsformalitäten. Satz 1 bestimmt durch Verweisung auf § 6 die **Frist** zwischen dem Zugang der Anzeige und dem Beginn der nach § 17 zu duldenden Arbeiten und Maßnahmen auf **drei Monate**. Eine solch lange, auf umfangreiche Nutzung des Nachbargrundstücks abgestellte Wartezeit erfordern häufig weder die Interessen des Duldungspflichtigen noch die des Berechtigten. Es liegt hier nahe, eine Verkürzung der Frist zu vereinbaren. Beruft der in Anspruch genommene Nachbar sich wegen noch nicht abgelaufener Anzeigefrist auf ein Leistungsverweigerungsrecht (vgl. § 22, Erl. 1), steht dem der Arglisteinwand (§ 242 BGB) entgegen, wenn es die Maßnahme eilt und keine Umstände feststellbar sind, welche die Ausschöpfung der vollen Anzeigefrist erfordern. Dabei kann auf den Rechtsgedanken der Regelung in Satz 2 zurückgegriffen werden. **Satz 2** nimmt typische Eilfälle von der Anzeigepflicht vollständig aus. Das gilt für die Tätigkeit des Schornsteinfegers (Reinigung und Überprüfung der Abgasanlagen im Rahmen des öffentlich-rechtlichen Kehrzwangs). Ferner bedarf es aus praktischen Gründen bei notwendigen Besichtigungen der Anlage und bei kleineren Arbeiten keiner Vorabanzeige. Dabei geht es um geringfügige Ausbesserungsarbeiten, welche bei objektiver Betrachtung den Duldungspflichtigen nicht beeinträchtigen werden und nicht das Betreten des Grundstücks erfordern. Ist dies notwendig, bedarf es einer Vorabanzeige, wobei die Anzeigefrist gem. § 242 BGB erheblich abgekürzt ist; i.d.R. genügt eine Woche. Analog § 24 entfällt die Anzeigepflicht auch dann, wenn das Duldungsrecht nach § 17 zur Abwendung einer gegenwärtigen Gefahr für den Bestand oder die Funktionsfähigkeit der Anlage auszuüben ist (vgl. § 24, Erl. 2).

§ 19 Schadensersatz

(1) Schaden, der bei Ausübung der Rechte nach § 17 dem Eigentümer oder dem Nutzungsberechtigten des Nachbargrundstücks entsteht, ist ohne Rücksicht auf Verschulden zu ersetzen. Hat der Geschädigte den Schaden mitverursacht, so richtet sich die Ersatzpflicht sowie der Umfang der Ersatzleistung nach den Umständen, insbesondere danach, inwieweit der Schaden überwiegend von dem einen oder dem anderen Teil verursacht worden ist.
(2) Auf Verlangen ist Sicherheit in Höhe des möglichen Schadens zu leisten. In diesem Falle darf das Recht erst nach Leistung der Sicherheit ausgeübt werden. Die Sicherheit kann in einer Bankbürgschaft bestehen.

Erläuterungen

1. Schadenshaftung. Verursacht die Ausübung des Rechts nach § 17 Schäden am duldungspflichtigen Grundstück (Bauwerk), sind diese durch Zahlung auszugleichen. Berechtigt sind die Eigentümer der betroffenen Sachen und die in einem eigenen Nutzungsrecht geschädigten Personen. § 19 statuiert einen eigenständigen Ersatzanspruch, weil Schadensursache eine rechtmäßige Handlung ist (anders beim bloßen Anbau an eine Nachbarwand, vgl. § 5, Erl. 7). § 19 enthält daher einen eigenständigen landesrechtlichen **Gefährdungshaftungstatbestand**, der mit dem nachbarrechtlichen Ausgleichsrecht nach

§ 906 Abs. 2 BGB verwandt ist (ebenso §§ 23, 28, 30 Abs. 2, § 31 Abs. 2, § 38 Abs. 2). Die Haftung orientiert sich an der Rechtsausübung und hängt nicht davon ab, ob der Schaden bei Einsatz gehöriger Umsicht hätte vermieden werden können. Schadensersatzpflichtig ist, wer im Einzelfall das Recht aus § 17 ausgeübt hat. War das eine Personenmehrheit, haften ihre Mitglieder analog § 840 BGB als Gesamtschuldner (Palandt/Sprau, § 840 Rn. 1).

2. Haftungsumfang. Der **Umfang** des Schadensersatzanspruchs richtet sich nach den allgemeinen Vorschriften (§§ 249 ff. BGB). Zu ersetzen ist neben Sachschäden auch ein Vermögensschaden, z. B. infolge konkreter Nutzungsbeeinträchtigung durch Miet- oder Pachtausfall (vgl. § 25 Abs. 2), Aufwendungen für ein Gutachten oder sonstige Aktivitäten eines Sachverständigten (§ 20, Erl. 2). Gehaftet wird auch für die durch die bei Entfernung der Anlage (§ 17, Erl. 4. b) verursachten Vermögensnachteile auf Seiten des Duldungspflichtigen. Abs. 1 Satz 1 erfasst nur den in Ausübung des Rechts nach § 17 entstandenen Schaden, nicht den bei Gelegenheit der Anlagenmontage oder -wartung angerichteten Schaden, wie z. B. Eigentumsverlust durch Diebstähle oder Zerstörungen, auch wenn sie ohne diese unterblieben wären; für die dadurch entstandenen Schäden haftet der Verursacher nach §§ 823 ff. BGB. Abs. 1 Satz 2 ist Ausdruck des allgemeinen Rechtssatzes, dass der Verursacher einer Haftungslage für diese in dem Umfang nicht einzustehen braucht, in welchem der Betroffene sie verursacht oder sie seiner eigentumsmäßigen Verantwortungssphäre zuzurechnen sind. Wie bei allen Gefährdungshafttatbeständen ist auch bei Abs. 1 Satz 2 nur auf die beiderseitigen Verursachungsanteile, nicht auf ein etwa hinzutretendes Verschulden abzustellen. Vorteile, welche das Hochführen etc. dem duldungspflichtigen Grundstück verschafft, sind auf den Ersatzanspruch anzurechnen (BGH NJW 2012, 1080 Rn. 10 f.) Neben dem Schadensausgleich nach Abs. 1 Satz 1 kann der Duldungsberechtigte einen Anspruch auf Schadensersatz nach § 286 BGB haben, wenn der Verpflichtete den Duldungsanspruch nicht erfüllt, obwohl sämtliche Entstehungs- und Ausübungsvoraussetzungen vorliegen und wenn die sonstigen Voraussetzungen des Verzugs (Mahnung oder ein mahnungsersetzender Tatbestand nach § 286 Abs. 2 BGB) gegeben sind. Umgekehrt kann der Duldungsverpflichtete für den Schaden ausgleichspflichtig sein, den eine pflichtwidrige Verzögerung des Benutzungsrechts verursacht hat.

3. Sicherheitsleistung. Wegen des mit der Erfüllung der Schadensersatzforderung verbundenen Risikos darf der Verpflichtete die Rechtsausübung nach § 17 von einer vorab zu erbringenden **Sicherheitsleistung** abhängig machen, wenn nach der Lebenserfahrung die Entstehung von Schäden nicht auszuschließen ist. Wegen der Einzelheiten wird auf die Erläuterungen zu § 23 verwiesen.

§ 20 Entschädigung

(1) Für die Duldung der Rechtsausübung nach § 17 ist der Nachbar durch eine Geldrente zu entschädigen. Die Rente ist jährlich im voraus zu entrichten.
(2) Die Höhe der Rente ist nach Billigkeit zu bemessen. Dabei sind die dem Berechtigten durch die Ausübung des Rechts zugute kommenden Einsparungen und der Umfang der Belästigung des Nachbarn angemessen zu berücksichtigen.

Erläuterungen

1. Nutzungsentschädigung. Mit der nachbarlichen Duldungspflicht legt § 17 Inhalt und Schranken des Eigentums fest (Art. 14 Abs. 1 Satz 2 GG). Daher ist die Zuerkennung eines der Verpflichtung korrespondierenden Entschädigungsrechts nicht zwingend (vgl. Art. 14 Abs. 3 Satz 2 GG). Gleichwohl entspricht die Entschädigungspflicht der Billigkeit, weil das Recht, das Nachbargrundstück zu benutzen, seinem Inhaber beträchtliche Vorteile einträgt und Kosten erspart. Entschädigt wird die **dauernde Benutzung** des Nachbargrundstücks; die durch die Herstellung oder Unterhaltung der Anlage verursachten Nachteile sind als Schäden nach § 19 auszugleichen. Die Entschädigungspflicht beginnt mit der Fertigstellung der Anlage. Soweit das Nachbargrundstück für deren Errichtung genutzt wird, sieht § 20 keine Entschädigung vor. Da die in § 17 begründete Duldungspflicht eine Unterart des allgemeinen Hammerschlags- und Leiterrechts ist, ist insoweit auf § 25 Abs. 1 zurückzugreifen, sodass bei einer mehr als zwei Wochen dauernden Errichtungszeit eine Entschädigung anfällt, in die auch die ersten beiden Wochen nicht einbezogen sind (§ 25, Erl. 1). Auf sie sind entspr. § 25 Abs. 2 die Ersatzleistungen anzurechnen, welche der Duldungsverpflichtete zum Ausgleich von Vermögensverlusten durch anderweitig entgangene Nutzungen erhalten hat (§ 25, Erl. 2.).

2. Entschädigungszahlung. Nach Abs. 1 ist die Dauernutzung durch **Geldrente** zu entschädigen. Für sie kann auf die zur Überbaurente nach §§ 912 Abs. 2, 913 BGB geltenden Grundsätze zurückgegriffen werden, sodass die Rente jährlich ausgezahlt wird. An Stelle der Rente kann eine Kapitalabfindung vereinbart werden. Die Rentenhöhe ergibt sich aus einer Abwägung der Vorteile des Berechtigten (Einsparungen) auf der einen und der Nachteile in Gestalt lange andauernder Belästigungen auf der anderen Seite (Abs. 2). Die Einsparungen orientieren sich zunächst an dem für die Anspruchsbegründung vorausschauend angestellten Kostenvergleich (§ 17, Erl. 3. d), stellen aber auf die tatsächlich eingesparten Kosten ab; diesen ist der fiktive Betrag gegenüberzustellen, den das Hochführen der Anlage auf dem eigenen Grundstück gekostet hätte. Abs. 1 bezeichnet über den eigentlichen Montageaufwand hinaus mit „Einsparungen" als pars pro toto sämtliche durch das Nutzungsrecht vermittelte Vorteile, sodass auch nicht als Geldbetrag auszudrückende Vergünstigungen ins Gewicht fallen. Bei diesen Feststellungen wird im Streitfall ein Sachverständiger helfen müssen. Insoweit entstehende Kosten sind als unmittelbar durch die Ausübung der Rechte aus § 17 verursachte Vermögensnachteile gem. § 19 zu ersetzen. Bei den **Belästigungen** als dem zweiten Rentenberechnungsfaktor kommt es nur auf die fortdauernden, durch die Existenz der Anlage nach § 17 Abs. 1 und die laufenden Maßnahmen nach § 17 Abs. 2 auftretenden Belästigungen an. Die im Zusammenhang mit dem erstmaligen Anbringen der Anlage erfolgte Benutzung wird analog § 25 Abs. 1 mit einer einmaligen Zahlung entschädigt (§ 25, Erl. 2). Gibt der Duldungsberechtigte die Anlage auf, endet seine Entschädigungspflicht.

Fünfter Abschnitt
Hammerschlags- und Leiterrecht

§ 21 Inhalt und Umfang

(1) Der Eigentümer und der Nutzungsberechtigte müssen dulden, dass ihr Grundstück zwecks Errichtung, Veränderung, Reinigung, Unterhaltung oder Beseitigung einer baulichen Anlage auf dem Nachbargrundstück vorübergehend betreten wird und dass auf oder über dem Grundstück Leitern oder Gerüste aufgestellt sowie die zu den Bauarbeiten erforderlichen Gegenstände über das Grundstück gebracht werden, wenn und soweit

1. **das Vorhaben anders nicht zweckmäßig oder nur mit unverhältnismäßig hohen Kosten durchgeführt werden kann und**
2. **die mit der Duldung verbundenen Nachteile und Belästigungen nicht außer Verhältnis zu dem von dem Berechtigten erstrebten Vorteil stehen.**

(2) Das Recht ist mit möglichster Schonung des Nachbargrundstücks auszuüben; es darf nicht zur Unzeit geltend gemacht werden.

Erläuterungen

1. Benutzungsrechte. Der Fünfte Abschnitt regelt die als „**Hammerschlagsrecht**“ zusammengefasste Befugnis, das Nachbargrundstück zum Zwecke der Errichtung, Änderung, Ausbesserung, Unterhaltung oder Beseitigung eigener baulicher Anlagen zu betreten und zur Vornahme der in Abs. 1 genannten Arbeiten zu nutzen (Kirchhof, ZfIR 2012, 777, 778) durch Begründung einer Duldungspflicht (zu dem in § 38 geregelten Sonderfall vgl. § 38, Erl. 1). Ergänzend verpflichtet und ermächtigt das „**Leiterrecht**“; es sichert die Ausübung des Hammerschlagsrechts durch das Recht auf dem Nachbargrundstück Leitern, Gerüste oder Gerätschaften aufzustellen (zum Sprachgebrauch und zur rechtsgeschichtlichen Entwicklung Dehner, B § 28 I). Das Hammerschlagsrecht setzt voraus, dass die mit seiner Hilfe auszuführende Maßnahme in öffentlich-, wie in privatrechtlicher Hinsicht einwandfrei ist (vgl. BGH, Urt. v. 2.6.2017, V ZR 196/16 Rn. 10 ff., GE 2017, 886 [Nachrüstung überbauter Wärmedämmung]; § 14a, Erl. 4). Beide, bei Baumaßnahmen im lokalen Innenbereich praktisch wichtigen Nachbarberechtigungen folgen nicht aus einem gesetzlichen Schuldverhältniss (Dehner, B § 28 Fn. 1). Sie sind als Ausdruck des nachbarschaftlichen Gemeinschaftsverhältnisses Inhalts- und Schrankenbestimmung nach Art. 14 Abs. 1 Satz 2 GG (vgl. ThürVerfGH OLG-NL 2001, 140). Hammerschlags- und Leiter-Recht sind aus gesetzlichen Duldungspflichten abgeleitet. § 21 enthält eine allgemeine Regelung des Hammerschlags- und Leiterrechts; einen Sonderfall dieser Berechtigungen betrifft § 17, soweit es um die Benutzung des Nachbargebäudes für das Hochführen von Lüftungsschächten, Antennen- und Abgasanlagen geht. Muss das Nachbargrundstück zur Ausführung einer Verwaltungsmaßnahme an einem Gegenstand gemeinschaftlichen Eigentums (z.B. Nachbarwand) oder einer Grenzeinrichtung (§ 922 BGB) gemäß § 745 Abs. 2 BGB benutzt werden, ergibt sich die Duldungspflicht unmittelbar aus dem Gemeinschaftsrecht, sodass auf § 21 nicht zurückzugreifen ist (BGH, NJW 2008, 2032, Rn. 19). Ist für die Arbeiten die Nutzung einer **öffentlichen Zwecken gewidmete Fläche** erforderlich, gilt Abs. 1 nur nach Maßgabe insoweit geltender verwaltungsrechtlicher Normen (§ 2 Abs. 2 Satz 1); beeinträchtigt die Maßnahme den Gemeingebrauch an der öffentlichen Landesstraße nicht oder nur kurzfristig für die Zwecke öffentlicher Versorgung (z.B. Anschluss an das Er- oder Entsorgungsleitungsnetz), gilt nach § 23 Abs. 1 ThürStrG bürgerliches Recht. Für die Ausübung des Hammerschlagsrechts ist allenfalls für geringfügige privatnützige Ausbesserungen an einer Wand oder Mauer der Anliegergebrauch (§ 7 Abs. 1 BFStrG, § 14 Abs. 3 ThürStrG) nicht überschritten ist (vgl. VG Mainz BeckRS 2016, 52908)). Stets bedarf die beabsichtigte Sondernutzung der Straßenfläche der Erlaubnis der Straßenbaubehörde, in Ortsdurchfahrten der Erlaubnis der Gemeinde mit Zustimmung des Trägers der Straßenbaulast (§ 8 Abs. 1, § 5 BFStrG, § 42 LStrG Rh.-Pf.). Eine solche Erlaubnis kann mit Bedingungen oder Auflagen verbunden sein und ist gebührenpflichtig.

2. Rechtsträger. Inhaber des **Duldungsanspruchs** ist der Eigentümer des Grundstück, auf dem die betroffene bauliche Anlage sich befindet (Stammgrundstück) bzw. der ihm gem. § 1 Abs. 1 gleichgestellte Personenkreis. Die **Duldungspflicht** trifft Eigentümer und Nutzungsberechtigte des Nachbargrundstücks. Bei Miteigentum ist jeder Miteigentümer berechtigt, das Recht auszuüben (§ 1011 BGB). Bei Wohnungseigentum begründet § 14 WEG die Pflicht, das Betreten und Benutzen des Sondereigentums oder eines Sondernutzungsrechtsbereichs zu dulden, wenn dies zur Instandsetzung oder Erhaltung des gemeinschaftlichen Eigentums oder eines anderen Sondereigentums/Sondernutzungsrechts erforderlich ist. Bei einer auf einem Grundstück befindlichen Mehrhausanlage können Duldungsberechtigte bzw. -verpflichtete die Wohnungseigentümer jeweils eines Hauses sein, an dem ihnen ein gemeinschaftliches Sondernutzungsrecht zusteht; diese Gemeinschaft ist nicht identisch mit der für die Verwaltung des Gesamt-Gemeinschaftseigentums nach § 10 Abs. 6 WEG rechtsfähigen Sondereigentümergemeinschaft (Hügel, DNotZ 2007, 326, 333, 337). Der Eigentümer des Stammgrundstücks ist für die bei Ausübung des Hammerschlagsrecht verursachten Beeinträchtigungen nicht Störer.

3. Rechtsausübungsvoraussetzungen.

a) Nutzungsbedarf. Grund der Inanspruchnahme des Nachbargrundstücks sind Arbeiten, welche zur Errichtung, Veränderung, Reinigung, Unterhaltung oder Beseitigung einer **auf dem Stammgrundstück** befindlichen baulichen Anlage erforderlich sind. Mit dieser weiten Aufzählung erfasst Abs. 1 Bau- und Instandsetzungsmaßnahmen, Hoch- und Tiefbauarbeiten aller Art, die zur ordnungsgemäßen Errichtung oder Erhaltung einer baulichen Anlage erforderlich sind; hierzu gehören neben funktions- und substanzerhaltenden Maßnahmen sowie Arbeiten zur Herstellung eines den heutigen Erfordernissen und Anschauungen entsprechenden Zustands. § 21 ermächtigt auch zu Energiesparmaßnahmen. Die Frage, ob § 21 dazu auch ein Überbaurecht begründet (vgl. Kirchhof, ZfIR 2012, 777, 780 f.; negativ BGH, Urt. v. 2.6.2017, V ZR 196/16, BeckRS 2017, 115841 zu § 16a NachbG Berlin) ist für Bestandsbauten durch § 14a in der Fassung des Gesetztes vom 8.3.2016 positiv und damit für Neubauten, soweit für sie die Vorgaben der Energiesparverordnung hätten beachten müssen, negativ geregelt (§ 14a, 1. dort auch zu den gegen Landesrecht insoweit auf Art. 31 GG beruhenden Bedenken). § 21 dürfte auch objektiv nicht gebotene Schönheitsreparaturen, z. B. einen neuen Außenanstrich einschließen (anders BGH, NZM 2013, 243 für die engere Regelung in § 24 NachbG NW). Typische Anwendungsfälle sind Verputz- oder sonstige Ausbesserungsarbeiten an einer Grenzwand oder Sanierungs- und Trockenlegungsarbeiten an einer feuchten Außenwand (Thür. OLG Urt. v. 10.8.2000 – 1 U 1608/99). § 21 erlaubt Arbeiten an baulichen Anlagen jeder Art; erfasst ist jedes auf dem Grundstück des Berechtigten stehende Bauwerk einschließlich eines berechtigten Überbaus (BGH, NJW 2011, 1069, Rn. 38, 36 f.) mithin Garagen, Abgrenzungsmauern, Stellplätzen oder sonstigen mit dem Erdboden fest verbundenen, aus Bauprodukten hergestellten Anlagen. Zu dulden sind auch Maßnahmen, welche wie Stützmaßnahmen an einem dritten Gebäude oder Erdanker zur Stabilisierung der Baugrube dem Bauvorhaben nur mittelbar dienen (OLG Stuttgart, NJW 1994, 739; OLG Schleswig, SchlHA 1982, 58; Kirchhof, ZfIR 2012, 777, 781 f.).

b) Zutrittsrecht. Abs. 1 befugt zum **Betreten des benachbarten Grundstücks**. Soweit eine der in Abs. 1 genannten Arbeiten Maßnahmen unter der Erdoberfläche gebietet, sind auch sie zu dulden; andernfalls kann auf das nachbarrechtliche Gemeinschaftsverhältnis zurückgegriffen werden. Entsprechendes gilt für den Kranüberflug (Kirchhof, ZfIR 2012, 777, 778 f.). Abs. 1 erfasst auch das Betreten von Gebäuden, jedoch grds. mit Ausnahme der durch Art. 13 GG geschützten Wohnungen (a. M. Dehner, B § 28 I 4 g; zum Meinungsstand s. Kirchhof ZfIR 2012, 777, 778). Ist das Recht aus § 21 ohne ein Betreten von Wohnräumen des Nachbarn nicht realisierbar, muss der Nachbar aufgrund des nachbarlichen Gemeinschaftsverhältnisses bei strikter Wahrung des Verhältnismäßigkeitsprinzips auch seine Wohnräume einschließlich der Arbeits-, Betriebs- und Geschäftsräume zugänglich machen; in diesem Umfang erstreckt sich § 21 auch auf Mietwohnungen, wobei es zu den Nebenpflichten eines Mieters gehört, die damit verbundenen Einwirkungen zu dulden; die Vorgaben des Abs. 2 sind hier streng zu beachten.

c) Benutzungsrecht. § 21 gewährt einen materiellen, auf Duldung gerichteten **Anspruch** (s. o. 1.). Gegen den Eigentümerwillen bedarf es eines **Duldungstitels**. Dazu ist bereits im Klageantrag die beabsichtigte Inanspruchnahme des Nachbargrundstücks genau und vollständig zu beschreiben; das Duldungsurteil muss unter der Bedingung der Wahrung der Anzeigefrist stehen, wogegen die Wahrung der Anzeigeförmlichkeiten sich aus der Verurteilung ergibt (BGH, NZM 2013, 243, Rn. 16 f.). Ein Betreten oder Benutzen des Nachbargrundstücks gegen den Willen des Nachbarn ohne Duldungstitel ist abgesehen vom Fall eines Notstandes i. S. des § 904 BGB, z. B. bei Brand oder bei schweren Unwetterschäden, als verbotene Eigenmacht (§ 858 Abs. 1 BGB) rechtswidrig; der Nachbar darf dies gem. §§ 859 Abs. 1 BGB, 862 Abs. 1 BGB abwehren, ohne dass einer Besitzstörungsklage mit dem Hinweis auf ein nach § 21 begründetes Recht begegnet werden kann. (OLG Karlsruhe NJW-RR 1993, 91). Außerdem kann der unberechtigte Aufenthalt auf dem Nachbargrundstück als „eingefriedetem Besitztum“ i. S. d. § 123 Abs. 1 StGB als Hausfriedensbruch strafbar sein. Die Wahrung der Anzeigefrist (§ 22) ist Bedingung der Vollstreckungsklauselerteilung und gem. § 726 ZPO durch öffentliche Urkunde nachzuweisen (BGH, NZM 2013, 243, Rn. 17). Materiell erlaubt Abs. 1 als eng auszulegende Eingriffsnorm als **Vorbereitungsmaßnahmen** der auf dem Stammgrundstück auszuführenden Arbeiten die Nutzung des Nachbargrundstücks zum Antransport, der Zwischenlagerung und dem Aufstellen von Leitern oder Gerüsten, auch durch Fahrzeuge, z.B. Betonmischer oder Baukran, sofern unmittelbar zur Durchführung der Bauarbeiten eingesetzt werden müssen. § 21 berechtigt sodann, während der **Durchführung** die auf das Nachbargrundstück verbrachten Gerätschaften bestimmungsgemäß zu benutzen. Das Benutzungsrecht besteht auch für auf dem Stammgrundstück stationierte Baumaschinen, sowie für das kurzfristige Lagern von Baumaterial bzw. Bauschutt; begründet ist also kein sog. Schaufelschlagsrecht, welches das längerfristige Ablagern von Aushub gestattete (a.A. Ring NotBZ 2008, 1, 2). Dagegen unterfällt das Überschwenken mit einem Baukran § 21 (Kirchhof, ZfIR 2012, 777, 778). Von § 21 erfasst sind auch die als Teil der eigentlichen Bauarbeiten erforderlichen Vorbereitungen, so das **Ausheben einer Baugrube** oder deren Erweiterung über die Grundstücksgrenze (BGH, VersR 1980, 651; OLG Braunschweig, NdsRpfl. 1971, 231; enger OLG Düsseldorf, MDR 1992, 53). Bei Trockenlegungsarbeiten an einer Grenzwand beruht hierauf die Verpflichtung, ausnahmsweise das Ausheben einer Baugrube, die Verlegung einer Drainage und das Einbringen von Kies zu dulden, wenn sonst die Substanz der Mauer nicht zu erhalten wäre (Thür. OLG Urt. v. 10.8.2000, 1 U 1608/99). § 21 kann ferner berechtigen, auf dem betroffenen Grundstück vorübergehend einen Zaun oder ein ähnliches Hindernis zu entfernen, wenn die notwendigen Arbeiten sonst nicht durchführbar wären (AG St. Wendel Urt. v. 30.6.1998 – 15 C 1039/95). Dieses Recht ist verbunden mit der Pflicht, nach Beendigung der Arbeiten den ursprünglichen Zustand auf eigene Kosten wieder herzustellen. Abs. 1 berechtigt aber nicht zu Eingriffen in die Grundstücks- oder Gebäudesubstanz.

d) Duldungspflicht. § 21 verpflichtet **nur zur Duldung** im Sinn der Hinnahme der von Abs. 1 erfassten Zustände und Maßnahmen, nicht zu einem dem Berechtigten vorteilhaften Tun. So muss der Nachbar auf seinem Grundstück keine Einrichtungen verändern oder beseitigen, die bei der Ausübung des Hammerschlags- und Leiterrechts stören, oder das Verbringen solcher Einrichtungen auf sein Grundstück vorbeugend unterlassen (BayObLGZ 1996, 10). In seltenen Ausnahmefällen kann aufgrund des nachbarschaftlichen Gemeinschaftsverhältnisses der Nachbar zu aktiver Mithilfe bei der Wahrnehmung des Rechts aus § 21 verpflichtet sein. Zuzahlungen zu den Maßnahmekosten schuldet der Duldungspflichtige nicht; etwas anderes kann sich bei in Gemeinschaftseigentum stehenden Gegenständen oder bei Grenzeinrichtungen aus § 748 BGB i. V. m. § 922 S. 4 BGB ergeben (BGH, NJW 2008, 2032, Rn. 17).

4. Verhältnismäßigkeit.

a) Zweckmäßigkeit. § 21 gewährt das Hammerschlags- und Leiterrecht nur als ultima ratio, indem es an das **Prinzip des geringstnötigen Eingriffs** (Abs. 1 Nr. 1 i.V.m Abs. 2) und an einen streng einzuhaltenden Verhältnismäßigkeitsgrundsatz geknüpft ist (Abs. 1 Nr. 2). Für die Notwendigkeit der Inanspruchnahme der Rechte aus § 21 kommt es auf das Ergebnis eines Zweck-/ Mittel- oder eines Kostenvergleichs an, indem Nr. 1 voraussetzt, dass das Vorhaben auf andere Weise nicht zweckmäßig oder nur mit unverhältnismäßig hohen Kosten durchzuführen ist. Die **Zweckmäßigkeit** beurteilt sich gemäß den Umständen des Einzelfalls nach technischen Gesichtspunkten. Es kommt auf den Umfang der Maßnahme und darauf an, ob sie ohne Inanspruchnahme des Nachbargrundstücks erheblich länger dauerte und in der Gesamtdurchführung erheblich erschwert, insbesondere für die mit den Arbeiten betrauten Personen mit höheren Gefahren verbunden wäre. Nicht ausreichend ist, dass weniger umfangreiche Arbeiten sonst einfacher und rascher beendet werden könnten. **Unverhältnismäßig hohe Kosten** drohen bei grobem Missverhältnis zwischen den Realisierungsalternativen mit und ohne Inanspruchnahme des Rechts aus § 21; das zur Kostenrelation beim Hochführen von Abgasanlagen Gesagte (§ 17, Erl. 3 d) gilt hier entsprechend. In den Kostenvergleich sind zu den Arbeits- und Materialkosten, sowie zu den Kosten etwa erforderlicher Schutzvorkehrungen auch der dem Nachbarn nach § 23 zu leistende Schadensersatz und die nach § 25 zu zahlenden Entschädigung einzustellen. Die Mehrkosten müssen in einem so erheblichen Missverhältnis zu den sonst anfallenden Kosten stehen, dass diese Ausführungsart als wirtschaftlich nicht mehr vertretbar angesehen werden muss. Es genügt, wenn einer der in Nr. 1 genannten Gründe vorliegt. Ist es zweckmäßig, für die Arbeiten das Leiterrecht einzusetzen, kommt es auf den Kostenvergleich nicht an.

b) Nutzungsvorteil. Die über § 21 angestrebten Vorteile müssen ein **angemessenes Verhältnis** zu den für den Nachbarn zu erwartenden **Nachteilen und Belästigungen** wahren (**Nr. 2**). Dazu sind zunächst einerseits Art und Umfang der Inanspruchnahme des Nachbargrundstücks bei Inanspruchnahme des Rechts aus § 21 festzustellen sowie andererseits zu ermitteln, ob, in welcher Weise und mit welchem Aufwand die beabsichtigten Arbeiten ohne dieses Recht zu erledigen wären. Der anschließende Aufwands-, Belastungs- und Ertragsvergleich muss sich an den Gegebenheiten des Einzelfalls orientieren und ist weitgehend von Billigkeitserwägungen bestimmt. Diese sind aus der Sicht eines Dritten unter Einbezug der Belegenheit der Grundstücke und nach der nicht zuletzt durch örtliche Usancen bestimmten Verkehrsanschauung vorzunehmen. Dabei können zugunsten des Betroffenen auch immaterielle Aspekte ins Gewicht fallen; zu ihnen gehört nicht eine emotionale Störung der Nachbarbeziehung. Nicht Gegenstand der Abwägung sind die bei Wahrnehmung des Rechts dem Betroffenen zustehenden Ansprüche aus § 23.

c) Schonungsgrundsatz. Das in **Abs. 2** statuierte **Prinzip der geringstnötigen Inanspruchnahme** gilt für die **Ausübung** des Hammerschlags- oder Leiterrechts, kommt aber auch in den Voraussetzungen der Duldungspflicht zum Ausdruck. Sind die Rechte mit möglichster Schonung auszuüben, darf das Nachbargrundstück nur im unvermeidlichen Umfang **betreten** werden; ein Daueraufenthalt scheitert jedenfalls an Abs. 2. Auch dürfen die Arbeiten nicht zu einem Zeitpunkt begonnen werden, der die Nutzung des Nachbargrundstücks erheblich stört (**Unzeit**), sofern zu einer anderen Zeit diese Störung nicht zu besorgen ist. Der Berechtigte muss alles tun, um die Arbeiten zu beschleunigen; die nach § 25 bei längerer Nutzung des Nachbargrundstücks zu zahlende Entschädigungspflicht besagt nichts für die zulässige Dauer der Inanspruchnahme. Ferner ist für die Arbeiten ein Zeitpunkt zu wählen, der den Duldungspflichtigen möglichst wenig beeinträchtigt. So ist z. B. die Inanspruchnahme eines landwirtschaftlich oder gärtnerisch genutzten Grundstücks möglichst auf die Zeit nach dem Abernten zu verlegen. Ein gastronomisch genutztes Grundstück darf von dringenden Fällen abgesehen für die Rechte aus § 21 nur außerhalb der Saison benutzt werden. Ihrem **Umfang** nach sind die Arbeiten auf dem Nachbargrundstück auf ein Mindestmaß zu reduzieren. Es sind ausreichende Vorkehrungen zur Minderung der Nachteile und Belästigungen zu treffen. Geboten sind schalldämpfenden Maßnahmen und der Einsatz entsprechender Maschinen, wie den eingesetzten Maschinen dem Stand der Technik zu entsprechen haben. Bei mit besonderer Staubentwicklung verbundenen Arbeiten ist die Baustelle zu verhängen, gegen herabfallende Steine, Bauschutt usw. ist ein Schutzgerüst anzubringen. Der Duldungstitel (§ 17, Erl. 2.) kann die Verpflichtung durch Ausführungsauflagen spezifizieren. Das Erfordernis des geringstnötigen Eingriffs gilt für die Auswahl der die Arbeit **ausführenden Personen** dergestalt, sodass zuverlässige und leistungsfähige Fachkräfte einzusetzen sind, wenn nicht Art und Umfang der Arbeiten eine Erledigung durch den Berechtigten selbst oder nicht besonders qualifizierte Hilfskräfte zulassen; zur Bekämpfung von Schwarzarbeit eignet sich § 21 allenfalls mittelbar, indem dem Duldungspflichtigen nachzuweisen ist, dass die Bauarbeiten nicht durch Eingriffe von Kontrollbehörden unterbrochen werden können. Mit dem Verweis auf den Schadensersatzanspruch nach § 23 muss der betroffenen Nachbar sich nicht zufrieden geben. In Ausnahmefällen kann das Prinzip des schonendsten Eingriffs dazu führen, dass der Berechtigte das Nachbargrundstück nicht selbst betreten darf, sondern sein Recht delegieren muss (Kirchhof, ZfIR 2012, 777, 780). Sind für die Arbeiten bau- oder sonstige öffentlich-rechtliche Vorgaben einzuhalten und sind diese nicht gewahrt, steht jedenfalls Abs. 2 ihrer Durchführung entgegen, denn es ist dann damit zu rechnen, dass der über § 21 herbeigeführte Zustand keine Dauer hat. So sind die Arbeiten nur zu dulden, wenn die **nach Baurecht einwandfrei** sind, mithin die notwendige Bau- oder Abbruchgenehmigung gem. §§ 80 VwGO, 212a BauGB vollziehbar vorliegt oder wenn im Fall der Genehmigungsfreiheit die Vorgaben des Baurechts gewahrt sind (§ 17 Rn. 1; Kirchhof, ZfIR 2012, 777, 779). Das Streitgericht prüft dies als öffentlich-rechtliche Vorfrage bei Feststellungslast des Anspruchsstellers. Nur wenn sämtliche hier genannten Voraussetzungen erfüllt sind, steht der Wahrnehmung des Hammerschlags- und/oder Leiterrechts nichts entgegen. Sind die Arbeiten teilbar, kann das Recht insoweit bestehen, als die für die Gesamtarbeiten nicht gegebenen Voraussetzungen für diesen Teil dem Gebot des geringstnötigen Eingriffs genügen.

§ 22 Anzeigepflicht

Die Absicht, das Nachbargrundstück zu benutzen, ist mindestens zwei Wochen vor Beginn der Benutzung dem Eigentümer und dem Nutzungsberechtigten dieses Grundstücks anzuzeigen. § 6 Abs. 3 findet entsprechende Anwendung.

Erläuterungen

1. Notifikation. § 22 erkennt an, dass die nach § 21 Abs. 1 Duldungsverpflichteten wissen müssen, dass, wofür, in welchem Umfang, wann und für welchen Zeitraum das Dienst-Grundstück herangezogen werden soll. Das Duldungsrecht ist so um eine **Anzeigepflicht** ergänzt; für Notfälle trifft § 24 eine Sonderregelung. Mitzuteilen sind Tag und Uhrzeit des Arbeitsbeginns sowie alle Einzelheiten, die der Nachbar kennen muss, um den Umfang der Inanspruchnahme und die Beachtung des Gebots der geringstnötigen Beeinträchtigung einschätzen und etwaige Einwendungen erheben zu können (BGH, NZM 2013, 243,

Rn. 13; weniger streng: Kirchhof ZfIR 2012, 777, 779). Die Beachtung der Anzeigepflicht ist Voraussetzung für die Ausübung des Duldungsanspruchs, nicht des Anspruchs selbst (BGH, NZM 2013, 243, Rn. 15). Sie muss im Streitfall nachgewiesen werden. Haben die Anzeigeadressaten sich innerhalb einer in der Anzeige gesetzten angemessenen Stellungnahmefrist nicht negativ geäußert, kann das Hammerschlags- und Leiterrecht ohne Weiteres ausgeübt werden (BGH, NZM 2013, 243, Rn. 15).

2. Anzeigeverpflichtung. Anzeigepflichtig ist, wer als Eigentümer des Stammgrundstücks oder als daran Nutzungsberechtigter die Rechte aus § 21 in Anspruch nehmen will. Da die Anzeige lediglich einen Rechtsvorteil verschafft, bedarf es für sie nicht der vollen Geschäftsfähigkeit (§ 107 BGB). **Adressat** der Anzeige ist der Eigentümer des Dienst-Grundstücks bzw. der ihm nach § 1 gleichgestellte Personenkreis (§ 1). Bei Miteigentum nach § 1008 BGB ergibt sich aus dem nach § 1011 BGB jedem Miteigentümer zustehenden Abwehranspruch das Erfordernis einer entsprechenden Anzeige. Gleiches könnte wegen § 2039 BGB für die Miterbengemeinschaft gelten. Hier schafft die Verweisung auf § 6 Abs. 3 Erleichterung (§ 6, Erl. 5). Sofern der Anzeigepflichtige die Rechtsverhältnisse am Nachbargrundstück nicht hat (vollständig) ermitteln können, sollte beim Vorhandensein von Nutzungsberechtigten die Anzeige an diese als unmittelbare Besitzer geschickt werden. Soll das Gemeinschaftseigentum einer Wohnanlage genutzt werden, wird die Anzeige nach § 27 Abs. 3 Nr. 1 WEG an den Verwalter gerichtet. Im Fall einer gesetzlichen Vertretung ist die Nutzungsabsicht dem gesetzlichen Vertreter, z. B. Betreuer bei Betreuung in Vermögensangelegenheiten, anzuzeigen; ist über das Vermögen der an sich zu unterrichtenden Person ein Insolvenzverfahren eröffnet, ist Anzeigeadressat der Insolvenzverwalter. Ist die zu unterrichtende Person unbekannten Aufenthalts oder sonstwie auch über einen Vertreter (z.B. Abwesenheits- oder Nachlasspfleger) nicht alsbald erreichbar, geht die Anzeige an den unmittelbaren Besitzes des Grundstücks (Satz 2 i. V. m. § 6 Abs. 3). Die Anzeige ist eine rechtsgeschäftsähnliche Willenserklärung (§ 6, Erl. 2). Obwohl für sie keine Formvorschrift besteht, wird der Umfang der Informationen i.a.R. die Wahrung der Textform (§ 126b BGB) gebieten. Die Zwei-Wochen-Frist des Satz 1 beginnt mit dem Zugang der Anzeige beim Berechtigten (§ 6 Rn. 5). In besonderen Fällen kann die Zwei-Wochen-Frist unterschritten sein, wenn nämlich der Arbeitsbedarf sich plötzlich ergeben hat und die Ausbesserungen (auch zur Verhinderung von Ansprüchen aus § 1004 Abs. 1 BGB) dringend sind, ohne dass ein Fall des § 24 vorliegt.

§ 23 Schadensersatz

Schaden, der bei der Ausübung der Rechte nach § 21 dem Eigentümer oder Nutzungsberechtigten des Nachbargrundstücks entsteht, ist ohne Rücksicht auf Verschulden zu ersetzen. Auf Verlangen ist Sicherheit in Höhe des voraussichtlichen Schadensbetrages zu leisten; in diesem Falle darf das Recht erst nach Leistung der Sicherheit ausgeübt werden. Die Sicherheit kann in einer Bankbürgschaft bestehen.

Erläuterungen

1. Haftungstatbestand. Verursacht die Ausübung eines Rechts nach § 21 Abs. 1 **Schäden** am betroffenen Grundstück, sind diese dem Eigentümer des Dienst-Grundstücks, bzw. einer in ihrem Nutzungsrecht beeinträchtigten Person zu ersetzen. § 823 BGB scheidet als Anspruchsgrundlage aus, weil die Schadensursache wegen Vorliegens der Voraussetzungen des § 21 nicht rechtswidrig ist (anders bei Anbau an eine Nachbarwand, vgl. § 5, Erl. 7). Satz 1 enthält daher einen eigenständigen landesrechtlichen Haftungstatbestand. Dieser übernimmt die Grundsätzen der **Gefährdungshaftung** (ebenso §§ 19, 28, 30 Abs. 2, § 31 Abs. 2, § 38 Abs. 2), welche sich an der Rechtsausübung orientieren und nicht davon abhängen, ob der Schaden bei Einsatz gehöriger Umsicht hätte vermieden werden können. Der Anspruch aus Satz 1 kann mit dem Ersatzanspruch aus § 904 Satz 2 BGB konkurrieren, wenn es um Schäden geht, welche bei Ausübung des Leiter- oder Hammerschlagsrechts in einer Notstandslage nach § 904 BGB entstanden sind. Im Ergebnis ist es unerheblich, ob der Anspruch aus § 904 Satz 2 BGB dem aus § 23 Satz 1 vorgeht.

2. Schuldner. Schadensersatzpflichtig ist, wer im Einzelfall das Recht aus § 21 ausgeübt hat. **Anspruchsinhaber** ist der Eigentümer des betroffenen Grundstücks; wird dieses aufgrund eines Rechtsverhältnisses von einem Dritten genutzt und ist dessen Nutzungsbefugnis beeinträchtigt, ist auch der Dritte Gläubiger nach § 23. Einer Drittschadensliquidation durch den Eigentümer bedarf es nicht.

3. Schaden. Der **Haftungsumfang** richtet sich nach den allgemeinen Vorschriften (§§ 249 ff. BGB). Zu ersetzen ist neben dem Sachschaden auch ein Vermögensschaden, z. B. infolge Nutzungsbeeinträchtigung durch Miet- oder Pachtausfall aufgrund von Minderungsrechten (vgl. § 25 Abs. 2; § 25, Erl. 3) oder infolge Hinzuziehung eines Sachverständigen (s. u. 6.). § 23 erfasst nur die in Ausübung des Rechts nach § 21 entstandenen Nachteile, nicht den bei Gelegenheit dieser Rechtsausübung angerichteten Schaden, wie z. B. Eigentumsverlust durch Diebstähle oder Zerstörungen, welche nichts mit der zu Wahrnehmung des Hammerschlagsrechts zu tun haben, auch wenn sie ohne diese unterblieben wären. Insoweit gelten die allgemeinen Bestimmungen (§§ 823 ff., 831 BGB). Bei Mitverursachung durch den Geschädigten ist § 19 Abs. 1 Satz 2 entsprechend anzuwenden. Der Nutzungsberechtigte kann seinerseits einen Anspruch auf Schadensersatz nach § 286 BGB haben, wenn der Nachbar seiner Duldungspflicht nicht nachkommt, obwohl sämtliche Entstehungs- und Ausübungsvoraussetzungen vorliegen und wenn die sonstigen Voraussetzungen des Verzugs (Mahnung oder ein mahnungsersetzender Tatbestand nach § 286 Abs. 2 BGB) gegeben sind.

4. Sicherheitsleistung. Wegen des mit der Erfüllung der Schadensersatzforderung verbundenen Risikos darf nach **Satz 2** der Verpflichtete die Rechtsausübung nach § 21 von einer **vorab zu stellenden Sicherheit** abhängig machen, wenn nach der Lebenserfahrung die Entstehung von Schäden nicht auszuschließen ist. Im Interesse des Verpflichteten ist hier großzügig zu verfahren, sodass ein Recht auf Sicherheit nur dann nicht besteht, wenn mit überwiegender Wahrscheinlichkeit Schäden nicht oder nur im Bagatellbereich entstehen werden. Sicherheitsleistung kann jeder fordern, dem durch die Ausübung des Leiter- oder Hammerschlagsrechts ein nach Satz 1 zu ersetzender Schaden entstehen kann. Zur Abwendung einer gegenwärtigen Gefahr dürfen Hammerschlags- und Leiterrecht ohne Sicherheitsleistung ausgeübt werden (§ 24). Die **Höhe** der Sicherheit ergibt sich aus einer wiederum nicht kleinlich vorzunehmenden Schätzung realistisch möglicher Schäden. Insoweit entstehende Kosten (z.B. für ein Sachverständigengutachten) sind als unmittelbar durch die Ausübung der Rechte aus § 21 verursachte Vermögensnachteile gem. Satz 1 zu ersetzen. Bis zur Erbringung der Sicherheitsleistung hat der Duldungspflichtige ein Leistungsverweigerungsrecht (insofern ist Satz 2 ein Anwendungsfall des § 273 Abs. 3 BGB). Die **Art** der **Sicherheit** bestimmt der Leistungsverpflichtete. Sie richtet sich nach § 232 Abs. 1 BGB. Die Bankbürgschaft ist nicht nur subsidiär (§ 232 Abs. 2 BGB), sondern gleichberechtigt neben den anderen Sicherungsformen zugelassen.

§ 24 Gefahr im Verzug

Ist die Ausübung des Rechts nach § 21 zur Abwendung einer gegenwärtigen Gefahr erforderlich, so entfällt die Verpflichtung zur Anzeige nach § 22 und zur Sicherheitsleistung nach § 23 Satz 2.

Erläuterungen

1. Notmaßnahmen. § 24 entbindet in **Notfällen** von der Pflicht zur Vorabanzeige der auf der Grundlage des § 21 beabsichtigten Nutzung des Nachbargrundstücks sowie von einer vorherigen Stellung einer Sicherheit. Liegen ein wirklicher Notfall und eine schwerwiegende Gefahrenlage vor, kann der Nachbar billigerweise auch nicht auf einer Minimalinformation oder der Verkürzung der Anzeigefrist oder einer Teilsicherheit bestehen. Hier ist dem Nachbarn die Bereitstellung seines Grundstücks mit Verzicht auf die Rechte aus §§ 22, 23 Satz 2 zumutbar.

2. Notlage. § 24 verlangt eine Sachlage, in welcher das Nachbargrundstück **gegenwärtig mit erhebliche Schäden** bedroht ist. Gegenwärtig ist die Gefahr, wenn ein Schadenseintritt so unmittelbar droht, dass es unzumutbar ist, die Abhilfearbeiten bis zur Erledigung der Formalitäten nach §§ 22, 23 Satz 2 hinauszuschieben. Erheblich ist die Gefahr, wenn ein Schaden in einem Umfang droht, der es verbietet, auf der Vorabberfüllung der Rechte aus §§ 22, 23 Satz 2 zu bestehen. Die von § 24 vorausgesetzten Situationen treten typischerweise nach Unwettern oder Unglücken ein, wo es gilt, weitere Schäden z.B. an der

Dachbedeckung oder durch Einsturz einer Grenzwand zu verhindern. Aus dem nachbarschaftlichen Gemeinschaftsverhältnis kann die Obliegenheit zu nachträglicher Unterrichtung darrüber folgen, für welche Arbeiten das Nachbargrundstück in Anspruch genommen wurde.

§ 25 Entschädigung

(1) Wer ein Grundstück länger als zwei Wochen gemäß § 21 benutzt, hat für die ganze Zeit der Benutzung eine angemessene Entschädigung zu zahlen; diese ist in der Regel so hoch wie die ortsübliche Miete für einen dem benutzten Grundstücksteil vergleichbaren gewerblichen Lagerplatz.
(2) Auf die nach Absatz 1 zu zahlende Entschädigung sind Schadensersatzleistungen nach § 23 für entgangene anderweitige Nutzung anzurechnen.

Erläuterungen

1. Ausgleich. Nach Abs. 1 ist in Konkretisierung des nachbarschaftlichen Gemeinschaftsverhältnisses die Nutzung des Nachbargrundstücks bis zu einer Dauer von zwei Wochen unentgeltlich. Diese Frist ist als Abfolge von Tagen zu verstehen. Sie läuft für jeden selbstständigen Nutzungsvorgang neu. Ob es sich um die Fortsetzung einer begonnenen Indienstnahme oder um eine Nutzung zu anderen Zwecken handelt, hängt von dem Gesamtbild der Inanspruchnahme ab. Die Freistellung für zwei Wochen soll auch den Berechtigten anhalten, die Nutzung des Nachbargrundstücks zu beschleunigen und auf den unbedingt notwendigen Umfang zu beschränken. Für die danach folgende Zeit steht dem/den Duldungspflichtigen für die Gesamtzeit der Benutzung einschließlich der ersten beiden Wochen ein Anspruch auf Entschädigung zu.

2. Umfang. Die **Höhe der Entschädigung** entspricht der ortsüblichen Miete für eine dem benutzten Grundstücksteil vergleichbare Fläche. Dabei geht es um die konkrete Nutzungsart, meist wird es auf das Lagern und Abstellen von Gegenständen ankommen. Gibt es keine Vergleichsgrößen, wird die Miete auch durch Heranziehung von Preisvergleichen mit Lagerplätzen aus benachbarten Bereichen ermittelt, wenn diese nach ihrer Struktur mit demjenigen vergleichbar sind, in dem das betroffene Grundstück liegt. Mangels verwertbarer Anhaltspunkte, ist auf eine örtliche Gebührensatzung über die nach Landes- oder Gemeinderecht für eine Sondernutzung an öffentlichen Straßen zu entrichtende Gebühr zurückzugreifen (OLG Schleswig, SchlHA 1982, 58). Die Entschädigung ist durch einmalige Zahlung zu erbringen. Für ein Rentenrecht i. S. d. § 20 besteht hier kein Anlasse, weil die Duldung in aller Regel nur für kurze Zeiträume zu leisten ist.

3. Nutzung und Schaden. Grund der Entschädigung ist die Indienstnahme des Nachbareigentums als solche, nicht der Ausgleich von duldungsbedingten Vermögensnachteilen. Insofern besteht die Entschädigungspflicht neben dem Schadensersatzanspruch nach § 23. Soweit dieser einen konkreten Nutzungsausfall umfasst (§ 23, Erl. 3.), wird ein Schaden ausgeglichen. Abs. 2 geht davon aus, dass die Schadenshaftung in Anlehnung an § 252 BGB auch die Erstattung des Ausfalls anderweitig möglicher Nutzungen einschließt. Eine doppelte Entschädigung soll der Duldungsverpflichtete nicht erhalten. Daher ist eine nach § 23 als Schadensersatz geleistete Nutzungsausfallentschädigung auf die Entschädigung nach § 25 anzurechnen (Abs. 2). Von dieser Anrechnung unberührt bleiben alle Schadensersatzleistungen, deren Grund nicht Unbenutzbarkeit des Grundstücks ist. Anzurechnen sind die Schadensersatzleistungen auch dann, wenn sie eine über das abstrakt nach der Ortüblichkeit berechnete Nutzungsentgelt hinausgehen, z.B. weil der Gläubiger einen höheren Nutzungsausfallschaden nachgewiesen hat.

Sechster Abschnitt
Duldung von Leitungen

§ 26 Duldungspflicht

(1) Der Eigentümer und der Nutzungsberechtigte müssen dulden, dass durch ihr Grundstück Wasserversorgungs- oder Abwasserleitungen zu einem Nachbargrundstück hindurchgeführt werden, wenn

1. **der Anschluss an das Wasserversorgungs- oder Entwässerungsnetz anders nicht zweckmäßig oder nur mit unverhältnismäßig hohen Kosten durchgeführt werden kann und**
2. **die damit verbundene Beeinträchtigung nicht erheblich ist.**

(2) Ist das betroffene Grundstück an das Wasserversorgungs- und Entwässerungsnetz bereits angeschlossen und reichen die vorhandenen Leitungen zur Versorgung oder Entwässerung beider Grundstücke aus, so beschränkt sich die Verpflichtung nach Absatz 1 auf das Dulden des Anschlusses. Im Falle des Anschlusses ist zu den Herstellungskosten des Teils der Leitungen, der nach dem Anschluß mitbenutzt werden soll, ein angemessener Beitrag und auf Verlangen Sicherheit in Höhe des voraussichtlichen Beitrags zu leisten. In diesem Falle dürfen die Arbeiten erst nach Leistung der Sicherheit vorgenommen werden. Die Sicherheit kann in einer Bankbürgschaft bestehen.

(3) Bestehen technisch mehrere Möglichkeiten der Durchführung, so ist die für das betroffene Grundstück schonendste zu wählen.

Erläuterungen

1. §§ 26 ff. regeln in Anlehnung an die Notwegvorschriften der §§ 917, 918 BGB ein spezielles „Leitungsnotweg-Recht“, das der Landesgesetzgeber in Einklang mit Art. 124 EGBGB eigenständig statuieren durfte (BGH NJW 1991, 176 f. zu § 7e NRG BW; OLG Koblenz BauR 2003, 1881; kritisch Dehner B § 27 V 2 c).

a) Die **ThürAVOBGB** normierte keine Leitungsrechte, sondern enthielt lediglich in § 104 eine Bestimmung über die Konkretisierung einer eingeräumten „Wasserleitungsgrunddienstbarkeit“.

b) Das **ZGB enthielt keine besonderen Leitungsregelungen**; allerdings konnte ein Leitungsrecht als ein Recht zur dauernden Mitbenutzung eines Grundstücks in bestimmter Weise i. S. d. § 321 ZGB eingeräumt werden (s. dazu Erl. 5 a der Einf. II). **Sondergesetzliche Leitungs-Mitbenutzungsrechte** waren jedoch vor allem (wie schon in den Vorgängergesetzen) in **§ 29 Abs. 1 der Energieverordnung der DDR** vom 1.6.1988 (GBl. I S. 89) und in **§ 40 Abs. 1 Satz 1 Buchst. c des Wassergesetzes der DDR** vom 2.7.1982 (GBl. I S. 467) vorgesehen. Nach **§ 353 DBO**, konnte die Staatliche Bauaufsicht unter bestimmten Voraussetzungen den Anschluss eines Bauwerks an eine Versorgungsleitung gestatten oder fordern.

c) nach geltendem Bundesrecht können **Energieversorger für das Verlegen ihrer Versorgungsleitungen** grundsätzlich **die im (privaten) Eigentum ihrer Kunden bzw. Anschlussnehmer stehenden Grundstücke unentgeltlich in Anspruch nehmen** (vgl. § 12 der Niederspannungsanschlussverordnung vom 1.11.2006, BGBl. I S. 2477 für die Zu- und Fortleitung von Elektrizität; § 12 der Niederdruckanschlussverordnung vom 1.11.2006, BGBl. I S. 2485 betreffend Gasversorgungsleitungen; § 8 AVBFernwärmeV vom 20.6.1980, BGBl. I S. 572 betreffend Fernwärmeleitungen sowie § 8 AVBWasserV vom 20.6.1980, BGBl. I S. 750 betreffend Wasserleitungen). Nach § 76 TKG muss ein privater Grundstückseigentümer die Errichtung einer Telekommunikationslinie auf seinem Grundstück grundsätzlich, gegebenenfalls gegen einen angemessenen Geldausgleich, hinnehmen.

d) Nach **§§ 93, 94 WHG sowie §§ 95, 96 ThürWG** kann die **Wasserbehörde** unter bestimmten Voraussetzungen die **Eigentümer von Grundstücken verpflichten**, u. a. das **Durchleiten von Wasser und Abwasser zu dulden** bzw. die Mitbenutzung einer Anlage zur Wasserversorgung oder Abwasserbeseitigung zu gestatten. Diese **behördlichen Zwangsrechte**, auf deren Anordnung der Bürger keinen Anspruch hat, dienen dem öffentlichen Interesse (vgl. BGHZ 177, 165 Rn. 20) und machen daher die §§ 26 ff. nicht überflüssig oder gar gegenstandslos (vgl. Bauer/Schlick, Rn. 6 der Einf. §§ 26-33).

2. Das „Leitungsnotwegrecht" des § 26 ist auf Zwecke der Wasserversorgung und der Abwasserbeseitigung beschränkt, da der Gesetzgeber nur insoweit einen Handlungsbedarf gesehen hat (Amtl. Begr. S. 32 f.). Die Vorschrift will sicherstellen, dass für jedes Grundstück die Möglichkeit des Anschlusses an das Wasserversorgungs- und Entwässerungsnetz besteht; sie ist daher nicht nur für die Neuverlegung von Leitungen einschlägig, sondern ist, wie sich unmittelbar aus § 31 ergibt, auch anwendbar, wenn es um die Duldung bereits vorhandener Leitungen geht (OLG Koblenz BauR 2003, 1881 f.). Die – zu beseitigende – „Notleitungssituation" des Grundstücks muss keine ursprüngliche sein, sondern kann auch dadurch entstanden sein, dass bei der Veräußerung eines Teils des Grundstücks der veräußerte oder der zurückbehaltene Teil des Grundstücks keinen Zugang zu den Wasserversorgungs- oder Entwässerungsanlagen mehr hat (Rechtsgedanke § 918 Abs. 2 BGB; vgl. BGH NJW 1991, 176, 178; a. M. Dehner, B § 27 V 3 m; s. auch BGH NJW 2003, 1392 f.).

Die tatsächlichen Voraussetzungen, unter denen die Inanspruchnahme fremder Grundstücke gestattet ist, sind denen der §§ 17 und 21 nachgebildet (vgl. § 17, Erl. 3 und 4; § 21, Erl. 4). Ein Notleitungsrecht kann nur im Rahmen einer rechtlich zulässigen Nutzung des verbindungslosen Grundstücks entstehen (§ 2 Abs. 2 Satz 2). In der Regel wird es sich dabei um eine bauliche handeln; zwingend ist dies jedoch nicht, da auch für eine anderweitige Grundstücksnutzung wie z. B. als Lagerplatz oder als Verkaufsfläche durchaus Anschlussbedarf bestehen kann (Schäfer, Rn. 4; a. M. Dehner, B 27 V 3 a, aa). Ausreichend ist dabei die **materielle Rechtmäßigkeit eines beabsichtigten Bauvorhabens**; im Zeitpunkt der Rechtsausübung nach § 26 muss eine etwaige erforderliche Baugenehmigung noch nicht erteilt sein (BGH NJW 1991, 176, 177; Schäfer, a. a. O.; a. M. Dehner, B 27 V 3 a, bb).

Liegen die Voraussetzungen eines Leitungsnotwegs nicht vor, so stellt es eine nach § 1004 Abs. 1 BGB abwehrfähige Grundstücksbeeinträchtigung dar, wenn Abwässer durch eine über ein fremdes Grundstück verlegte Leitung dem öffentlichen Kanal zugeführt werden (OLG Düsseldorf, NJW-RR 1991, 403).

3. Wasserversorgungsleitungen sind Leitungen, die einem Grundstück Wasser zuführen. Abwasserleitungen sind Rohrleitungen, die der ordnungsgemäßen Entsorgung der auf einem Grundstück anfallenden Abwässer dienen (vgl. Bruns, Rn. 7 zu § 7f). Dabei kann es sich sowohl um Schmutz- als auch um Niederschlagswasser handeln (vgl. die gesetzliche Definition des Abwasserbegriffs in § 54 Abs. 1 Satz 1 WHG sowie § 57 Abs. 1 ThürWG). Unerheblich ist, ob beide Abwasserarten gemischt oder getrennt entsorgt werden. Anwendbar sind die §§ 26 ff. daher auch auf die Anbringung von Entwässerungsrohrleitungen zur Ableitung des Regenwassers in den Vorfluter (LG Gera Urt. v. 22. 5. 2001 – 8 S 651/00), nicht hingegen auf die Ableitung von Niederschlagswasser auf das Nachbargrundstück über eine offene Rinne; eine solche Fallgestaltung wäre nach § 37 WHG oder nach § 37 ThürNRG zu beurteilen (so wohl auch LG Gera Urt. v. 22. 6. 1999 – 10 S 71/99).

4. Duldungspflichtig sind der Eigentümer (Erbbauberechtigte, § 1 Abs. 1 Satz 2) und die Nutzungsberechtigten eines Grundstücks. Dabei muss es sich **nicht notwendig** um ein **unmittelbar angrenzendes Nachbargrundstück** handeln, sondern jedes Grundstück wird erfasst, das zur Herstellung eines Anschlusses benötigt wird (Amtl. Begr. S. 32; s. auch BGH NJW 2003, 1392, 1393). Dem entspricht umgekehrt der Personenkreis, dem ein **Anspruch** auf einen Leitungsnotweg zusteht. Berechtigter kann also auch der Nießbraucher, Mieter oder Pächter des anzuschließenden Grundstücks sein. Dies ergibt sich zwar nicht ausdrücklich aus dem Wortlaut des § 26, wohl aber aus § 29 Abs. 2 Satz 1 (s. Bauer/Schlick, Rn. 5 zu § 26).

5. Der Anschluss darf ohne Inanspruchnahme des Nachbargrundstücks **nicht zweckmäßig oder nur mit unverhältnismäßig hohen Kosten** möglich sein; es genügt, wenn eine der beiden gleichwertigen Alternativen erfüllt ist.

a) Die Feststellung, ob die Inanspruchnahme des Nachbargrundstücks zur Herstellung des Anschlusses **zweckmäßig** ist, kann immer nur aufgrund der besonderen Gegebenheiten des Einzelfalls nach technischen Gesichtspunkten getroffen werden (Dehner, B 27 V 3 d; Hodes/Dehner, Rn. 1 zu § 30). Hierbei werden vor allem das natürliche Gefälle des betreffenden Geländes und die Bodenbeschaffenheit von Bedeutung sein.

b) Welcher Vergleichsmaßstab bei der Prüfung der Frage, ob der Anschluss an das Leitungsnetz über das eigene Grundstück mit unverhältnismäßig hohen Kosten verbunden ist, heranzuziehen ist, ist streitig. Nach einer Auffassung sind allein die bei einer Verwendung des eigenen Grundstücks entstehenden Kosten in den Blick zu nehmen (Schäfer, Rn. 2 im Anschluss an Dehner, B § 27 V 3 e). Danach sind die mit der Leitungsführung über das eigene Grundstück verbundenen Kosten dann unverhältnismäßig hoch, wenn sie in einem krassen Missverhältnis zu den Kosten stehen, die normalerweise bei der Ausführung eines vergleichbaren (Bau-)Vorhabens entstehen. Richtigerweise sind **unverhältnismäßig hohe Kosten** dann anzunehmen, wenn ein **grobes Missverhältnis zwischen den bei der Benutzung des eigenen Grundstücks entstehenden Kosten und den Kosten vorliegt, die bei einer Inanspruchnahme des Nachbargrundstücks anfallen** (OLG Koblenz BauR 2003, 1881, 1882); allein diese Art der Vergleichsberechnung stand dem Gesetzgeber vor Augen (so deutlich Amtl. Begr. zu § 21 S. 31). Es genügt dabei nicht, dass sich die Arbeiten lediglich etwas verteuern, wenn das Nachbargrundstück nicht benutzt werden darf, sondern es muss schon ein erhebliches Missverhältnis vorliegen.

Soweit die Rechtsprechung konkrete Zahlen ins Spiel gebracht hat, hat sie mit Rücksicht darauf, dass § 26 einen Eingriff in das von Art. 14 GG geschützte Eigentum erlaubt, einen sehr strengen Maßstab angelegt. So hat das OLG Koblenz einen Eigenaufwand von mehr als 10 000 DM gegenüber einem Aufwand von 2 000 DM bei einer Anschließung über das Nachbargrundstück für noch hinnehmbar gehalten (BauR 2003, 1881, 1882). In vergleichbarer Weise hat das AG Suhl (Urt. vom 20.2.1996 – 1 C 1271/95) einen Mehraufwand von 5 000 DM (7 000 DM gegenüber 2 000 DM bei Inanspruchnahme des Nachbargrundstücks) nicht für ausreichend erachtet, um § 26 zu bejahen.

6. Als weitere Voraussetzung verlangt das Gesetz, dass mit dem Leitungsnotweg für das in Anspruch genommene Nachbargrundstück **keine erheblichen Beeinträchtigungen** verbunden sind. Geringfügige Beeinträchtigungen müssen aus dem Gedanken des nachbarlichen Gemeinschaftsverhältnisses geduldet werden. Nur **erhebliche** Beeinträchtigungen schließen den Anspruch aus. Die Beeinträchtigungen können sich sowohl auf den Eigentümer und seine Familienangehörigen (Dehner, B 27 V 3 g; Schäfer, Rn. 3) als auch auf den Nutzungsberechtigten des Nachbargrundstücks beziehen. Auch hier kommt es auf die Gegebenheiten des Einzelfalls an, wobei vor allem die Nutzungsart des in Anspruch genommenen Nachbargrundstücks von Bedeutung sein kann. Erhebliche Beeinträchtigungen liegen in der Regel vor, wenn die Leitung unter einem Gebäude hindurchgeführt werden soll.

Auch wenn Leitungen so flach verlegt sind oder verlegt werden sollen, dass dadurch die Errichtung eines Gebäudes erschwert wird, wird eine erhebliche Beeinträchtigung anzunehmen sein (OLG Frankfurt a. M. OLGR 2005, 934, 935). Generell dürfte jede Ver- oder Behinderung einer vorgesehenen baulichen Nutzung des betroffenen Nachbargrundstücks schädlich sein; so braucht der Nachbar eine Leitungsverlegung nicht zu dulden, die zur Folge hätte, dass der bereits geplante und genehmigte Bau eines Swimmingpools nicht mehr möglich wäre (AG Suhl, Urt. vom 20.2.1996 – 1 C 1271/95).

7. § 26 Abs. 2 **beschränkt** die **Duldungspflicht** auf die Duldung eines **Anschlusses,** wenn auf dem betroffenen Grundstück bereits Leitungen liegen, die auch zur Versorgung des berechtigten Grundstücks ausreichen würden. Entscheidend ist, dass die Kapazität der vorhandenen Leitungen für beide Grundstücke ausreicht. Der Berechtigte hat in diesem Falle keine Wahl zwischen einem Anschluss an diese Leitungen oder einem Hindurchführen seiner Leitung bis zum öffentlichen Leitungsnetz; er **muss** sich vielmehr an die auf dem Nachbargrundstück vorhandenen Leitungen anschließen.

8. Die Verlegung der Leitungen nach § 26 geschieht allein auf **Kosten** des Berechtigten. Dazu gehören auch die Kosten der Wiederherstellung der durch die Bauarbeiten geschädigten Oberfläche des duldungspflichtigen Grundstücks (Dehner, B § 27 V 3 j).

Für den Fall des Anschlusses an eine auf dem Nachbargrundstück vorhandene Leitung gibt § 26 Abs. 2 Satz 2 dem Duldungspflichtigen einen Anspruch gegen den Berechtigten auf Zahlung eines angemessenen **Beitrags** zu den **Herstellungskosten** des Teils der Leitung, der nach dem Anschluss mitbenutzt werden soll. Für die Frage, in welcher Höhe der Beitrag angemessen ist, muss auf die ursprünglichen Herstellungskosten abgestellt und der Umfang der zwischenzeitlichen Abnutzung berücksichtigt werden. In Höhe des voraussichtlichen Kostenbeitrags kann der Duldungspflichtige **Sicherheit** verlangen mit der Folge, dass die Arbeiten dann erst nach Leistung der Sicherheit durchgeführt werden dürfen (s. § 7, Erl. 6).

9. § 26 Abs. 3 betont – ähnlich wie § 21 Abs. 2 – den Grundsatz der **Rücksichtnahme** auf das betroffene Grundstück. Wenn die Ausübung des Rechts nach § 26 Abs. 1 oder Abs. 2 technisch auf verschiedene

Weise möglich ist, so muss der Berechtigte diejenige Ausführung wählen, die für das betroffene Grundstück die geringsten Nachteile mit sich bringt. Dieser Grundsatz kann zunächst Auswirkungen auf die Leitungstrasse haben, die auf dem betroffenen Grundstück gewählt wird. Eine quer über das Nachbargrundstück oder unter einem dort befindlichen Gebäude verlaufende Leitung wird häufig störender sein als eine am (unbebauten) Rande des Grundstücks durchgeführte und muss daher nach § 26 Abs. 3 möglichst vermieden werden. Gleiches gilt wie ausgeführt für Leitungen, die über bebaute oder bebaubare Teilflächen statt über unbebaute bzw. unbebaubare (Rand-)Bereiche geführt werden sollen. Aus diesem Grundsatz können sich aber auch Folgerungen für die Art und Weise der Ausführung der erforderlichen Arbeiten ergeben. Die notwendigen Arbeiten sind so einzurichten und durchzuführen, dass sie für das betroffene Grundstück möglichst wenig Schäden oder Belästigungen bringen. Gegebenenfalls müssen bei den Arbeiten geeignete Vorkehrungen getroffen werden, um Schäden oder Belästigungen zu vermeiden, z. B. Abstützungen bei der Gefahr des Abrutschens von Bodenteilen.

10. Die **Leitungen** stehen grundsätzlich im **Eigentum des Berechtigten**, der die **Leitung** in Ausübung des Notleitungsrechts **verlegt hat**; denn sie gehören gem. § 95 Abs. 1 Satz 2 BGB nicht zu den Bestandteilen des Grundstücks, über das sie führen. Dies gilt auch dann, wenn sich der Eigentümer oder ein Nutzungsberechtigter des betroffenen Grundstücks an die Leitung angeschlossen hat; die Anschlussleitung selbst fällt in das Eigentum desjenigen, der mit ihr das Grundstück angeschlossen hat (vgl. Dehner, B § 27 V 3 l; s. auch Palandt/Ellenberger, Rn. 8 zu § 97).

§ 27 Unterhaltung der Leitungen

Der Berechtigte hat die nach § 26 verlegten Leitungen oder Anschlußleitungen auf seine Kosten zu unterhalten. Zu den Unterhaltungskosten der Teile der Leitungen, die von ihm mitbenutzt werden, hat er einen angemessenen Beitrag zu leisten.

Erläuterungen

1. Die Verpflichtung zur Unterhaltung der Leitungen oder Anschlussleitungen obliegt allein dem Berechtigten, der sie auch verlegt hat. Zur Unterhaltung gehört auch die Notwendigkeit, schadhaft gewordene Leitungen zu ersetzen oder zu reparieren.

2. § 27 Satz 2 knüpft an § 26 Abs. 2 an und legt dem Anschließenden die Verpflichtung auf, einen angemessenen Beitrag zu den Unterhaltungskosten der von ihm mitbenutzten Leitung zu leisten. Was „angemessen" ist, entscheidet sich nach den Besonderheiten des Einzelfalls. Wird die Leitung von beiden Grundstücken ungefähr gleichmäßig in Anspruch genommen, muss jeder die Hälfte der Unterhaltungskosten tragen. Wenn ein Grundstück hingegen die Leitung in wesentlich stärkerem Umfange benutzt als das andere, ist es angemessen, die Anteile zu den Unterhaltungskosten entsprechend unterschiedlich zu bemessen.

3. Im Rahmen der Unterhaltungspflicht ergibt sich für den Berechtigten die Notwendigkeit, Arbeiten auf dem Nachbargrundstück vorzunehmen. Hierzu gewährt ihm § 30 ein besonderes Betretungsrecht (s. Erl. zu § 30).

§ 28 Anzeigepflicht und Schadensersatz

(1) Für die Verpflichtungen des Berechtigten zur Anzeige und zum Schadensersatz gelten die §§ 22 und 23 entsprechend.
(2) Der Duldungspflichtige hat dem Berechtigten auch anzuzeigen, daß er auf seinem Grundstück Veränderungen vornehmen will, die wesentliche Auswirkungen auf die Benutzung oder Unterhaltung der verlegten Leitungen haben könnten.

Erläuterungen

1. Die §§ 26 ff. des Gesetzes enthalten in ihren Grundgedanken eine weitgehende Übereinstimmung mit den Regelungen in §§ 21 ff. Das Gesetz unterwirft deshalb den Berechtigten auch hier uneingeschränkt den für das Hammerschlags- und Leiterrecht getroffenen Regelungen über Anzeige, Schadensersatz und Sicherheitsleistung; s. Erl. zu §§ 22, 23. Die Vorschrift betrifft nicht nur die Verlegung der Leitungen nach § 26 Abs. 1 oder den Anschluss nach § 26 Abs. 2, sondern auch die Unterhaltungsarbeiten nach § 27.

§ 28 Abs. 1 verweist bewusst nicht auch auf § 24 (Gefahr im Verzug), weil derartige Fälle kaum vorstellbar sind mit Ausnahme von dringenden Ausbesserungsarbeiten, für die aber § 30 Abs. 2 eine besondere Regelung enthält (Amtl. Begr. S. 33).

2. § 28 Abs. 2 begründet für den Duldungspflichtigen eine Anzeigepflicht, wenn er auf seinem Grundstück Veränderungen vornehmen will, die wesentliche Auswirkungen auf die Benutzung oder Unterhaltung der verlegten Leitungen haben könnten. Der Duldungspflichtige darf die auf seinem Grundstück verlegten Leitungen an sich nicht beeinträchtigen. Denkbar sind aber bauliche Veränderungen auf dem duldenden Grundstück, die z. B. den Zugang zu den Leitungen erschweren. Die Anzeigepflicht soll dem Berechtigten rechtzeitige Dispositionen ermöglichen. So wird er sich u. U. im Zusammenhang mit den vorgesehenen Veränderungen auf dem duldenden Grundstück zu einer Verlegung seiner Leitungen entschließen. Für die Anzeige ist keine Frist oder Form vorgeschrieben.

§ 29 Anschlussrecht des Duldungspflichtigen

(1) Der Eigentümer und der Nutzungsberechtigte eines Grundstücks, das nach § 26 in Anspruch genommen wird, sind berechtigt, ihrerseits an die verlegten Leitungen anzuschließen, wenn diese ausreichen, um die Wasserversorgung oder die Entwässerung beider Grundstücke sicherzustellen. § 26 Abs. 2 Satz 2 und §§ 27 und 28 gelten entsprechend.
(2) Soll ein auf dem betroffenen Grundstück errichtetes oder noch zu erstellendes Gebäude an die Leitungen angeschlossen werden, die der Eigentümer oder der Nutzungsberechtigte eines anderen Grundstücks nach § 26 durch das Grundstück hindurchführen wollen, so können der Eigentümer und der Nutzungsberechtigte des betroffenen Grundstücks verlangen, daß die Leitungen so verlegt werden, dass ihr Grundstück ebenfalls angeschlossen werden kann. Die entstehenden Mehrkosten sind zu erstatten. In Höhe der voraussichtlich erwach-

senden Mehrkosten ist auf Verlangen binnen zwei Wochen Vorschuß zu leisten; der Anspruch nach Satz 1 erlischt, wenn der Vorschuß nicht fristgerecht geleistet wird.

Erläuterungen

1. Zum Ausgleich gegenüber ihrer Verpflichtung aus § 26, die Verlegung einer fremden Leitung auf ihrem Grundstück zu dulden, gewährt § 29 dem Eigentümer und den Nutzungsberechtigten des mit dem Leitungsnotweg belasteten Grundstücks gewisse Anschluss- und Einwirkungsmöglichkeiten auf diese Leitung.

2. § 29 Abs. 1 knüpft an den Tatbestand des § 26 Abs. 1 an, setzt also voraus, dass zugunsten eines Nachbarn eine Leitung durch das Grundstück hindurchgeführt worden ist. Für diesen Fall werden Eigentümer und Nutzungsberechtigte des duldenden Grundstücks genau so gestellt wie der Nachbar in der Situation des § 26 Abs. 2. Sie **dürfen** somit **ihrerseits an die bereits verlegten fremden Leitungen anschließen,** wenn diese ausreichen, um die Wasserversorgung oder die Entwässerung beider Grundstücke sicherzustellen. Letzteres ist eine technische Frage, die im Allgemeinen durch Hinzuziehung eines Sachverständigen geklärt werden muss. Anders als in § 26 Abs. 2 besteht hier keine Verpflichtung zu einem solchen Anschluss. Eigentümer und Nutzungsberechtigte des betreffenden Grundstücks können auch eine selbstständige Leitung legen lassen. Hinsichtlich der Eigentumsverhältnisse an den Anschlussteilen gilt das in Erl. 10 zu § 26 Gesagte.

3. Hinsichtlich der Verweisung in Absatz 1 Satz 2 gelten Erl. 8 zu § 26 sowie die Erl. zu den §§ 27 und 28 sinngemäß. Die Verweisung auf § 28 Abs. 2 ist allerdings gegenstandslos, da der nach § 29 Abs. 1 Anschließende diese Maßnahmen ausschließlich auf seinem eigenen Grundstück vornimmt, also ein dem § 28 Abs. 2 entsprechender Fall hier nicht eintreten kann.

4. § 29 Abs. 2 betrifft den systematisch zu § 26 Abs. 1 gehörenden Fall, dass der Eigentümer oder ein Nutzungsberechtigter des duldungspflichtigen Grundstücks bereits **vor Herstellung der Leitungen entschlossen** ist, sein eigenes (bereits errichtete oder geplante) Gebäude jetzt oder später an die zu verlegenden Leitungen nach § 29 Abs. 1 **anzuschließen**. Bei einer solchen Sachlage verlangt schon der

Gedanke des nachbarlichen Gemeinschaftsverhältnisses eine Rücksichtnahme auf die Vorstellungen des Eigentümers oder Nutzungsberechtigten des betroffenen Grundstücks. § 29 Abs. 2 gibt dem Eigentümer und dem Nutzungsberechtigten des betroffenen Grundstücks deshalb ein Recht, eine solche Leitungsausführung zu verlangen, dass ihr späterer Anschluss keinen Schwierigkeiten begegnet. Dieses Verlangen kann sich sowohl räumlich auf die Leitungsführung beziehen als auch auf die technische Durchführung. Insbesondere kann verlangt werden, dass die Leitung schon jetzt in einer solchen Stärke verlegt wird, dass den künftigen Bedürfnissen beider Grundstücke Rechnung getragen ist.

Das Verlangen nach § 29 Abs. 2 Satz 1 kann nur so lange gestellt werden, wie derjenige, der die Leitung zu verlegen beabsichtigt, noch in der Lage ist, seine Planung zu ändern und die Wünsche des Eigentümers oder Nutzungsberechtigten des duldungspflichtigen Grundstücks mitzuberücksichtigen. Wird das Verlangen nach § 29 Abs. 2 Satz 1 erst zu einem Zeitpunkt vorgebracht, zu dem die Planung nicht mehr geändert werden kann, so ist es verspätet und braucht nicht mehr berücksichtigt zu werden. Dann haben der Eigentümer und der Nutzungsberechtigte nur noch die Möglichkeit des Anschlusses nach § 29 Abs. 1, sofern die Leitungen in ihrer Kapazität für beide Grundstücke ausreichen.

5. Durch das Verlangen nach § 29 Abs. 2 Satz 1 werden regelmäßig höhere Kosten entstehen als bei der Verlegung einer Leitung, die nur auf die Bedürfnisse des einen Grundstücks abgestellt ist. § 29 Abs. 2 Satz 2 gibt deshalb einen Anspruch auf **Erstattung** der dadurch entstandenen **Mehrkosten.** Darüber hinaus gewährt § 29 Abs. 2 Satz 3 demjenigen, der die Leitungen verlegen will, einen Anspruch auf Vorschuss in Höhe der voraussichtlich entstehenden Mehrkosten, der innerhalb von zwei Wochen zu leisten ist. Diese Regelung ist § 12 Abs. 1 Satz 2 bis 4 nachgebildet; hierzu s. Erl. 4, 5 zu § 12.

6. Wird das duldungspflichtige Grundstück später an die auf Verlangen nach § 29 Abs. 2 bereits in entsprechender Ausführung verlegte fremde Leitung angeschlossen, so regelt sich die **Unterhaltung** der dann gemeinsam benutzten Leitung nach § 29 Abs. 1 Satz 2 i. V. m. § 27 Satz 2, d. h. der Anschließende hat einen angemessenen Beitrag zu den Unterhaltungskosten der von ihm mitbenutzten Teile der Leitung zu leisten.

§ 30 Betretungsrecht

(1) Der Eigentümer und der Nutzungsberechtigte müssen dulden, daß ihr Grundstück zwecks Verlegung, Änderung, Unterhaltung oder Beseitigung einer Wasserversorgungs- oder Abwasserleitung auf einem anderen Grundstück betreten wird, daß über das Grundstück die zu den Arbeiten erforderlichen Gegenstände gebracht werden und daß Erdaushub vorübergehend dort gelagert wird, wenn

1. das Vorhaben anders nicht zweckmäßig oder nur mit unverhältnismäßig hohen Kosten durchgeführt werden kann und

2. die mit der Duldung verbundenen Nachteile und Belästigungen nicht außer Verhältnis zu dem von dem Berechtigten erstrebten Vorteil stehen.

(2) Die Bestimmungen der §§ 22 bis 25 gelten entsprechend.

Erläuterungen

1. § 30 statuiert ein **„spezielles Hammerschlagsrecht"**. Die Bestimmung ist sprachlich missglückt, da sie ihrem Wortlaut nach eine Duldungspflicht des Eigentümers oder Nutzungsberechtigten eines Grundstücks zwecks Durchführung von Leitungsverlegungsarbeiten etc. „auf einem anderen Grundstück" (statt auf dem eigenen Grundstück des Duldungspflichtigen) begründet. Ein am Wortlaut haftendes Normverständnis (das von Dehner, B § 27 V 3 o Fn. 131a bevorzugt wird) ließe jedoch die Bestimmung praktisch leerlaufen und würde ihrem Sinn und Zweck, dem Berechtigten die praktische Durchsetzung seiner Rechte zu ermöglichen (Amtl. Begr. S. 34), völlig widersprechen. § 30 will also – allein sinnvoll – gerade denjenigen in die Pflicht nehmen, über dessen Grundstück die Leitung geführt werden soll bzw. führt (vgl. Bauer/Schlick, Rn. 1 zu § 30). Das Betretungsrecht steht dem Berechtigten persönlich zu. Er kann jedoch fachkundige Dritte (Bauunternehmer, Handwerker) mit der Durchführung der Arbeiten beauftragen. Die Einschaltung von Fachleuten, die häufig mangels eigener Sachkunde des Berechtigten erforderlich sein wird, kann u. U. der Duldungspflichtige sogar verlangen (vgl. Rn. 10 zu § 21).

2. § 30 Abs. 1 macht das Recht zum Betreten und zur Benutzung des fremden Grundstücks davon abhängig, dass das Vorhaben **anders nicht zweckmäßig oder nur mit unverhältnismäßig hohen Kosten** durchgeführt werden kann und dass ferner die **mit der Duldung verbundenen Nachteile und Belästigungen nicht außer Verhältnis zu dem von dem Berechtigten erstrebten Vorteil** stehen. Des Weiteren müssen die vorgesehenen Maßnahmen auch **öffentlich-rechtlich** zulässig sein (§ 2 Abs. 2 Satz 2). Die Voraussetzungen des § 30 Abs. 1 entsprechen im Wesentlichen denen des § 21; im Einzelnen s. daher Erl. zu § 21. Anders als § 21 erlaubt § 30 jedoch nicht, dass auf dem fremden Grundstück Leitern oder Gerüste aufgestellt werden, weil hierfür auch regelmäßig kein Bedürfnis bestehen wird.

Andererseits geht § 30 Abs. 1 über § 21 Abs. 1 insofern hinaus, als dem Berechtigten auch gestattet wird, vorübergehend **Erdaushub** auf dem fremden Grundstück zu lagern. „Vorübergehend" bedeutet hier im Allgemeinen, dass der Erdaushub während der Dauer der Tiefbauarbeiten gelagert werden darf. Spätestens bei Beendigung der Arbeiten muss der Erdaushub wieder beseitigt sein.

Auch wenn dies in § 30 Abs. 1 nicht ausdrücklich erwähnt wird und Absatz 2 keine diesbezügliche Verweisung enthält, gilt der in § 21 Abs. 2 zum Ausdruck gekommene Grundsatz (vgl. auch § 1020 BGB), dass das Recht nur unter möglichster Schonung des Nachbargrundstücks und nicht zur Unzeit ausgeübt werden darf, ebenfalls (vgl. Schäfer, Rn. 2).

3. Hinsichtlich der Verweisung in Absatz 2 gelten die Erl. zu den §§ 22 bis 25 sinngemäß.

§ 31 Nachträgliche erhebliche Beeinträchtigungen

(1) Führen die nach § 26 Abs. 1 verlegten Leitungen oder die nach § 26 Abs. 2 hergestellten Anschlußleitungen nachträglich zu einer erheblichen Beeinträchtigung, so können der Eigentümer und der Nutzungsberechtigte des betroffenen Grundstücks von dem Berechtigten verlangen, daß er seine Leitungen beseitigt und die Beseitigung der

Teile der Leitungen, die gemeinschaftlich genutzt werden, duldet. Dieses Recht entfällt, wenn der Berechtigte die Beeinträchtigung so herabmindert, dass sie nicht mehr erheblich ist.

(2) Schaden, der durch Maßnahmen nach Absatz 1 auf dem betroffenen Grundstück entsteht, ist ohne Rücksicht auf Verschulden zu ersetzen.

Erläuterungen

1. § 26 macht die Duldungspflicht u. a. davon abhängig, dass mit der Inanspruchnahme des Nachbargrundstücks keine erheblichen Beeinträchtigungen verbunden sind. Es ist jedoch möglich, dass solche erheblichen Beeinträchtigungen zwar im Zeitpunkt der Leitungsverlegung noch nicht erkennbar sind, aber später eintreten. So mag etwa die Verlegung und Unterhaltung einer Leitung über ein landwirtschaftlich oder gärtnerisch genutztes Grundstück keine ernsthafte Beeinträchtigung mit sich gebracht haben. Wenn das betroffene Grundstück dann aber später als Bauland ausgewiesen wird und bebaut werden soll, dann tritt, wenn eine Bebauung mit Rücksicht auf die zu duldenden fremden Leitungen nicht oder nicht auf sinnvolle Weise möglich ist, nachträglich eine erhebliche Beeinträchtigung ein, die – wäre sie von Anfang gegeben gewesen – bereits die Begründung eines Rechts nach § 26 verhindert hätte. Eine derartige nachträgliche Beeinträchtigung verpflichtet den Leitungsinhaber zur Beseitigung der Leitung. Darauf, ob ihm hierdurch unverhältnismäßig hohe Kosten entstehen, kommt es grundsätzlich nicht an (OLG Frankfurt a. M. OLGR 2005, 934, 935 zu § 33 HessNRG); auch unter dem Aspekt des nachbarlichen Gemeinschaftsverhältnisses bestehen keine weiter gehenden Duldungspflichten des Grundstückseigentümers (a. A. wohl OLG Frankfurt a. M. a. a. O. S. 936 unter Hinweis auf BGH NJW 2003, 1392; indes ist diese Entscheidung zu einem Fall aus NRW ergangen, wo es den §§ 26 ff. entsprechende Regelungen im NachbG nicht gibt).

Hierzu genügen aber noch nicht vage Absichten hinsichtlich einer Bebauung oder einer anderweitig geänderten Nutzung des betroffenen Grundstücks oder Grundstücksteils; vielmehr muss sich eine solche Planung schon dahingehend konkretisiert haben, dass eine bestimmte, ansonsten durchführbare bauliche Nutzung durch die vorhandenen

Notleitungen behindert würde (LG Meiningen Urt. v. 3.2.1998 – 5 S 338/97).

2. § 31 Abs. 1 gibt dem Duldungspflichtigen in einem solchen Falle das Recht,

a) von dem Nachbarn die **Beseitigung** der von diesem verlegten Leitungen oder Anschlussleitungen (§ 26 Abs. 2) zu **verlangen;**

b) die gemeinschaftlich genutzten Teile einer Leitung (§ 26 Abs. 2) unter **Duldung** durch den angeschlossenen Nachbarn selbst zu beseitigen.

Der Beseitigungsanspruch besteht grundsätzlich unabhängig davon, ob der Duldungspflichtige vor der Geltendmachung des Anspruchs von einem etwaigen Anschlussrecht nach § 29 Gebrauch gemacht hat. Ist freilich die fremde Leitung gemäß § 29 Abs. 2 nach den Wünschen des Eigentümers oder Nutzungsberechtigten des betroffenen Grundstücks verlegt worden, kann die Geltendmachung des Rechts aus § 31 Abs. 1 im Einzelfall eine unzulässige Rechtsausübung (§ 242 BGB) darstellen (so auch Hodes/Dehner, Rn. 3 zu § 33).

3. Beruft sich der Eigentümer oder der Nutzungsberechtigte des betroffenen Grundstücks auf nachträgliche erhebliche Beeinträchtigungen gemäß § 31 Abs. 1, so kann der Nachbar dem dadurch begegnen, dass er durch geeignete Maßnahmen die **Beeinträchtigungen** so **herabmindert,** dass sie nicht mehr erheblich sind. Häufig wird eine Verlegung der Leitung ein geeigneter Weg sein, um die Beeinträchtigungen herabzumindern. Für solche Maßnahmen nach § 31 Abs. 1 Satz 2 müssen die Voraussetzungen des § 26 vorliegen, da sie wie eine neue Leitungsverlegung gesehen werden müssen.

4. Im Streitfall muss der Eigentümer oder der Nutzungsberechtigte des betroffenen Grundstücks beweisen, dass nachträglich erhebliche Beeinträchtigungen eingetreten sind. Steht dies fest, so muss der Nachbar dartun, dass die von ihm getroffenen Maßnahmen diese Beeinträchtigungen so herabgemindert haben, dass sie nicht mehr als erheblich betrachtet werden können.

5. Das Gesetz enthält keine ausdrückliche Regelung der Frage, wer die **Kosten der Beseitigung von Leitungen** aufgrund des § 31 Abs. 1 zu tragen hat. Da somit insoweit keine gegenseitigen Ansprüche der Beteiligten normiert sind, muss jeweils derjenige die Kosten tragen, der die Leitungen bzw. Anschlussleitungen zu beseitigen hat. Das bedeutet:

a) Im Falle des § 26 Abs. 1 hat derjenige, der die Leitungen verlegt hat (bzw. sein Rechtsnachfolger), die Beseitigungskosten zu tragen.

b) Im Falle des § 26 Abs. 2 trägt der Berechtigte die Beseitigungskosten für die Anschlussleitung; der Eigentümer oder der Nutzungsberechtigte des betroffenen Grundstücks, der die gemeinsam genutzten Leitungsteile entfernen möchte, trägt die Kosten für die Beseitigung der Leitungen bzw. Leitungsteile, an die angeschlossen worden ist.

c) Im Falle des § 29 trägt die Kosten der Beseitigung der ursprünglichen Leitung derjenige, der diese Leitung verlegt hat (oder sein Rechtsnachfolger); die Beseitigungskosten der Anschlussleitung trägt der Eigentümer oder Nutzungsberechtigte des betroffenen Grundstücks, der die Entfernung der Leitung begehrt.

6. Nach § 31 Abs. 2 hat derjenige , der eine Leitung oder Anschlussleitung gemäß § 31 Abs. 1 beseitigen muss, den auf dem betroffenen Grundstück durch die Beseitigungsarbeiten entstandenen **Schaden** ohne Rücksicht auf Verschulden zu **ersetzen.** Schaden kann hier – wie auch in § 23 – Sachschaden oder Vermögensschaden sein. Der Gesichtspunkt der Schadensmitverursachung ist wie bei § 23 in entsprechender Anwendung des § 19 Abs. 1 Satz 2 zu berücksichtigen (s. § 23, Erl. 3).

§ 32 Entschädigung

(1) Für die Duldung der Rechtsausübung nach § 26 ist der Nachbar durch eine Geldrente zu entschädigen. Die Rente ist jährlich im voraus zu entrichten.

(2) Die Höhe der Rente ist nach Billigkeit zu bemessen. Dabei sind die dem Berechtigten durch die Ausübung des Rechts zugute kommenden Einsparungen und der Umfang der Belästigung des Nachbarn angemessen zu berücksichtigen.

Erläuterungen

1. Ähnlich wie in den Fällen der §§ 20, 25 legt das Gesetz aus Billigkeitserwägungen für die dauernde Inanspruchnahme eines Grundstücks nach § 26 Abs. 1 oder 2 dem Begünstigten eine Entschädigungspflicht auf. Die Entschädigung ist in Form einer jährlich im Voraus zu entrichtenden Geldrente zu zahlen, sofern nicht die Beteiligten etwas anderes vereinbaren.

2. Die **Entschädigung** steht dem **„Nachbarn"** (§ 1 Abs. 1 Satz 1) zu, also dem Eigentümer (Erbbauberechtigten) des belasteten Grundstücks, nicht hingegen einem Nutzungsberechtigten. **Entschädigungspflichtig** ist derjenige, der die Leitung oder Anschlussleitung durch das fremde Grundstück verlegt hat (oder sein Rechtsnachfolger). Das kann sowohl der Eigentümer (Erbbauberechtigte) als auch ein Nutzungsberechtigter des anzuschließenden Grundstücks sein.

3. Die Entschädigung ist so lange zu entrichten, wie die Inanspruchnahme nach § 26 fortdauert.

4. Die **Höhe der Entschädigung** ist nach Billigkeit zu bemessen, wobei einerseits die dem nach § 26 Berechtigten zugutekommenden Einsparungen und andererseits der Umfang der Belästigung des Nachbarn angemessen zu berücksichtigen sind. Bei den Belästigungen, die bei der Bemessung der Geldrente zu berücksichtigen sind, kommt es nur auf die dauernden Belästigungen an, nicht auf die vorübergehenden Störungen im Zusammenhang mit der Leitungsverlegung.

Im Hinblick auf die von § 917 Abs. 2 BGB abweichende, eigenständige Ausgestaltung der Entschädigungsregelung des § 32 können die von der Rechtsprechung zur Bemessung der Notwegrente gem. § 917 BGB entwickelten Kriterien (vgl. BGHZ 113, 32, 34 ff. m. w. Nachw.) nicht angewendet werden.

5. Bis zur Zahlung der Rente nach § 32 kann der belastete Nachbar die Duldung des Leitungsnotwegs verweigern (§ 273 Abs. 1 BGB), da – insoweit der Notwegrente vergleichbar – die Duldungspflicht und der Rentenanspruch auf demselben rechtlichen Verhältnis beruhen und die Rente im Voraus zu entrichten ist. (vgl. BGH WM 1976, 1061, 1064; Dehner, B § 27 V 3 n, B § 27 III 7).

§ 33 Anschluss an Fernheizungen

Die Bestimmungen dieses Abschnitts gelten entsprechend für den Anschluss eines Grundstücks an eine Fernheizung, sofern derjenige, der sein Grundstück anschließen will, einem Anschlußzwang unterliegt.

Erläuterungen

Nach § 20 Abs. 2 Nr. 2 ThürKO können die Gemeinden durch Satzung einen Anschlusszwang in Bezug auf Fernheizungen anordnen. Ein solcher Anschluss ist u. U. ohne Inanspruchnahme eines Nachbargrundstücks nicht oder nur mit unverhältnismäßig hohen Kosten möglich. Deshalb wird durch die Vorschrift der gesamte Sechste Abschnitt für entsprechend anwendbar erklärt. Voraussetzung ist allerdings, dass das anzuschließende Grundstück tatsächlich einem Anschlusszwang unterliegt. Für einen nur freiwilligen Anschluss an das Fernheizungssystem stehen die Rechte nach §§ 26 ff. nicht zur Verfügung (Schäfer, Rn. 1).

Siebenter Abschnitt
Fenster- und Lichtrecht

§ 34 Inhalt und Umfang

(1) In oder an der Außenwand eines Gebäudes, die parallel oder in einem Winkel bis zu 60° (alte Teilung) zur Grenze des Nachbargrundstücks verläuft, dürfen Fenster oder Türen, die von der Grenze keinen größeren Abstand als 2,50 m haben sollen, nur angebracht werden, wenn der Nachbar seine Einwilligung erteilt hat.
(2) Die Einwilligung muss erteilt werden, wenn keine oder nur geringfügige Beeinträchtigungen zu erwarten sind.
(3) Hat der Nachbar die nach Absatz 1 erforderliche Einwilligung zum Anbringen eines Fensters erteilt, so muss er mit später zu errichtenden baulichen Anlagen einen Abstand von 2 m von diesem Fenster einhalten. Dies gilt nicht, wenn die später errichtete bauliche Anlage den Lichteinfall in das Fenster nicht oder nur geringfügig beeinträchtigt oder wenn die Einhaltung eines geringeren Abstandes baurechtlich geboten ist.
(4) Absatz 3 Satz 1 gilt nur, wenn die Einwilligung schriftlich erteilt ist. Die Unterzeichnung der Bauunterlagen genügt nicht.
(5) Die Absätze 1 bis 4 gelten entsprechend für Balkone, Terrassen und ähnliche Bauteile, die einen Ausblick zum Nachbargrundstück gewähren. Der Abstand wird vom grenznächsten Punkt des Bauteils gemessen.

Erläuterungen

1. Unter **Fensterrecht** versteht man die Gesamtheit der (privatrechtlichen) Normen über die Anlage und Ausgestaltung von Fenstern durch den Grundstückseigentümer. Demgegenüber ergibt sich aus den Normen, die den Schutz der vorhandenen Fenster gegen nachbarliche Eingriffe, insbesondere gegen Verbauung regeln, der Inhalt des **Lichtrechts.** Beide Rechte stehen in einem engen, wechselseitigen Zusammenhang, sind aber selbstständige Rechtsinstitute.

2. Die **§§ 94–98 ThürAVOBGB** enthielten Inhalt und Maß entsprechender Dienstbarkeiten (vgl. Art. 115 EGBGB) bestimmende Vorschriften über das Lichtrecht bzw. das Recht auf Aussicht.

Das **ZGB** enthielt keine fenster- oder lichtrechtlichen Bestimmungen. Nach **§ 354 Abs. 1 DBO** konnte bei einseitiger Grenzbebauung die Anordnung von Fensteröffnungen zum Nachbargrundstück hin befristet gestattet werden, wenn keine unzumutbaren Beeinträchtigungen für den Nachbarn entstanden und aus Gründen des Brandschutzes keine Bedenken bestanden.

3. Bundesrechtliche Regelungen über das Fenster- und Lichtrecht bestehen nicht. Da nach § 903 BGB jeder Eigentümer mit der Sache grundsätzlich nach freiem Belieben verfahren kann, ist es nach BGB jedem Grundeigentümer gestattet, an jeder Stelle seines Grundstücks bis an die Grenze Fenster anzulegen bzw. bis an die eigene Grenze zu bauen, ohne auf etwaige nachbarliche Fenster Rücksicht nehmen zu müssen; nur in eng begrenzten Ausnahmefällen kann sich aus dem nachbarlichen Gemeinschaftsverhältnis etwas anderes ergeben (vgl. BGH LM § 903 BGB Nr. 2).

Insoweit enthalten die §§ 34 bis 36 Einschränkungen und (mittelbar) Erweiterungen des Grundeigentums, die der Landesgesetzgeber gemäß Art. 124 EGBGB kompetenzgemäß vornehmen konnte.

4. Auch das **öffentliche Baurecht** enthält Bestimmungen über die Anlage und Ausgestaltung von Fenstern. So müssen insbesondere nach § 47 Abs. 2 ThürBO Aufenthaltsräume ausreichend belüftet und mit Tageslicht belichtet werden können (s. auch § 37 ThürBO). Schließlich hat die allgemeine Abstandsbestimmung des § 6 ThürBO, die u. a. die ungehinderte Zufuhr von Licht und Luft gewährleisten will, lichtrechtliche Funktion.

Öffentliches Baurecht und privates Fenster- und Lichtrecht sind Regelungsbereiche mit je eigenständiger Normfunktion, die grundsätzlich unabhängig voneinander zu beurteilen sind (vgl. aber Absatz 3 Satz 2 und § 35 Nr. 1). Da nach § 71 Abs. 4 ThürBO die Baugenehmigung unbeschadet der privaten Rechte Dritter erteilt wird, hat dies u. a. zur Folge, dass die Erteilung einer **Baugenehmigung** eine nach Absatz 1 oder 3, gegebenenfalls i. V. m. Absatz 5, **erforderliche Einwilligung des Nachbarn nicht ersetzt** (OLG Koblenz OLGZ 1988, 248, 251; ebenso Schäfer, Rn. 7; Bassenge/Olivet, Rn. 1 zu § 22). Dabei ist es unerheblich, ob der Nachbar, dessen Einwilligung vonnöten ist, die Baugenehmigung wegen der Verletzung nachbarschützender Normen des öffentlichen Baurechts, z. B. der Abstandsregelung des § 6 ThürBO, mit Aussicht auf Erfolg anfechten kann, und ob er von einer gegebenen Anfechtungsmöglichkeit Gebrauch macht.

Ob und inwieweit die Unterschrift des Nachbarn unter den Lageplan und die Bauzeichnungen, die nach § 69 Abs. 2 ThürBO als Zustimmung des Nachbarn zu dem Bauvorhaben gilt – was wiederum den Verzicht auf die Geltendmachung etwaiger öffentlich-rechtlicher Nachbarrechte bedeutet – auch als Kundgabe der (privatrechtlichen) Einwilligung nach Absatz 1 (Fensterrecht) zu verstehen ist, ist eine Frage der Auslegung (s. § 3, Erl. 6). Zur Begründung eines Lichtrechts i. S. d. Absatzes 3 reicht diese Unterschrift in keinem Falle aus (Abs. 4 Satz 2).

5. Absatz 1 trifft **für das Anbringen von Fenstern und Türen** (Fensterrecht) eine **Abstandsregelung.** Durch Absatz 5 sind andere Einrichtungen, die das Interesse des Nachbarn, möglichst unbehelligt zu bleiben, in gleicher Weise berühren, in den Anwendungsbereich der Bestimmung einbezogen.

a) Fenster sind Lichtöffnungen in Gebäuden. Entscheidend ist die Lichtdurchlässigkeit. Auf die Möglichkeit, sie zum Zwecke der Luftzufuhr zu öffnen, kommt es – wie sich auch aus § 35 Nr. 2 ergibt – ebenso wenig an wie auf die Aussichtsmöglichkeit oder die Geräuschdurchlässigkeit (vgl. BGH LM § 133 – C – BGB Nr. 17). Auch Maueröffnungen, die mit Glasbausteinen ausgefüllt sind, die keinen Einblick in das Nachbargrundstück gewähren und weder Luft noch Geräusche durchlassen, sind Fenster (s. Amtl. Begr. zu § 35 Satz 35). Es reicht aus, wenn die Lichtdurchlässigkeit nur im geöffneten Zustand gegeben ist; daher erfasst Absatz 1 auch Lüftungsklappen, wenn sie im geöffneten Zustand einem Fenster gleichkommen.

b) Türen sind Öffnungen im Mauerwerk oder in sonstigen Wänden, die dem Durchgang von Menschen und Tieren dienen. Aber auch eine Luke zum Durchreichen von Gegenständen ist eine Tür i. S. d. Absatzes 1 (ebenso Schäfer, Rn. 2; a. M. Dehner, B § 25 H I 1 b Fn. 144).

c) Balkone sind offene, vor die Außenwände von Gebäuden vortretende Platten mit oder ohne Überdachung. Terrassen sind künstlich erhöhte, in der Regel gepflasterte oder mit Platten belegte Flächen, die bei Wohnhäusern – ähnlich wie Balkone – in erster Linie zum geruhsamen Aufenthalt von Menschen bestimmt sind (OLG Celle NdsRpfl. 1972, 306). Nicht jede gepflasterte oder betonierte Freifläche kann bereits als Terrasse angesehen werden (ebenso OLG Celle OLGR 2004, 110, 111; a. A. wohl OLG Koblenz VersR 2006, 1418, das jedoch als Korrektur eine teleologische Reduktion der Vorschrift vornimmt, falls kein „relevanter Blickkontakt" ermöglicht wird) oder auch nur als ein ähnlicher Bauteil.

d) Unter **ähnlichen Bauteilen, die einen Ausblick zum Nachbargrundstück gewähren,** sind solche Bauteile zu verstehen, von denen für den Nachbarn ähnliche Belästigungen ausgehen können wie von Balkonen und Terrassen. Ähnliche Bauteile sind daher insbesondere Altane, Erker, Galerien, Loggien und Veranden. Demgegenüber dürften Kraftfahrzeug-Stellplätze nicht darunter fallen (ebenso Dehner, B § 25 H I 7 Fn. 155).

Ob ein Bauteil als ähnlicher Bauteil i. S. d. Absatzes 5 Satz 1 anzusehen ist, entscheidet sich nach dem bei objektiver Betrachtungsweise aufgrund der architektonischen Gegebenheiten als nächstliegend erscheinenden Nutzungszweck. Die Häufigkeit und Dauer des Betretens oder Verweilens bei der individuellen Nutzung ist demgegenüber unmaßgeblich (Bassenge/Olivet, Rn. 5 zu § 22).

6. Mit den in Erl. 5 genannten Bauteilen ist regelmäßig ein **Grenzabstand von 2,5 m** einzuhalten, wenn sie in oder an der Außenwand eines Gebäudes angebracht sind und die Außenwand parallel **oder in einem Winkel bis zu 60°** zur Grenze des Nachbargrundstücks verläuft (Abs. 1). Der Abstand ist demnach dann nicht einzuhalten, wenn die Außenwand rechtwinklig (s. Abb. 1) oder mit einem Winkel von mehr als 60° (s. Abb. 2 und 3) zur Grenze verläuft. Bei aneinander gebauten Häusern dürfen daher, wenn die Grundstücksgrenze ebenso wie die Trennwand senkrecht oder in einem Winkel von mehr als 60° zur Baufluchtlinie verläuft, Fenster, Türen, Balkone und Terrassen bis dicht an die Grundstücksgrenze heranreichen.

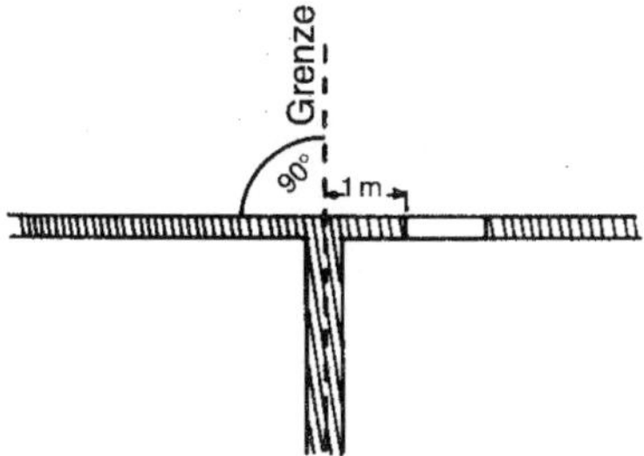

Abb. 1*

In der Geometrie wird der Vollwinkel (Kreis) in 360 Grad (Altgrad, abgekürzt 360°) eingeteilt, sodass auf einen rechten Winkel 90° fallen. Im Vermessungsdienst wird seit 1937 der rechte Winkel in 100 Grad (Neugrad, abgekürzt 100°) eingeteilt. Zur Vermeidung von Missverständnissen ist in Absatz 1 durch die Klammerdefinition „alte Teilung" klargestellt, dass bei der Berechnung des Winkels die geometrische Gradeinteilung zugrunde zu legen ist.

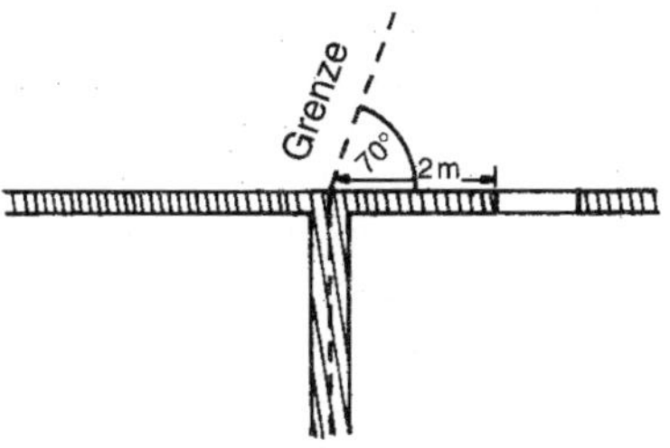

Abb. 2*

* übernommen aus *Bauer/Schlick*

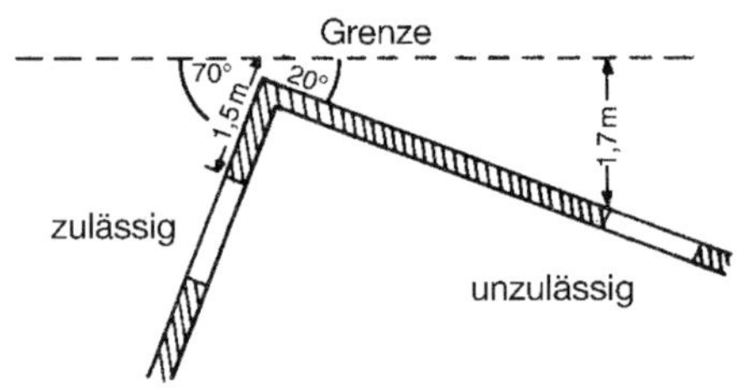

Abb. 3*

Außenwände sind Wände, die den Raumabschluss nach außen herstellen, also in der Regel die vorderen, hinteren und seitlichen Wände, bei einem Rundbau die Wände ringsum.

Dachfenster sind weder in noch an der Außenwand des Gebäudes angebracht. Sie unterliegen daher nicht den Abstandsvorschriften des Absatzes 1 (AG Eisenach, Urt. vom 21. 8. 1996 – 5 C 2080/95). Hierbei kommt es nicht darauf an, ob solche Fenster als „Gauben" (insoweit a. M. Postier, Erl. 1. 1 zu § 20) oder als „Legefenster" angebracht werden (s. Abb. 4 und 5). Andererseits besteht für solche Einrichtungen kein Lichtschutz nach Absatz 3.

7. Der **Abstand ist vom grenznächsten Punkt** des betreffenden Bauteils zu messen (Abs. 5 Satz 2). Ein bestimmter Winkel ist bei der Messung des Abstandes nicht einzuhalten. Der erforderliche Abstand ist daher nur dann gewahrt, wenn die Einrichtung von jedem Punkt der Grenze, soweit diese parallel oder in einem Winkel bis zu 60° zu der Außenwand verläuft, mindestens 2,5 m entfernt ist (vgl. Abb. 6 bis 10).

Wenn ein Teil des Fensters selbst die geringste Entfernung zur Grenze aufweist (z. B. ein vorgebautes Blumenfenster; s. auch Abb. 7), ist vom grenznächsten Punkt des Fensters aus zu messen. Auf vorspringende Gesimse oder Fensterbänke kommt es nicht an.

Ist das Fenster in die Wandöffnung eingelassen (vgl. Abb. 6, 8, 10), so ist der Abstand zwischen der Grenze und der Öffnung im Mauerwerk und damit der Außenwand maßgeblich (ebenso Schäfer/Fink-Jamann/Peter, Rn. 19 zu § 4; a. M. Bassenge/Olivet, Rn. 6 zu § 22;

---

* übernommen aus *Bauer/Schlick*

Schäfer, Rn. 6). Dies hat den praktischen Vorteil, dass der Nachbar bereits im Rohbaustadium prüfen kann, ob das Fenster den Abstandsvorschriften genügt, während es anderenfalls u. U. darauf ankäme, wo der Fensterrahmen in der Wandöffnung befestigt wird.

Bei **Türen** ist in gleicher Weise zu messen.

Bei **Terrassen** sind nur diejenigen Teile der künstlich erhöhten Fläche zu berücksichtigen, die unmittelbar zum Aufenthalt von Menschen bestimmt sind; der eigentlichen Terrasse vorgelagerte, bepflanzte Flächen gehören auch dann nicht dazu, wenn sie mittels einer Stützmauer auf der gleichen Höhe gehalten werden wie die Terrasse selbst (OLG Celle NdsRpfl. 1972, 306, 307). Im Übrigen muss bei Terrassen, Balkonen, Veranden usw. jeder Punkt der Außenkante des betreffenden Bauteils mindestens 2,5 m von der Grenze zum Nachbargrundstück entfernt sein (s. Abb. 11, 12). Verläuft z. B. die Terrasse oder der Balkon schräg zur Grundstücksgrenze, so muss die am weitesten vorspringende Ecke den Mindestabstand aufweisen. Wäre bei rechtwinkliger Ausführung solcher Bauteile der Mindestabstand unterschritten, so kann den gesetzlichen Abstandsvorschriften u. U. dadurch entsprochen werden, dass eine Ecke des Balkons oder der Terrasse abgeschrägt oder abgerundet wird (s. Abb. 12).

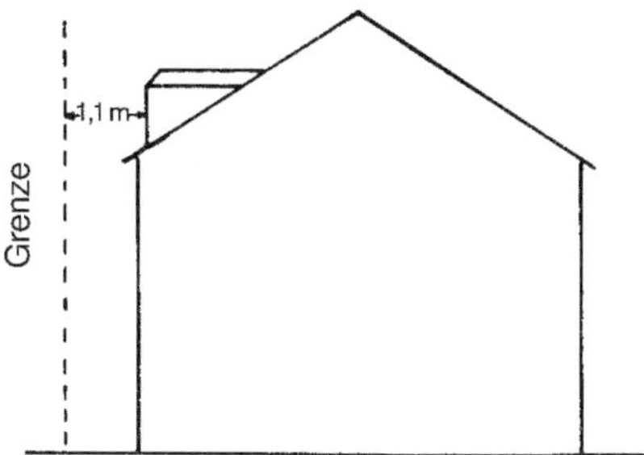

Abb. 4*

---

* übernommen aus *Bauer/Schlick*

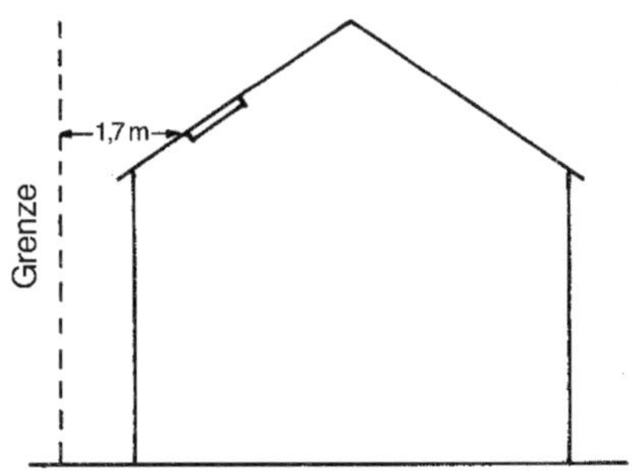

Abb. 5*

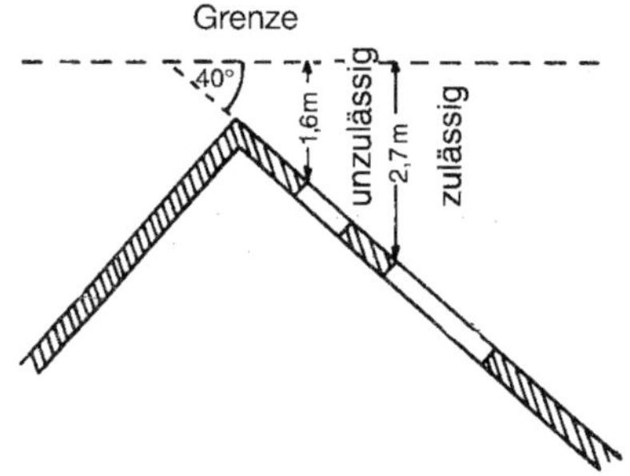

Abb. 6*

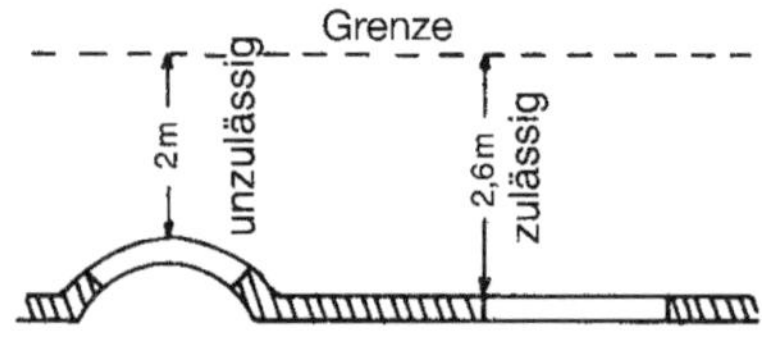

Abb. 7*

* übernommen aus *Bauer/Schlick*

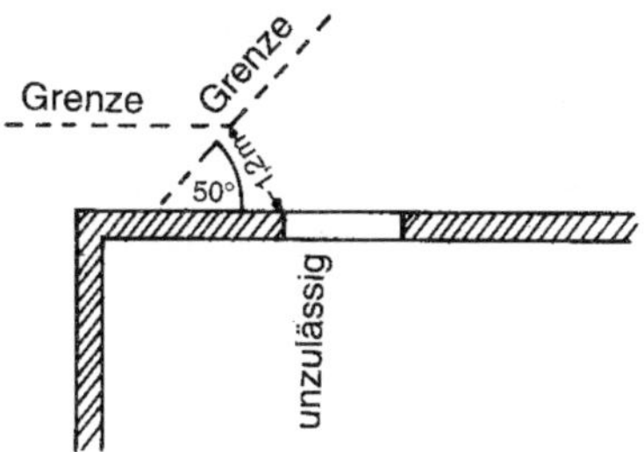

Abb. 8*

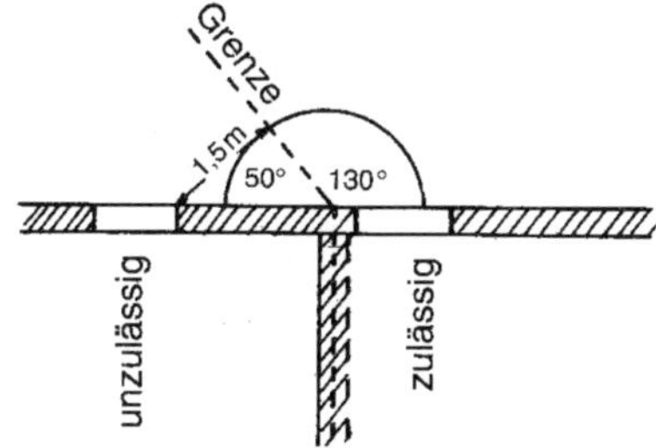

Abb. 9*

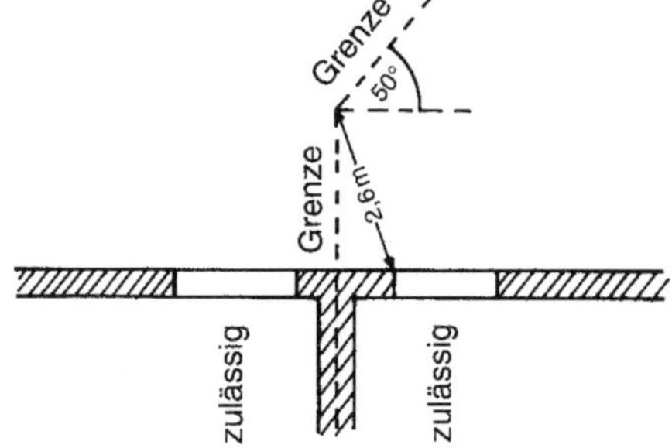

Abb. 10*

* übernommen aus *Bauer/Schlick*

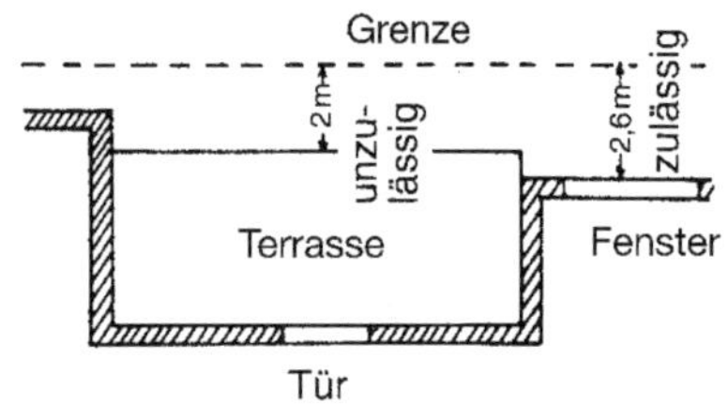

Abb. 11*

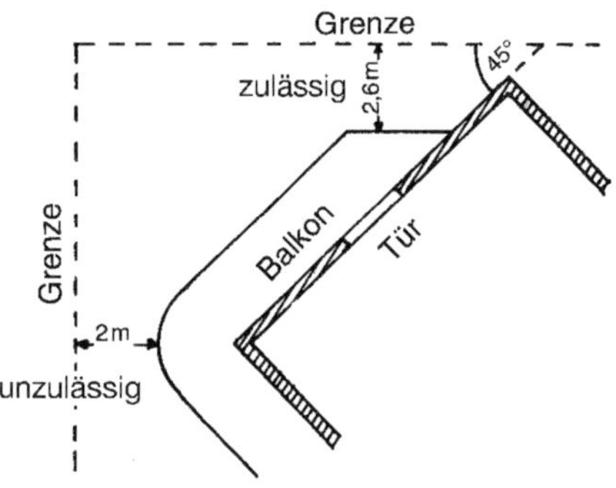

Abb. 12*

8. Ein **Unterschreiten des Mindestabstands** von 2,5 m ist – soweit die Ausnahmebestimmung des § 35 nicht eingreift – **nur mit Einwilligung des Nachbarn,** also des Eigentümers oder des Erbbauberechtigten (§ 1 Abs. 1 Satz 1) des Nachbargrundstücks, zulässig.

a) Die **Einwilligung ist Teil einer schuldrechtlichen „Fensterabrede",** die zunächst nur die vertragsschließenden Nachbarn bindet. Ein Einzelrechtsnachfolger des Einwilligenden ist an die Abrede nur gebunden, wenn er die vertraglichen Pflichten seines Rechtsvorgängers übernommen hat oder diese durch Eintragung einer Grunddienstbarkeit dinglich abgesichert sind. Ein Grundstückseigentümer ist

---

* übernommen aus *Bauer/Schlick*

jedoch an eine von seinem Rechtsvorgänger erteilte Einwilligung in jedem Falle gebunden, wenn im Zeitpunkt des Eintritts der Rechtsnachfolge das mit den „einwilligungsbedürftigen" Fenstern, Türen oder sonstigen Bauteilen versehene Gebäude zumindest im Rohbau fertig gestellt ist (ebenso Schäfer, Rn. 8; Bassenge/Olivet, Rn. 7 zu § 22; vgl. auch OLG Düsseldorf OLGZ 1979, 449). Diese **„Verdinglichung" der „Fensterabrede"** ist eine unmittelbar in den §§ 34 ff. angelegte Beschränkung des Eigentums an Grundstücken, die der Landesgesetzgeber nach Art. 124 EGBGB vornehmen durfte (a. M. Dehner, B § 25 H I 5).

b) Für das **Fensterrecht** nach Absatz 1 ist – anders als für das Lichtrecht nach Absatz 3 – eine **Form für die Einwilligung nicht vorgeschrieben.** Die Einwilligung kann daher mündlich oder durch schlüssiges Verhalten erteilt werden; auch in der Unterzeichnung des Lageplans oder der Bauzeichnungen kann die Kundgabe einer den Anforderungen des Absatzes 1 – nicht des Absatzes 3 (s. Abs. 4 Satz 2) – genügenden Einwilligung liegen (s. § 3, Erl. 4 sowie Erl. 6).

c) Die Zustimmung kann auch **nachträglich** erteilt werden (s. § 3, Erl. 7).

d) Die Einwilligung des Nachbarn wird im Regelfalle im Zusammenhang mit einem bestimmten Bauvorhaben erteilt und ist im Zweifel in ihrer **Wirkung** auch nur auf dieses **konkrete Vorhaben** beschränkt. Die Einwilligung zu einem Bauplan, der ein oder mehrere Fenster im Schutzbereich des Absatzes 1 vorsieht, bedeutet im Zweifel keine Zustimmung dazu, Fenster im Grenzbereich allgemein, an jeder Stelle und für alle Zukunft einbauen zu dürfen (vgl. OLG Braunschweig NdsRpfl. 1991, 49, 50). Daher ist der Nachbar an seine Einwilligung nicht mehr gebunden, wenn die Planung in einem „einwilligungsrelevanten" Punkt nachträglich geändert wird.

Ein mit Einwilligung des Nachbarn angebrachtes Fenster bzw. ein sonstiger Bauteil genießt insofern „**Bestandsschutz**", als der begünstigte Nachbar auch ohne (weitere) Einwilligung die zur Erhaltung und zeitgemäßen Nutzung notwendigen bzw. dienlichen Maßnahmen ergreifen darf (etwa: Austausch eines Holzfensters gegen ein modernes Kunststoff- oder Aluminiumfenster). Demgegenüber ist der Abriss eines Balkons und dessen Ersetzung durch eine konstruktiv und vom

Umfang her abweichende Dachterrasse nicht mehr von der ursprünglichen Einwilligung gedeckt (vgl. OLG Koblenz OLGZ 1988, 248, 251).

9. Die **Erteilung der Einwilligung steht grundsätzlich im freien Belieben des Nachbarn.** Um einer schikanösen Verweigerung der Einwilligung entgegenzuwirken, bestimmt Absatz 2, dass die Einwilligung erteilt werden muss, wenn keine oder nur geringfügige Beeinträchtigungen zu erwarten sind (Amtl. Begr. S. 35). Zu berücksichtigen ist jedes – auch nur ideelle oder immaterielle (BGH LM § 1 NRW-NachbarrechtsG Nr. 2) – Interesse des Nachbarn, z. B. Entzug von natürlichem Licht, Zufuhr von künstlichem Licht, Einblick in das Grundstück, Geruchs- und Geräuschbelästigung, Mithörmöglichkeiten usw. (Bassenge/Olivet, Rn. 8 zu § 22).

Da ein Fensterrecht ohne gleichzeitige Begründung eines Lichtrechts durch eine spätere Verbauung völlig entwertet werden kann, braucht sich der bauwillige Nachbar, wenn die Voraussetzungen des Absatzes 2 vorliegen, mit einer bloß mündlichen Einwilligung des Nachbarn, die ein Lichtrecht nicht entstehen lässt (Abs. 4), nicht zufrieden zu geben. Er hat Anspruch auf Erteilung einer schriftlichen Einwilligung. Dies bedeutet umgekehrt, dass bei der Interessenabwägung auch zu berücksichtigen ist, dass der auf Einwilligung in Anspruch genommene Nachbar nach ihrer Erteilung den Beschränkungen des Absatzes 3 unterworfen ist.

10. Absatz 3 gewährt ein **Lichtrecht für Fenster** und, i. V. m. Absatz 5, für **Balkone, Terrassen und ähnliche Bauteile,** die mit Einwilligung des Nachbarn im Schutzbereich des Absatzes 1 angebracht worden sind. Die Bestimmung gilt nicht für Türen; bei Glastüren, die zugleich die Funktion eines Fensters haben, ist ein Lichtrecht zu bejahen, wenn der Nachbar der Verglasung schriftlich zugestimmt hat.

Wenn und soweit ein Lichtrecht für einen Bauteil besteht, ist nach Absatz 3 Satz 1 mit später zu errichtenden baulichen Anlagen auf dem Nachbargrundstück grundsätzlich ein **Mindestabstand von 2 m** einzuhalten. Für das Messen des Abstands ist auch hier Absatz 5 Satz 2 maßgebend.

Ein Lichtrecht entsteht nur, wenn der Nachbar die nach Absatz 1 erforderliche **Einwilligung schriftlich** (§ 126 BGB) **erteilt** hat (Abs. 4 Satz 1); die **Unterzeichnung der Bauunterlagen genügt nicht** (Abs. 4

Satz 2). Ist die Einwilligung des Nachbarn entbehrlich, weil die Ausnahmebestimmung des § 35 eingreift, so vermag auch eine schriftlich erteilte Einwilligung ein Lichtrecht nicht zu begründen (Saarl.OLG ZMR 1996, 141 ff.).

Da die Formvorschrift des Absatzes 4 nur für das Lichtrecht gilt, hat die Nichteinhaltung der Schriftform nicht die Nichtigkeit der Einwilligung nach § 125 Satz 1 BGB zur Folge, sondern nur eine Reduzierung der Rechtswirkung auf das Entstehen eines Fensterrechts nach Absatz 1.

11. Trotz bestehenden Lichtrechts darf die spätere bauliche Anlage auf dem Nachbargrundstück in einem **geringeren Abstand als 2 m** von dem Fenster oder ähnlichen Bauteil errichtet werden, wenn dadurch der Lichteinfall in das Fenster oder den ähnlichen Bauteil nicht oder nur unwesentlich beeinträchtigt wird, oder wenn die Einhaltung eines geringeren Abstandes baurechtlich geboten ist (Abs. 3 Satz 2). Ob der **Lichteinfall nicht oder nur geringfügig beeinträchtigt** ist, hängt von den Umständen des konkreten Einzelfalles ab. **Baurechtlich geboten** ist die Einhaltung eines geringeren Abstandes, wenn nach baurechtlichen Vorschriften mit einem geringeren Grenzabstand gebaut werden **muss**, ohne dass im konkreten Fall eine Befreiung oder Ausnahmebewilligung erlangt werden kann (Dehner, B § 25 H II 6).

Die Einhaltung des in Absatz 3 vorgeschriebenen Abstands ist ferner nicht erforderlich, wenn der Nachbar in die Abstandsunterschreitung einwilligt (§ 2 Abs. 1) oder die Einwilligung zum Anbringen des Fensters oder ähnlichen Bauteils mit entsprechender Einschränkung zugunsten einer später zu errichtenden baulichen Anlage erteilt worden ist.

12. Wird der **Mindestabstand** des Absatzes 1 ohne die erforderliche Einwilligung **nicht eingehalten,** so kann der Nachbar nach § 1004 Abs. 1 Satz 1 BGB die – je nach Sachlage völlige oder teilweise – **Beseitigung** der gesetzwidrig angebrachten Einrichtung verlangen. Die Zwangsvollstreckung erfolgt nach § 887 ZPO durch Zumauern des Fensters oder der Tür bzw. durch Abriss des Balkons usw. Im Einzelfall kann das Beseitigungsverlangen rechtsmissbräuchlich sein; dies ist insbesondere dann zu bejahen, wenn mit der unerlaubten Grenzüberschreitung keine oder nur so geringfügige Beeinträchtigungen verbunden sind, dass der Nachbar die Erteilung der Einwilligung nach Absatz 2 nicht hätte versagen dürfen (vgl. BGH LM § 1 NRW-NachbarrechtsG Nr. 2).

Bei Unterschreitung des in Absatz 3 festgelegten Mindestabstands für die spätere Errichtung baulicher Anlagen geht der Anspruch nach § 1004 Abs. 1 Satz 1 BGB auf Beseitigung oder Zurücksetzung der baulichen Anlage. Da die Verantwortlichkeit nach den Kriterien des § 1004 BGB zu bestimmen ist, kann der Eigentümer nicht in Anspruch genommen werden, wenn er das Grundstück verkauft und übergeben hat und der Bauteil von dem noch nicht im Grundbuch als Eigentümer eingetragenen Käufer errichtet worden ist (OLG Koblenz VersR 2006, 1418; s. auch BGH NJW 1998, 3273). Auch diesem Anspruch kann im Einzelfall der Missbrauchseinwand entgegenstehen, etwa wenn der in Anspruch Genommene dem Beseitigungsbegehren nur unter unverhältnismäßigen, vernünftigerweise nicht mehr zuzumutenden Aufwendungen entsprechen könnte (vgl. BGH LM § 1 NRW-NachbarrechtsG Nr. 3).

Der auf Beseitigung der Einrichtung oder der baulichen Anlage in Anspruch genommene Nachbar kann sich nicht auf eine für sein Vorhaben erteilte Baugenehmigung berufen (s. Erl. 4). Der Beseitigungsanspruch muss nach § 36 innerhalb einer Ausschlussfrist von zwei Jahren im Klagewege geltend gemacht werden.

§ 35 Ausnahmen

Eine Einwilligung nach § 34 ist nicht erforderlich

1. **soweit die Anbringung der Fenster, Türen oder Bauteile (§ 34 Abs. 5) baurechtlich geboten ist,**
2. **für Lichtöffnungen, die nicht geöffnet werden können und entweder mit ihrer Unterkante mindestens 1,80 m über dem Fußboden des zu erhellenden Raumes liegen oder undurchsichtig sind,**
3. **für Lichtschächte und Öffnungen, die unterhalb der angrenzenden Erdoberfläche liegen,**
4. **für Fenster oder andere Öffnungen zur Belichtung oder Belüftung von Ställen in Dorfgebieten,**

5. **für Außenwände gegenüber Grenzen zu öffentlichen Verkehrsflächen, Grünflächen und Gewässern, wenn die Flächen oder Gewässer (Mittelwasserstand) mindestens 3 m breit sind.**

Erläuterungen

1. Die Vorschrift nimmt aus unterschiedlichen Erwägungen einige Tatbestände von dem Erfordernis der Einwilligung des Nachbarn nach § 34 aus. Wenn und soweit die Voraussetzungen des § 35 erfüllt sind, ist **ein Unterschreiten des Mindestabstands** nach § 34 Abs. 1 auch **ohne Einwilligung** möglich. Ein **Lichtrecht** nach § 34 Abs. 3 **entsteht nicht,** und zwar selbst dann nicht, wenn die – entbehrliche – Einwilligung gleichwohl in der Form des § 34 Abs. 4 erteilt wird. In diesem Falle mag die Auslegung der Willenserklärung ergeben, dass nach dem Willen der beteiligten Nachbarn bei einer später zu errichtenden baulichen Anlage auf dem angrenzenden Grundstück die Abstandsregelung des § 34 Abs. 3 zu beachten sein soll. Ohne dingliche Sicherung dieser Abrede durch Eintragung einer Dienstbarkeit lässt sich jedoch eine Bindung des Einzelrechtsnachfolgers an diese Abrede nicht erreichen (Saarl.OLG ZMR 1996, 141 ff. zu §§ 35, 36 SaarlNRG).

2. Nach Nummer 1 ist eine Einwilligung des Nachbarn entbehrlich, wenn die Anbringung der Fenster, Türen oder Bauteile i. S. d. § 34 Abs. 5 Satz 1 **baurechtlich geboten** ist. Dabei kann sich der bauwillige Nachbar allerdings im Regelfalle nicht auf die Bestimmung des § 47 Abs. 2 ThürBO berufen. Ihm ist es zuzumuten, sich der Notwendigkeit, Fenster im Schutzstreifen anzubringen, soweit wie möglich durch eine andere bauliche Gestaltung zu entheben und sei es dadurch, dass er mit der dem Nachbargrundstück zugekehrten Seite seines Hauses insgesamt den Mindestabstand des § 34 Abs. 1 einhält (ebenso Schäfer, Rn. 1; Bassenge/Olivet, Rn. 3 zu § 23; Dehner, B § 25 H I 4).

Die praktische Bedeutung der Vorschrift ist gering. Der nach Bauordnungsrecht einzuhaltende Mindestabstand beträgt regelmäßig 3 m (§ 6 Abs. 5 ThürBO); soweit geschlossene Bauweise vorgeschrieben ist, wird diesem baurechtlichen Gebot im Allgemeinen durch die Errichtung zweier Grenzwände Rechnung getragen, in denen ohnehin keine Fenster oder Türen angebracht werden können (vgl. Dehner, a. a. O.).

3. Die von Nummer 2 erfassten **Lichtöffnungen** sind oft geeignet, die Belichtungsverhältnisse in einem Gebäude wesentlich zu verbessern, ohne dass damit nennenswerte Beeinträchtigungen für das Nachbargrundstück verbunden sind. Ein anzuerkennendes Schutzbedürfnis, solche Öffnungen zu verhindern, besteht nicht. Mit diesen Erwägungen, die insbesondere bei **Glasbausteinen** zutreffen, hat der Gesetzgeber die Ausnahmebestimmung der Nummer 2 begründet (Amtl. Begr. S. 35).

Die Lichtöffnung muss so konstruiert sein, dass sie **nicht geöffnet werden kann.**

Hinzukommen muss, dass die Lichtöffnung **entweder undurchsichtig** ist **oder** mit ihrer Unterkante **mindestens 1,8 m über dem Fußboden** des zu erhellenden Raumes liegt. **Undurchsichtigkeit** kann durch Verwendung solchen Materials erzielt werden, das zwar die Lichtstrahlen durchlässt, aber keinen Ausblick gewährt (z. B. Milchglas, gewelltes Glas oder entsprechende Glasbausteine). Wird undurchsichtiges Material verwendet, so darf die Lichtöffnung in jeder beliebigen Höhe angebracht werden. Dagegen muss sie bei Verwendung durchsichtigen Materials mit ihrer Unterkante mindestens 1,8 m über dem Fußboden (bzw. über darunter befindlichen Treppenstufen) des zu erhellenden Raumes liegen. .

4. Nummer 3 enthält eine weitere Ausnahme für Lichtschächte und Öffnungen, die wegen ihrer tiefen Lage keine Belästigungen des Nachbarn mit sich bringen können. Maßgebend ist die jeweilige Höhe der an die Einrichtung angrenzenden Erdoberfläche.

5. Die in Nummer 4 erwähnten Belichtungs- oder Belüftungsöffnungen sind in ländlichen Gebieten durchweg ortsüblich und werden nicht als Belästigung empfunden.

6. Nach Nummer 5 ist die in § 34 Abs. 1 vorgeschriebene Einwilligung nicht erforderlich, wenn die Fenster, Türen und gleichgestellten Bauteile an der Grenze zu mindestens 3 m breiten öffentlichen Verkehrsflächen, Grünflächen oder Gewässern angebracht werden sollen, weil hier ein Schutzbedürfnis des Nachbarn in aller Regel nicht vorliegt. **Öffentliche Verkehrsflächen** sind insbesondere die öffentlichen Straßen i. S. d. § 2 ThürStrG, also diejenigen Straßen, Wege und Plätze, die dem öffentlichen Verkehr gewidmet sind; ferner die Schienenwege von Eisenbahnen, die dem öffentlichen Verkehr dienen. **Öffentliche Grünflächen** sind vor allem öffentliche Parkanlagen, Spielplätze, Rasenflächen sowie Friedhöfe. Unter **Gewässern** sind oberirdische Gewässer i. S. d. § 3 Nr. 1 WHG zu verstehen, also das ständig oder zeitweilig in Betten fließende oder stehende oder aus Quellen wild abfließende Wasser. Da die Breite von Gewässern je nach Wasserstand ständig schwankt, stellt das Gesetz auf den Mittelwasserstand ab; dieser ergibt sich wiederum aus dem rechnerischen Mittel bestimmter Jahresmittelwasserstände oder aus den Festsetzungen der Wasserbehörde (vgl. im Einzelnen § 5 Abs. 2, 3 ThürWG).

§ 36 Ausschluß des Beseitigungsanspruchs

Der Anspruch auf Beseitigung einer Einrichtung im Sinne des § 34, die einen geringeren als den dort vorgeschriebenen Abstand einhält, ist ausgeschlossen, wenn der Nachbar nicht innerhalb von zwei Jahren nach dem Anbringen Klage auf Beseitigung erhoben hat.

Erläuterungen

1. Die Vorschrift will vor allem **im Interesse des Rechtsfriedens** verhindern, dass noch viele Jahre nach der Anbringung gesetzwidriger Einrichtungen deren Beseitigung verlangt wird, obwohl der Erbauer sich schon darauf einrichten konnte, dass der Nachbar diese Bauausführung duldet. Weiterhin will die Bestimmung den Erbauer einer durch Zeitablauf regelmäßig größer werdenden Beweisnot entheben (Amtl. Begr. S. 36).

Nach dem Gesetzeswortlaut gilt der Anspruchsausschluss nach Ablauf der Zweijahresfrist für die Beseitigung einer **„Einrichtung" i. S. d. § 34.** Solche Einrichtungen sind alle Fenster, Türen oder sonstige Bauteile, die ohne die erforderliche Einwilligung im Schutzbereich des § 34 Abs. 1 (Fensterrecht) angebracht worden sind (diese Fallkonstellation wird in der Amtl. Begr. S. 36 ausdrücklich angesprochen). Eine Einrichtung i. S. d. § 34 ist aber, da das Gesetz nicht nur von einer Einrichtung i. S. d. § 34 Abs. 1 spricht, auch eine bauliche Anlage, die ohne die Einhaltung des Mindestabstands des § 34 Abs. 3 Satz 1 (Lichtrecht) errichtet worden ist. Allein diese weite Auslegung wird dem vorrangigen Normzweck, nämlich der Erhaltung des nachbarlichen Friedens, gerecht (ebenso Schäfer, Rn. 2).

2. Die **Frist beginnt mit dem Anbringen der Einrichtung** zu laufen, und zwar ohne Rücksicht darauf, ob sie mit dem formellen und materiellen Bauordnungsrecht in Einklang steht (vgl. OLG Celle OLGR 2004, 110, 113 zu § 25 NNachbG; s. aber Erl. 4). Hierbei ist auf das Erreichen des Bauzustands abzustellen, bei dem eindeutig erkennbar wird, dass etwa im Schutzbereich des § 34 Abs. 1 ein Fenster, eine Tür oder ein anderer, nach § 34 Abs. 5 gleichgestellter Bauteil angebracht werden soll (vgl. Hodes/Dehner, Rn. 1 zu § 13).

3. Für die Berechnung der Zweijahresfrist gelten die § 187 Abs. 1, § 188 Abs. 2 und 3 BGB. Die Frist ist eine **Ausschlussfrist,** d. h. der Anspruchsberechtigte wird nach Ablauf der Frist mit seinem Recht ausgeschlossen, auch wenn er die betreffende Handlung – hier die Erhebung der Klage – nicht vornehmen konnte oder wenn er von seinem Recht nicht unterrichtet war. Die BGB-Bestimmungen über die Hemmung, die Ablaufhemmung und den Neubeginn der Verjährung (§§ 203 ff. BGB) sind grundsätzlich nicht anwendbar. Die Frist kann nicht verlängert werden und gegen ihre Versäumung gibt es keine Wiedereinsetzung in den vorigen Stand (vgl. MüKoBGB/Grothe, Rn. 12 Vor § 194).

Zur Fristwahrung genügt die Erhebung der Klage. Diese erfolgt durch Zustellung der Klageschrift (§ 253 Abs. 1 ZPO). Gemäß § 167 ZPO wirkt die Zustellung auf den Zeitpunkt der Klageeinreichung zurück, sofern sie demnächst erfolgt (vgl. zu weiteren Einzelheiten Palandt/Ellenberger, Rn. 7 zu § 204 sowie die ZPO-Kommentierungen zu § 167).

Auf den Lauf der Frist bzw. auf den Eintritt oder die Fortdauer des Anspruchsausschlusses ist ein **Wechsel im Grundstückseigentum,** sei es im Wege der Gesamt- oder auch der Einzelrechtsnachfolge, **ohne Einfluss** (vgl. BGHZ 60, 235, 240; 98, 235, 241; 125, 56, 65).

Da mit Fristablauf der Beseitigungsanspruch erlischt, also anders als bei der Verjährung dem Schuldner kein bloßes Leistungsverweigerungsrecht (Einrede) zugebilligt wird (vgl. § 214 BGB), ist der Anspruchsausschluss im Prozess von Amts wegen zu berücksichtigen.

4. Ist die **Zweijahresfrist** abgelaufen, ohne dass der gestörte Nachbar Klage erhoben hat, **können** er und seine Rechtsnachfolger **nicht mehr Beseitigung** der Einrichtung wegen Unterschreitung des nach § 34 Abs. 1 oder 3, gegebenenfalls i. V. m. Absatz 5, einzuhaltenden Mindestabstands **verlangen.** Weitere Wirkungen treten nicht ein. Insbesondere führt das Erlöschen des Beseitigungsanspruchs aus § 1004 Abs. 1 Satz 1 BGB i. V. m. § 34 Abs. 1 nicht zum Entstehen eines Lichtrechts i. S. d. § 34 Abs. 3. Der Nachbar, der es verabsäumt, rechtzeitig Klage auf Beseitigung eines im Schutzbereich des § 34 Abs. 1 angebrachten Fensters oder sonstigen gleichgestellten Bauteils zu erheben, wird deshalb in der baulichen Nutzung seines Grundstücks nicht beeinträchtigt.

Die **Duldungspflicht** währt **nur so lange,** wie die gesetzwidrig angebrachte **Einrichtung vorhanden** ist. Wird das Gebäude abgerissen oder der zu duldende Bauteil durch einen anderen ersetzt, so muss bei der Neuerrichtung der in § 34 Abs. 1 oder 3 vorgeschriebene Mindestabstand eingehalten werden. (vgl. § 34, Erl. 8 d).

5. § 36 ist eine **Ausnahmevorschrift.** Die Beweislast dafür, dass der Beseitigungsanspruch wegen Ablaufs der Ausschlussfrist erloschen ist, trägt der auf Beseitigung des gesetzwidrig angebrachten Bauteils in Anspruch genommene Nachbar.

6. Bezüglich des Ausschlusses des Beseitigungsanspruchs wegen solcher Einrichtungen, die vor dem 1. 1. 1993, dem Inkrafttreten des ThürNRG, bereits vorhanden waren, trifft das Gesetz in § 54 Abs. 1 eine besondere Übergangsbestimmung (s. § 54, Erl. 2).

Achter Abschnitt
Dachtraufe

§ 37 Ableitung des Niederschlagswassers

(1) Der Eigentümer und der Nutzungsberechtigte eines Grundstücks müssen ihre baulichen Anlagen so einrichten, daß Niederschlagswasser nicht auf das Nachbargrundstück tropft, auf dieses abgeleitet wird oder übertritt.
(2) Absatz 1 findet keine Anwendung auf frei stehende Mauern entlang öffentlicher Straßen, Grünflächen und Gewässer, es sei denn, daß die Zuführung des Wassers zu wesentlichen Beeinträchtigungen führt oder dadurch Dritte gefährdet werden.

Erläuterungen

1. Grundlagen. Der Abfluss von auf einem Nachbargrundstück austretenden oder auf es auftreffenden Quell- oder Niederschlagswassers hat erhebliche Bedeutung für die nachbarrechtliche Praxis. Ganz allgemein gilt, dass der Unterlieger das abfließende Wasser einschließlich des z. B. bei einem Hochwasser angeschwemmten Abfalls (vgl. BVerwGE 106, 43) aufzunehmen hat (zur Rechtsgeschichte BGHZ 114, 183, Rn. 27 ff.), dass aber der Oberlieger nichts unternehmen oder pflichtwidrig dulden darf, was außerhalb der bestimmungsgemäßen Nutzung des Grundstücks den Ablauf verstärkt oder konzentriert (OLG Koblenz, Urt. v. 1.9.2011, 1 U 1299/10). Das **Wassernachbarrecht** fand sich herkömmlich im **Landesrecht** (vgl. Art. 65 EGBGB betr. die wasserrechtlichen Berechtigungen wie Mühlenrechte oder Flötzrechte und Art. 124 EGBGB betr. die Rechtsverhältnisse in der unmittelbaren Grundstücksnachbarschaft). Einige Landesrechte haben die wasserrechtlichen Regelungen privatrechtlicher Natur einheitlich in den Nachbarrechtsgesetzen getroffen (so das Saarland in §§ 38 ff. NRG SL). Zum Teil ist privates Wassernachbarrecht auch in den Landeswassergesetzen enthalten. Der Thüringer Gesetzgeber hat in Anlehnung an das NachbG Rheinland-Pfalz sich im Nachbargesetz auf das sog. Trauf- oder Baulichkeitswasser beschränkt und Aussagen zur Ableitung wild auf ein Grundstück auftreffenden Wassers im Wassergesetz (§ 83 ThürWG) getroffen. Seit dem 1.3.2010 gilt insoweit mit

§ 37 WHG Bundesrecht. Ansätze für Schadensersatz- und Abwehransprüche aus §§ 823, 839, 1004 BGB können sich auch nach Maßgabe landesrechtlicher Vorgaben ergeben (BGH NJW-RR 2016, 24, Rn. 7) und z.B. daraus folgen, dass das Sammeln und Ableiten von Niederschlagswasser im Gemeindegebiet hoheitliche Aufgabe der Gemeinde ist, sodass diese für infolge unzulänglicher Sammel- oder Ableitungseinrichtungen auftretende Schäden Ersatz zu leisten hat (BGHZ 140, 380, 384 betr. einen Wasserschaden verursacht durch aus angrenzenden Weinbergen zuströmendes Regenwasser). Auch resultieren Haftungsmöglichkeiten aus der allgemeinen Verkehrssicherungspflicht (vgl. BGH NVwZ-RR 2014, 252 (BAB-Entwässerung(; NVwZ-RR 2006, 469 [überlaufende Stauanlage]). Soweit Landesrecht sich neben § 37 WHG mit dem Wasserabfluss befasst, gilt es nur in Übereinstimmung mit § 37 WHG (Art. 31 GG). Jedenfalls beurteilt sich die Abwehr durch die Grobimmission Wasser bewirkter Beeinträchtigungen nur im Rahmen privat- und öffentlich-rechtlichen Normenzusammenhangs (BGH NJW-RR 2016, 24, Rn. 7; NJW-RR 2000, 537, 538).

2. Landeswasserrecht

a) Überblick. § 83 Abs. 2, 3 ThürWG regelt in Übereinstimmung mit § 37 WHG die Ableitung **wild auf ein Grundstück treffenden Wassers** zwischen Nachbarn i. S. d. § 1 als privates Nachbarrecht (BGH NJW 1991, 2770, 2771 zum inhaltsgleichen § 115 LWG NW; LG Meiningen, Urt. v. 20.12.1996, 5 S 288/96 betreffend den Einbau einer ablaufhemmenden Schwelle auf dem Unterliegergrundstück). Das dem oberliegenden Eigentümer geltende Verbot des Abs. 2, den Wasserablauf von seinem Grundstück so zu ändern, dass das tiefer liegende Grundstück beeinträchtigt werden kann, setzt die Aufnahmepflicht des unterliegenden Grundstücks voraus (s. o. 1). Allein der Abfluss der Grob-Immission „Wasser“ bewirkt mithin keine Störung i. S. d. § 1004 BGB. Aus § 83 Abs. 2 ThürWG kann nicht die Beseitigung von Anlagen gefordert werden, die der Nachbar auf seinem Grundstück unterhält, um Quell- oder Niederschlagswasser **zu sammeln** (z. B. in einem Brauchwasserreservoir oder in einem Teich), um es auf dem Grundstück zu verwenden oder zum Versickern zu bringen. Dabei darf das Sammeln nicht zum Nachteil des höher liegenden Grundstücks ausarten (§ 37 Abs. 1 S. 1 WHG). Ein Teilhaberecht am

Wasserabfluss verschafft § 83 ThürWG nicht. Im Gemeindegebiet ist das Sammeln und Ableiten von Niederschlagswasser hoheitliche Aufgabe der Gemeinde. Diese haftet für infolge unzulänglicher Sammel- oder Ableitungseinrichtungen auftretende Schäden gem. Art. 34 GG, 839 BGB (BGHZ 140, 380, 384 betreffend einen Wasserschaden verursacht durch aus angrenzenden Weinbergen zuströmendes Regenwasser). § 83 Abs. 2 ThürWG respektiert das durch Art. 14 GG geschützte Eigentümerbelieben. So ist dem Oberlieger nicht verwehrt, sein Grundstück anders als bisher zu nutzen (z. B. andere landwirtschaftliche Kultur (BGHZ 114, 183), Gebäudeerrichtung), auch wenn dies Änderungen des Abflussverhaltens von Niederschlagswasser zur Folge hat; diesen hat im Rahmen der §§ 37 WHG, 83 Abs. 2 ThürWG der Unterlieger grds. so hinzunehmen, wie er ankommt. Deswegen kann verstärkter Wasserzufluss nicht abgewehrt werden, wenn er darauf beruht, dass auf dem Nachbargrundstück bauliche Anlagen entfernt worden sind, welche das Niederschlagswasser in eine andere Richtung gelenkt bzw. Hochwasser aufgenommen haben oder dass dort eine Sickergrube geschlossen ist (OLG Düsseldorf RdL 2000, 152, 153 zu § 15 LWGNW; OLG Celle OLGR 2001, 295, 296). Gleiches gilt für eine Grundstückserhöhung, weil § 43 Wasserschäden nicht erfasst (vgl. § 43, Erl. 4). Nicht verantwortlich ist das oberliegende Grundstück für dort befindliche Wasserableitungsanlagen, die von dritter Seite allein zum Schutz der unterliegenden Grundstücke errichtet worden sind (BGH, NJW 2014, 19).

b) Änderungsverbot. Das in § 83 Abs. 2 ThürWG statuierte Verbot schützt **sämtliche Grundstücke,** auf die sich die durch eine künstlich veränderte Zuleitung oder Abdämmung verursachten Folgen auswirken können. Insoweit ist der in § 37 Abs. 1 S. 1 WHG klar gestellte Schutz eines höher liegenden Grundstücks in § 83 Abs. 2 ThürWG enthalten. Die Vorschrift ist Grundlage von Unterlassungs- oder Beseitigungsansprüchen nach § 1004 BGB. Das Abwehrrecht richtet sich gegen die durch eine Aufstauungs- oder Ableitungsanlage bewirkte Gefahr einer Eigentumsbeeinträchtigung. Ob eine Zuleitungs- oder Abdämmungsanlage sich derart auswirken kann, ist im Einzelfall nach Maßgabe der Belegenheit der Grundstücke und der Art und Weise der beanstandeten Anlage zu würdigen. Die Beeinträchtigungsgefahr muss sich nicht als Wasserschaden verwirklicht haben. Das Wirkungspotenzial der Anlage ist im Hinblick auf einen gedachten außergewöhnlich starken Anfall von wild abfließendem Wasser zu beurteilen, weil sich gerade dann die Gefährlichkeit der zuleitenden bzw. abdämmenden Maßnahmen erweist. Eine besondere Qualität der Belästigung fordert § 83 Abs. 2 ThürWG nicht, sodass nicht nur die Gefahr erheblicher Belästigungen unterbunden werden kann. Um Belästigungen i. S. d. Abs. 2 auszulösen, müssen aus der Anlage Schäden drohen, welche über das hinausgehen, was angesichts der natürlichen Situation, in der die Grundstücke sich befinden, und bei Beachtung der Entscheidungsfreiheit des Eigentümers betreffend die wirtschaftliche Grundstücksnutzung üblicherweise als Folge abfließenden Wassers zu erwarten ist (LG Saarbrücken, Urt. v. 20.1.2000, 11 S 175/99 betreffend die Vernässung von Landwirtschaftsflächen durch von Tennisplätzen abgeleitetes Wasser). Verbot und Unterlassungsanspruch sind gegen den Eigentümer oder Nutzungsberechtigten des Nachbargrundstücks (§ 1) gerichtet, nicht aber gegen dort in dessen Auftrag tätig gewesene Dritte (z. B. Bauunternehmer; OLG Celle OLGR 2000, 275, 276). § 83 Abs. 2 ThürWG ist Schutzgesetz i. S. d. § 823 Abs. 2 BGB. Ein Recht, die Anlagen zu verbieten, begründet § 83 ThürWG nicht (vgl. BGH NJW 2000, 537, 538 zu § 21 HessNRG).

3. Baulichkeitswasser. § 37 betrifft den Wasserabfluss nur mittelbar; unmittelbar ist der Zustand auf dem Grundstück befindlicher baulicher Anlagen geregelt. Daher enthält § 37 weder eine allgemeine Regelung zur Ableitung von Oberflächenwasser noch ein **Traufrecht** (BGH, NJW-RR 2016, 24, Rn. 20); zum historischen Verständnis vgl. Dehner B § 26 I). Ein solches kann durch privatrechtlicher Vereinbarung begründet und durch Grunddienstbarkeit dinglich gesichert werden. Auf ein Traufrecht stellt § 38 ab. Der eigenständige **Regelungsgehalt des § 37** liegt darin klarzustellen, dass das Herübergelangen des von einer auf dem Nachbargrundstück gebauten Anlage abfließenden Wassers nicht als umweltadäquate Folge des Grundstückszustandes anerkannt wird und dass der Grundstückseigentümer Zustandsstörer ist, wenn die baulichen Anlagen auf seinem Grundstück nicht den Anforderungen des Abs. 1 entsprechen (BGH NJW 2012, 3294 Rn. 10) und die Nutzung des Nachbargrundstück nicht unwesentlich beeinträchtigen

(BGH NJW-RR 2016, 24 , Rn. 23); insoweit ist Abs. 1 auch Schutzgesetz i. S. d. § 823 Abs. 2 BGB. Für den Abwehranspruch kommt es nicht darauf an, ob die zuleitende Baulichkeit ortsüblich ist (BGH,NJW-RR 2016, 24, Rn. 9). Entsprechen die Baulichkeiten nicht den Anforderungen des § 37 und hat der Eigentümer das – wie regelmäßig – zu vertreten (BGH NJW 2012, 3294 Rn. 17), ist er dem Nachbarn zum Schadensersatz verpflichtet (BGH NJW 1985, 1774, 1775 insbes. zu den Beweisanforderungen); daneben kann ein Ausgleichsanspruch nach § 906 Abs. 2 S. 2 analog bestehen (BGH NJW 2012, 3294 Rn. 18 ff.). Dem privatrechtlichen Abwehrrecht entspricht im Bauordnungsrecht das Versiegelungsverbot in § 8 Abs. 1 ThürBO (zum nachbarschützenden Charakter vgl. Hodes/Dehner, Einf. § 26).

4. Niederschlagswasser. § 37 betrifft nur das von einer baulichen Anlage **auftreffende, abgeleitete oder übertretende** Wasser und ist nur anwendbar im Verhältnis der direkten Nachbarn. Unter Ableiten versteht § 37 Abs. 1 jede Maßnahme, welche Niederschlagswasser dem Nachbargrundstück zuführt (LG Gera, Urt. v. 22.6.1999, 10 S 71/99); Sickerwasser, das im Untergrund auf eine wasserundurchlässige Bodenschicht trifft und seinem natürlichen Fluss folgend auf das Nachbargrundstück gelangt, ist nicht abgeleitet i. S. d. § 37 (OLG Frankfurt OLGR 1998, 338, 340 zu § 26 Nr. 1 HessNRG). § 37 ist daher anzuwenden auf das Niederschlagswasser, das entweder von baulichen Anlagen abfließt oder durch eine Anlage gehindert wird, auf dem Grundstück zu versickern, sodass Sickerwasser vermehrt auf das Nachbargrundstück übertritt (BGH NJW-RR 2016, 24, Rn. 18); insoweit geht § 37 § 83 ThürWG vor (BGH a.a.O.). Erreicht das Wasser die Grundstücksoberfläche nicht, ist es auch dann nicht abgeleitet i. S. d. § 37, wenn ein Abflussrohr es durch den zum Nachbargrundstück zählenden Luftraum abführt (LG Gera, Urt. v. 22.5.2001, 8 S 651/00; zutreffend a.A. AG Altenburg, Urt. v. 14.11.2000, 5 C 483/00; vgl. BGH NJW-RR 2016, 24, Rn. 19). § 37 betrifft nicht nur das vom Gebäude direkt auf das Nachbargrundstück ablaufende Wasser. Gleichfalls nach § 37 (nicht nach § 83 ThürWG) ist das Niederschlagswasser zu behandeln, welches vom Gebäude auf das Eigentümergrundstück und von dort auf das Nachbargrundstück abfließt (BGH NJW-RR 2016, 24 Rn. 10). Das von der baulichen Anlage „gesammelte" Wasser darf also weder direkt auf das Nachbargrundstück auftreffen, noch mittelbar über Leitungen, Rinnen. künstliche Sickersperren oder auf sonstige Weise dorthin gelangen. Eine Sondersituation kann sich bei erlaubter Grenzbebauung ergeben (vgl. OLG Nürnberg OLGR 2000, 105). Soweit Niederschlagswasser von einem weiteren, oberhalb liegenden Grundstück stammt, ist es im Verhältnis der unmittelbaren Nachbarn kein „Baulichkeitswasser" i. S. d. § 37 Abs. 1, sondern wild abfließendes Wasser. **Niederschlagswasser** kann Regenwasser oder geschmolzener Schnee sein; die Stärke des Zuflusses ist unerheblich („tropft"). In Betracht kommt auch Hagel, der auf der baulichen Anlage auftrifft, von dieser auf das Nachbargrundstück gelangt und schmilzt. Gleiches gilt für Schnee, der in Gestalt einer Dachlawine abgerutscht ist. Die unmittelbare „Zufuhr" von **Schnee und Eis**, sei es durch Auftreffen einer Dachlawine, sei es durch manuelle oder technisch unterstützte Maßnahmen, ist als Grobimmission ohne Weiteres abwehrfähig. Ist das Gefrorene getaut, hat der zuführende Nachbar Schäden gem. §§ 823 Abs. 2, 1004 BGB zu ersetzen.

5. Bauliche Anlagen. Mit dem Begriff **„bauliche Anlagen"** bezieht § 37 sich auf § 2 Abs. 1 ThürBO (vgl. § 3, Erl. 4 a). Bauliche Anlage ist auch eine frei stehende Mauer (Abs. 2) oder eine belagversiegelte Terrasse, sodass als Traufwasser i. S. d. § 37 i. V. m. § 1004 BGB das von dort ablaufende Niederschlagswasser zu behandeln ist (OLG Düsseldorf RdL 2000, 152, 153). Der Grund der Errichtung der baulichen Anlage (z. B. Veränderung der Bewirtschaftungsart) ist unerheblich (BGH LM Nr. 10 zu § 27 NRG NRW; OLG Düsseldorf RdL 2000, 152, 153). Für eine Baulichkeit, welche als Scheinbestandteil (§ 95 BGB) eine rechtlich selbstständige, bewegliche Sache ist (vgl. § 1, Erl. 2 c), gilt Abs. 1 nicht nur, wenn sie dem Grundstückseigentümer oder dinglich Nutzungsberechtigten gehört. Indem Abs. 1 sich auf den Zustand „ihrer" Anlage bezieht, sind auch die Baulichkeiten gemeint, auf deren Zustand der Eigentümer durch den Überlassungsvertrag einwirken kann. Wäre § 37 auf diese Fälle nicht anwendbar, würde einerseits der Grundstückeigentümer als Teil der Pflicht zur Nutzungsüberlassung auch für die bauliche Anlage meist das ablaufende Niederschlagswasser auf seinem Grundstück aufzunehmen haben, andererseits müsste der Nachbar das ihm von dort zufließende Wasser nach dem allgemeinen Grundsatz (s. o. 1.) aufnehmen. Dieses Ergebnis wäre unbillig, weil es sich als Folge einer vom betroffenen Nachbarn nicht zu beeinflussenden Rechtslage auf dem benachbarten Grundstück zufällig ergibt und der inneren Rechtfertigung entbehrt. Die in der Vorauflage vertretene gegenteilige Meinung wird aufgegeben.

6. Ableitung. Abs. 1 verlangt zur Ableitung des Niederschlagswassers **geeignete Vorkehrungen**. Die Anlage muss wirksam sein. Sie kann in einem Anschluss an den öffentlichen Abwasserkanal bestehen oder in einer Sickergrube (zur Einleitung des Fangrohrs in die Sickergrube und zur Sicherung der Grube gegen Verschlammung vgl. BGH LM Nr. 10 zu § 27 NachbG NRW). Ist weder die eine noch die andere Ableitungsmöglichkeit wirtschaftlich zumutbar umzusetzen, kann ein Anspruch nach § 26 gegeben sein. Ihn kann der ableitungsverpflichtete Nachbar dem Unterlieger gem. § 242 BGB entgegenhalten, wenn dieser gem. § 1004 BGB vorgeht. Erfordert die Beseitigung der Störungsquelle die Inanspruchnahme des Leiterrechts (Aufstellen eines Baugerüsts zur Montage der Dachtraufe, vgl. § 21 Abs. 1) und wird dieses Recht nicht gewährt, steht dem Beseitigungsanspruch aus §§ 37, 1004 BGB der von Amts wegen zu berücksichtigende Arglisteinwand entgegen (vgl. AG Daun, Urt. v. 28.7.1997, 3 C 255/97). Der Anspruch nach § 1004 BGB i. V. m. § 37 geht dahin, die Ableitung des von der (zu bezeichnenden) Baulichkeit abfließenden Wassers zu unterlassen. Verlangt die wirksame Abwehr aktives Umgestalten, sind die dazu notwendigen Maßnahmen geschuldet. Da im Nachbarverhältnis nicht gegen jeden Übertritt von Baulichkeitswasser Vorkehrungen zu treffen sind, sondern geeignete und zumutbare Abwehrmaßnahmen geschuldet werden, sind Vorkehrungen dahingehend, dass katastrophenartig vermehrte Wassermengen ohne Nachteil für das tieferliegende Grundstück abfließen, nicht geschuldet (LG Meiningen, Urt. v. 20.12.1996, 5 S 288/96; unklar: LG Saarbrücken, Urt. v. 7.1.2000, 13 AS 72/97). Dagegen sind die Abflusseinrichtungen so auszulegen, dass im Fall eines plötzlichen Unwetters das Baulichkeitswasser nicht über das Nachbargrundstück abfließt (BGH LM Nr. 10 zu § 27 NachbG NRW).

7. Normadressaten. Abs. 1 **verpflichtet** den Grundstückseigentümer und den des direkt benachbarten Ursprungsgrundstücks oder den daran Nutzungsberechtigten zu Sicherungsmaßnahmen. Damit ist kein Alternativverhältnis begründet. Vorrangig hat der Eigentümer für einen den Anforderungen des Abs. 1 genügenden Zustand zu sorgen. Ist die bauliche Anlage Bestandteil eines Erbbaurechts, tritt an die Stelle des Eigentümers der Erbbauberechtigte (§ 1 Abs. 1); Nutzungsberechtigte sind insoweit angesprochen, als ihr Besitzstand berührt ist (§ 1 Abs. 2; vgl. § 1, Erl. 2 c.). Das ist der Fall, wenn bei dinglichem Nutzungsrecht die Sachunterhaltungsverpflichtung zum Inhalt des Rechts gehört (§§ 1021, 1041 BGB) oder wenn sie in einem schuldrechtlichen Vertrag (z.B. Pachtvertrag) übernommen worden ist. Abwehrberechtigt gegen die Grobimmission sind der Eigentümer des Nachbargrundstücks sowie diejenigen Personen, denen der Abwehr- oder Unterlassungsanspruch neben dem Eigentümer zusteht. Das sind in Analogie zur Pflichtenzuweisung in Abs. 1 wiederum die dinglich Nutzungsberechtigten, soweit sie in ihrem Besitzstand betroffen sind.

8. Ausnahme. Absatz 2 nimmt aus baugestalterischen Erwägungen entlang öffentlicher Straßen, Grünanlagen und Gewässern errichtete, freistehende Mauern von der Verpflichtung zum Vorhalten geeigneter Abwehrmaßnahmen aus. Von ihnen fließen relevante Wassermengen nur dann ab, wenn sie von der Mauerfläche auf das Grundstück und von dort übertreten. Die Unterlassungspflicht und Abwehrlast nach Abs. 1 trifft den Mauereigentümer jedoch dann, wenn durch die Zuführung des Niederschlagswassers die ernsthafte Gefahr einer Beschädigung des Straßenkörpers oder der Beeinträchtigung des Straßenverkehrs etwa dadurch besteht, dass das herabfließende Wasser auf der Straßenfläche gefriert. Inhaber des Abwehranspruchs ist hier zwar auch der Eigentümer des Straßengrundstücks. Der Träger der Straßenbaulast ist aber aufgrund seiner gesetzlichen Unterhaltungspflicht zumindest ermächtigt, den Abwehr- oder Unterlassungsanspruch geltend zu machen.

§ 38 Anbringen von Sammel- und Abflusseinrichtungen

(1) Wer aus besonderem Rechtsgrund verpflichtet ist, Niederschlagswasser aufzunehmen, das von den baulichen Anlagen eines Nachbargrundstücks tropft oder in anderer Weise auf sein Grundstück gelangt, darf auf seine Kosten besondere Sammel- und Abflusseinrichtungen auf dem Nachbargrundstück anbringen, wenn damit keine erhebliche Beeinträchtigung verbunden ist. Er hat diese Einrichtungen zu unterhalten.
(2) Für die Verpflichtung zur vorherigen Anzeige der Rechtsausübung und zum Schadensersatz gelten die §§ 6 und 19 entsprechend.

Erläuterungen

1. Übersicht. § 38 lässt sich als Sonderfall des Hammerschlagsrechts (§ 21 Abs. 1) verstehen. Verbunden sind eine aus einem Traufrecht stammende Aufnahmeverpflichtung beim tiefer liegenden Dienst-Grundstück mit einer Benutzungs-Duldungspflicht beim höher liegenden, emittierenden Stammgrundstück zugunsten des Aufnahmeverpflichteten. Da die Aufnahmepflicht nicht aus § 37 Abs. 1 WHG (vgl. § 37, Erl. 1) folgt, soll Abs. 1 sie durch ein das Nachbargrundstück belastendes **Benutzungsrecht** ergänzen. Dazu ist vorausgesetzt, (1) dass auf dem Nachbargrundstück (Stammgrundstück) sich eine Baulichkeit i. S. d. § 37 befindet, von der Niederschlagswasser abläuft und über die Grenze zum Dienst-Grundstück gelangt und (2) dass der Nutzer des tiefer liegenden Grundstücks aus besonderem Rechtsgrund verpflichtet ist, dieses Wasser aufzunehmen. Abs. 1 ist Ausdruck des nachbarschaftlichen Gemeinschaftsverhältnisses, indem er die mit der Aufnahmeverpflichtung verbundenen Belästigungen (z. B. das Eindringen von Wasser in Mauerwerk) auf das unbedingt notwendige Maß beschränkt.

2. Aufnahmepflicht. Die von Abs. 1 benannte Pflicht zur Aufnahme des von einer Nachbarbaulichkeit stammenden Niederschlagswassers muss einen besonderen, gegenüber den Nachbarn zur Wasseraufnahme verpflichtenden Rechtsgrund haben. Dieser darf sich also nicht unmittelbar aus einem Gesetz (z.B. § 37 Abs. 1 Satz 1 WHG, § 83 Abs. 2 ThürWG) ergeben. Meist wird ein solcher Rechtsgrund auf einer Nachbarvereinbarung beruhen. Unerheblich ist, ob die Verpflichtung dinglich abgesichert ist. Gegebenenfalls kommt als Rechtsgrund auch ein altrechtlich (z.B. durch Servitut; zu einem nach kurmainzischem Recht begründeten Nutzungsrecht vgl. BayObLGZ 1996, 286) begründetes Traufrecht in Betracht; dessen Entstehung hat derjenige zu beweisen, der die Duldungspflicht für sich in Anspruch nimmt (Dehner B § 26 II b). Abs. 1 trifft nicht den Fall, dass das verpflichtungsgemäß z.B. in einem Hauswinkel aufgenommene Traufwasser nicht auf das Nachbargrundstück, sondern direkt auf eine öffentliche Verkehrsfläche abgeleitet wird. Abs. 1 trifft nicht den Fall, dass das verpflichtungsgemäß z.B. in einem Hauswinkel aufgenommene Traufwasser nicht auf das Nachbargrundstück, sondern direkt auf eine öffentliche Verkehrsfläche abgeleitet wird.

3. Duldungsanspruch. § 38 **ergänzt** das Traufrecht um eine Nutzungsgestattungsverpflichtung als Duldungsanspruch. Der aufnahmepflichtige Nachbar hat das **Recht**, das ober- oder nebenliegende **Nachbargrundstück**, von dem das Niederschlagswasser stammt, zu betreten und dort eine **Sammel- und Abflusseinrichtung** anzubringen und zu unterhalten. Diese Anlage muss dem **Ablauf** des gesammelten Wassers dienen. Abs. 1 berechtigt nicht zum Bau einer Sickergrube. Die Anlage muss baugestalterisch einwandfrei vorgenommen sein und in technisch einwandfreiem Zustand gehalten werden. Die Bau- und Unterhaltungskosten der Sammel- und Abflusseinrichtung trägt der Aufnahmeverpflichtete. In dessen Eigentum verbleibt die gegenständlich fassbare Einrichtung (§ 95 Abs. 1 BGB). Lehnt der Traufberechtigte das auf Abs. 1 gestützte Begehren des Aufnahmeverpflichteten ab, muss dieser auf Duldung klagen. Ohne einen auf Duldung lautenden Titel handelt er in verbotener Eigenmacht, gegen die Selbsthilfe sowie die Besitzstörungsklagen zulässig sind (§§ 859, 862 BGB); hier ist das materielle Zutrittsrecht nach Abs. 1 unbeachtlich (§ 863 BGB). Das Recht aus § 38 Abs. 1 besteht nicht, wenn das z.B. in dem Hauswinkel (Rain) gesammelte Wasser unmittelbar zur öffentlichen Straßenfläche oder auf das Grundstück eines Dritten gelangt. Das Zutrittsrecht nach Abs. 1 entfällt mit dem Ende der Verpflichtung. Der in Anspruch genommene Nachbar kann den Wegfall des Traufrechts z.B. infolge Sonderrechtsnachfolge des Anspruchsstellers einwenden, muss dann aber mit dessen Abwehranspruch aus § 1004 BGB i. V. m. § 37 rechnen. Der Traufberechtigte muss die Auffang- und Ableitungsanlage **nicht dulden**, wenn sie ihn in seinem Eigentum erheblich beeinträchtigt. Dies kann sich daraus ergeben, dass vom Verpflichteten verlegte Rohre oder Leitungen die Nutzung des Grundstücks in unzumutbarer Weise behindern. Die Beeinträchtigung kann auch in der Störung des ästhetischen Gesamteindrucks oder architektonischen Bildes des Nachbargrundstücks liegen. Abs. 1 regelt nicht ausdrücklich den Fall, dass die Eigentumsbeeinträchtigung erst nachträglich infolge einer Änderung von Nutzungsart oder äußerer Gestaltung des Nachbargrundstücks erheblich wird. Nach den Grundsätzen des nachbarschaftlichen Gemeinschaftsverhältnisses kann der Traufberechtigte in entspr. Anwendung des Abs. 1 die Herstellung einer nicht beeinträchtigenden Anlage fordern, wobei er die Umbaukosten nach Treu und Glauben selbst trägt.

4. Anzeige, Sicherheitsleistung, Schadensersatz. Die Duldungspflicht besteht nur, wenn die Absicht zum Bau der Sammel- und Abflusseinrichtungen mindestens drei Monate vor Beginn der Bauarbeiten schriftlich **angezeigt** worden ist (Abs. 2 i. V. m. § 6). Die Anzeigepflicht besteht auch für die Unterhaltungsarbeiten. Bei kleineren Unterhaltungsarbeiten entfällt sie entspr. § 18 Satz 2; ggf. verkürzt sie sich auf die nach Treu und Glauben angemessene Frist. Für **Schäden**, die der Bau oder die Unterhaltung der Sammel- und Abflusseinrichtung dem Duldungsverpflichteten verursacht, haftet der Aufnahmeverpflichtete ohne Rücksicht auf Verschulden (Abs. 2 i. V. m. § 19), soweit der Schaden in Ausübung des Rechts nach Abs. 1 und nicht gelegentlich dieser Rechtsausübung eingetreten ist. Schadensersatzpflichtig ist derjenige, der das Recht nach Abs. 1 als sein Recht wahrgenommen hat. Für Verrichtungsgehilfen haftet er nach Maßgabe des § 831 BGB i. V. m. § 38 Abs. 2. Für Gehilfen, die der Aufnahmeverpflichtete zur Erfüllung des vertraglich dem Traufberechtigten Geschuldeten einsetzt, haftet der Verpflichtete zwar gem. § 278 BGB, jedoch nur bei Vorliegen eines (eigenen) Auswahl- oder eines Gehilfenverschuldens. Die Gefährdungshaftung greift hier nicht ein. Eine vom Geschädigten gesetzte mitwirkende Ursache kann den Ersatzanspruch mindern (§ 254 BGB). Auf Verlangen des Traufberechtigten hat der Installationsberechtigte **Sicherheit** in Höhe der möglichen Schäden zu leisten (Abs. 2 i. V. m. § 19 Abs. 2). Die nicht erbrachte Sicherheitsleistung kann gegen die Duldungsklage eingewendet werden. Ein **Entschädigungsrecht** des Duldungspflichtigen sieht § 38 nicht vor. Hier liegt eine Regelungslücke vor; wegen gleicher Interessenlage ist analog auf §§ 20, 25, 32 zurückzugreifen.

Neunter Abschnitt
Einfriedungen

§ 39 Einfriedungspflicht

(1) Innerhalb eines im Zusammenhang bebauten Ortsteils ist der Eigentümer eines Grundstückes auf Verlangen des Nachbarn verpflichtet, sein Grundstück einzufrieden, wenn dies zum Schutze des Nachbargrundstücks vor wesentlichen Beeinträchtigungen erforderlich ist, die von dem einzufriedenden Grundstück ausgehen.
(2) Soweit baurechtlich nichts anderes vorgeschrieben ist oder gefordert wird, richtet sich die Art der Einfriedung nach der Ortsübung. Lässt sich eine ortsübliche Einfriedung nicht feststellen, so gilt ein 1,2 m hoher Zaun aus festem Maschendraht als ortsüblich. Reicht die nach den Sätzen 1 oder 2 vorgeschriebene Art der Einfriedung nicht aus, um dem Nachbargrundstück angemessenen Schutz vor Beeinträchtigungen zu bieten, so hat der zur Einfriedung Verpflichtete die Einfriedung in dem erforderlichen Maße zu verstärken oder zu erhöhen.

Erläuterungen

1. Einfriedungsfreiheit. § 39 geht davon aus, dass zum Nutzungsbelieben des Eigentümers die Entscheidung gehört, ob und wie sein Grundstück eingefriedet wird. Trotz der namensgebenden Bestimmung ist die Einfriedung eines Grundstücks bewusster Ausdruck des Sachherrschaftswillens mit Streitpotenzial, sodass ein Regelungsbedürfnis insoweit unabweisbar ist. Das Landesrecht befasst sich in §§ 39, 40 ähnlich § 317 ZGB-DDR mit der **Einfriedungspflicht** als Sonderweg der Immissionsabwehr, in §§ 41, 42 aber auch mit dem Einfriedungsrecht. Die vertragliche Verpflichtung, das Grundstück **nicht** einzuzäunen, betrifft das Einfriedungsrecht und schließt ein Verlangen nach § 39 nicht aus. Der Verzicht auf ein Einfriedungsverlangen geht § 39 vor (§ 2 Abs. 1); die Vereinbarung wirkt für und gegen Sonderrechtsnachfolger nur bei Sicherung gem. § 1018 BGB oder bei Eintritt in die Unterlassungsverpflichtung. Die Einfriedung eines Grundstücks ist auch Gegenstand verwaltungsrechtlicher Regelungen wie z.B. § 12 LBO Rhl.-Pf. betr. Außenanlagen bebauter Grundstücke und Einfriedungen an Verkehrsflächen, §§ 11 Abs. 2 BFStrG, 23 Abs. 2, 26 Abs. 2 ThürStrG betr. die sichtbehindernde Maßnahmen an öffentlichen Straßen, § 34 FlurbG betr. das Veränderungsverbot im Flurbereinigungsgebiet. Diese Regelungen sind nicht nachbarschützend (VGH Kassel, NJW 1983, 2461, 2462). Sie dienen ausschließlich öffentlichen Belangen z.B. der Verkehrssicherheit oder dem Landschaftsschutz. Nachbarschützend und damit Grundlage eines öffentlich-rechtlichen Abwehrrechts können Festsetzungen positiver wie negativer Art betr. Grundstückseinfriedungen in kommunalen Satzungen, insbes. in Bebauungsplänen sein (vgl. Dehner, B § 9 III 4, IV). Öffentlich-rechtliche Einfriedungspflichten bleiben von § 39 unberührt (§ 1 Abs. 2).

2. Einfriedungsgebot. Die Einfriedungspflicht ist eine manifeste Begrenzung des Eigentümerbeliebens. Eine gesetzliche **Verpflichtung zur Einfriedung** des Grundstücks bewirkt neben der Konkretisierung von Inhalt und Schranken des Eigentums auch eine Einschränkung des Grundrechts auf Handlungsfreiheit. Mit diesem Gehalt ist die Verpflichtung durch Art. 14 Abs. 1 Satz 2 GG gedeckt wie sie aufgrund ihres Zwecks, die Grenzen der Sachherrschaft sichtbar und wirksam zu machen, den Anforderungen des Art. 2 Abs. 1 GG standhält (VerfGH Berlin Beschl. v. 9.5.2003, 100/02). Der privatrechtlichen Verpflichtung entspricht ein Anspruch auf Errichtung einer Einfriedung. Damit sind die Regelungen zum Standort der Einfriedung, ihrer Gestaltung und zum Ablauf der Errichtung legitimiert (vgl. AG Königstein NZM 2001, 112). Verfassungsrechtlich unbedenklich ist die Einfriedungspflicht, weil sie nicht an die generelle Möglichkeit von Nachbarstreitigkeiten anknüpft, sondern das Vorliegen wesentlicher Beeinträchtigungen erfordert und erst durch ein Nachbarverlangen aktiviert wird. Das Bundesrecht verhält sich zur privatrechtlichen Grundstückseinfriedungspflicht nur mittelbar über § 1004 BGB, wenn die Einfriedung das einzige Immissionsabwehrmittel ist (s. u. 4 b). §§ 921, 922 BGB bezwecken den Schutz gemeinschaftlicher Grenzeinrichtungen, sichern das Freihalten des Grenzbereichs benachbarter Grundstücke zur bestimmungsgemäßen Bewirtschaftung und regeln nur die Nutzung und Unterhaltung der Anlage (vgl. LG Aachen MDR 1998, 591, betr. die Pflicht des einseitig handelnden Nachbarn zur Wiederherrichtung einer Grenzeinrichtungsmauer). Die Einfriedung dient nicht nur der Immissionsabwehr, auch wenn hierin eine wesentliche Funktion der Grenzeinrichtung liegen kann (vgl. BGHZ 143, 1, 3 ff. [Thuja-Hecke als Grenzeinrichtung]). Die Verpflichtung bezieht sich grds. nur auf die Grenze zum beeinträchtigten Nachbarn, nicht auf alle vier Grundstücksseiten (vgl. dagegen § 28 NRG BRGB, wonach bei unmittelbar benachbarten Grundstücken jeder Eigentümer an der von der Straße gesehen rechten Grundstücksgrenze einzufrieden hat, und unabhängig davon, ob er nach rechts hin stört oder ob ihn von rechts her Beeinträchtigungen belasten).

3. Begriff. § 39 übernimmt den **Begriff der Einfriedung** dem üblichen Sprachgebrauch und versteht als Einfriedung eine Anlage, die ein Grundstück vollständig oder teilweise umschließt und nach außen abschirmt, um unbefugtes Eindringen oder Entfernen von Menschen oder Tieren und sonstige störende Einwirkungen (Lärm, Wind, Straßenschmutz) abzuwehren oder den Einblick in das Grundstück zu behindern (OVG Münster BauR 1982, 562). „Einfriedung" ist eine bauliche Anlage (Mauer, Zaun), eine Anpflanzung oder eine sonstige Einrichtung, welche die friedliche Nutzung des Grundstücks sichern soll (z.B. Elektrozaun). Eine bloße Grenzmarkierung ist noch keine Einfriedung, Gleiches gilt für eine Stützmauer (BGH NJW-RR 1997, 16), was bei (auch) zur Stützung von Bodenerhöhungen errichteten Mauern zu Abgrenzungsproblemen führen kann, wenn für Stützmauern Grenzabstände einzuhalten sind (OLG Karlsruhe OLGR 2008, 402; vgl. § 40 Rn. 2). § 39 versteht „Einfriedung" jedoch nur in Bezug auf ein im Eigentum des Einfriedenden stehendes Grundstück; auf die Umzäunung des einem Wohnungseigentümer zur Sondernutzung zugewiesenen Bereichs sind §§ 39 ff. nicht anwendbar. Die Zulässigkeit einer solchen baulichen Anlage bestimmt sich ausschließlich nach §§ 14, 22 WEG (OLG Köln OLGR 1998, 195).

4. Einfriedungsverpflichtung

a) Lokaler Bereich. Abs. 1 beschränkt die Einfriedungspflicht räumlich auf Grundstücke innerhalb **im Zusammenhang bebauter Ortsteile**. Damit wird ein baurechtlicher Begriff (z.B. § 34 BauGB) mit seinem baurechtlichen Inhalt übernommen. Das Baurecht versteht unter **Ortsteil** jeden Bebauungskomplex im Gemeindegebiet, der nach der Zahl der vorhandenen Bauten ein gewisses Gewicht besitzt und Ausdruck einer organischen Siedlungsstruktur ist (BVerwGE 31, 22, 26; im Einzelnen vgl. Ernst/Zinkahn/Bielenberg/Krautzberger, § 34 BauGB Rn. 14 ff.). Kein Ortsteil ist danach ein Kleingartengebiet bei durchgehender Bebauung von Einzelgärten mit Lauben (BVerwG DÖV 1984, 855). Der Ortsteil ist **„im Zusammenhang“** bebaut, wenn er eine „tatsächlich aufeinanderfolgende, eben zusammenhängende Bebauung“ (BVerwGE 31, 20,21) aufweist; maßgeblich ist, ob ungeachtet vorhandener Baulücken und Freiflächen nach der Verkehrsauffassung sich im Einzelfall der Eindruck der Geschlossenheit der Ansiedlung ergibt. Ob das Grundstück Teil eines baurechtlich verplanten Gebietes ist, bleibt ebenso unerheblich wie die baurechtliche Zulässigkeit des den Zusammenhang ausmachenden Gebäudebestandes; anderes gilt, wenn die Baubehörde Beseitigungsanordnungen erlassen und so klargestellt hat, dass sie den Bestand der Baulichkeit nicht dulden wird (BVerwGE 31, 22, 26). § 39 gilt unabhängig von der Art der Grundstücksnutzung, also nicht nur für bebaute Grundstücke. Gehört ein Grundstück zu einem im Zusammenhang bebauten Ortsteil, unterliegt es in vollem Umfang der Einfriedungspflicht, also auch hinsichtlich des zum nicht mehr zusammenhängend bebauten Gelände hin befindlichen Teils. Insoweit kann die privatrechtliche Einfriedungspflicht jedoch durch das nachbarschaftliche Gemeinschaftsverhältnis eingeschränkt sein und ein Einfriedungsverlangen an § 242 BGB scheitern. Keine Beeinträchtigung ist die Einfriedung als solche (anders BGH NJW-RR 2014, 973 zu §§ 50, 32 NachbG NRW). Ist sie zur Abwehr von Beeinträchtigungen geboten, muss sie ortsüblich sein; mangels ortsüblicher Zäune ist dann anstelle der konkreten Anlage der 1,2 m hohe Maschendrahtzaun zu errichten (vgl. BGH a.a.O.).

b) Immissionsabwehr. Abs. 1 setzt voraus, dass vom Nachbargrundstück **Beeinträchtigungen** ausgehen. Da die Einfriedungspflicht Immissionsabwehransprüchen vorbeugen soll, ist hier der Beeinträchtigungsbegriff des § 1004 Abs. 1 BGB übernommen, sodass die Einfriedung nicht wegen negativer oder immaterieller Immissionen oder deswegen gefordert werden kann, weil der Nachbar das Chaos auf dem Nachbargrundstück nicht sehen möchte (anders zwischen Wohnungseigentümern, OLG Köln NJW-RR 1997, 14) oder weil eine vorhandene Einfriedung nicht den ästhetischen Anforderungen des Nachbarn genügt. Da allein das Anlegen eines Gartenteichs noch nicht die Nutzung des Nachbargrundstücks beeinträchtigt, kann vom Gartenteichbesitzer wegen der für die Nachbarkinder drohenden Gefahr aufgrund des § 39 nicht die Grundstückseinfriedung verlangt werden. Insoweit muss der sich behelligt fühlende Nachbar selbst Schutzvorkehrungen treffen. Vom Grundstück geht die Beeinträchtigung aus, wenn sein Nutzer (nicht notwendig der Eigentümer) insoweit **Störer** ist, d.h. wenn die Beeinträchtigung wenigstens mittelbar auf einen grundstücksbezogenen Beherrschungswillen zurückgeht. Zur Grundstückseinfriedung verpflichtet ist auch der Eigentümer eines nicht unmittelbar angrenzenden Territoriums, solange das betroffene Grundstück bei natürlicher Betrachtungsweise noch als benachbart anzusehen ist (z.B. bei einem zwischen zwei bewohnten Grundstücken liegendem Brachgelände). Bei mehreren Eigentümern genügt es, dass die Beeinträchtigung einem von ihnen als Störung zuzurechnen ist. Die wesentliche Beeinträchtigung muss vom Nachbargrundstück **ausgehen.** Das heißt nicht, dass die Beeinträchtigung bereits eingetreten ist. Seinen Schutzzweck erreicht § 39 nur, wenn die Grundstückseinfriedung auch dann verlangt werden kann, wenn in der Nachbarschaft ein Zustand unterhalten wird, der entweder eine erstmalige schwere Beeinträchtigung alsbald erwarten lässt (der eben erworbene Hund ist bissig, aggressiv, ungehorsam und gefährdet die im benachbarten Garten spielenden Kinder erheblich), oder wenn aus früheren, „erledigten" Beeinträchtigungen gleichartige Störungen zu folgen drohen (im stillgelegten Hühnerstall wird die Freiland-Geflügelhaltung wieder aufgenommen; mit dem Vordringen von Hühnern in den Gemüsegarten des Nachbarn ist zu rechnen) und die Lage so insgesamt gesehen für den betroffenen Nachbarn unzumutbar wird. Kann vorbeugend Unterlassung des störenden Zustands verlangt werden, ist die Einfriedungspflicht aktiv. Die Beeinträchtigung oder der ihr gleichstehende Zustand müssen zum Entscheidungszeitpunkt noch vorliegen. Ist die Beeinträchtigungsgefahr nachhaltig beendet, bevor die Einfriedung errichtet ist, entfällt die dahingehende Pflicht. Die Beeinträchtigungsgefahr bestimmt auch Art und Länge der Einfriedung. So kann die Verpflichtung sich auf einen Grenzabschnitt beschränken (§ 40 Abs. 2 Satz 1).

c) Erheblichkeit. Nur eine **wesentliche** Beeinträchtigung begründet die Einfriedungspflicht. Dieses qualitative Merkmal kann **nicht** nach den zu **§ 906 Abs. 1 BGB** vorliegenden Kriterien bestimmt werden, sonst könnte unter Missachtung des Verhältnismäßigkeitsprinzips bei nahezu jeder abwehrfähigen Immission die Einfriedung des Nachbargrundstück gefordert werden. Wesentlich i. S. d. Abs. 1 ist eine Beeinträchtigung erst, wenn sie nach dem Grundgedanken des nachbarschaftlichen Gemeinschaftsverhältnisses unter Berücksichtigung der konkreten Gegebenheiten, insbes. der Belegenheit, Gestaltung und Zweckbestimmung des betroffenen Grundstücks nach dem Empfinden eines verständigen „Durchschnitts"-Nutzers **nicht mehr zumutbar** ist (BGH NJW 1993, 925, 929). Hierzu gehört grds. auch eine gewisse Dauer der Störung bzw. eine erhöhte Wiederholungsgefahr. Der Nachbar hat sein Grundstück mithin nicht schon dann einzuzäunen, wenn gelegentlich ein von ihm gehaltenes Haustier zum Nachbarn kommt oder wenn beim Kinderspiel ein Ball über die Grenze gerät. Ungeschriebene Voraussetzung der Einfriedungspflicht ist die Eignung der Anlage zur Verhinderung der konkreten Immission. So wird ein Zaun kaum Lärm- oder Geruchsimmissionen abwehren können.

d) Keine Verpflichtung. Entspr. **§ 906 Abs. 2 Satz 1 BGB** entfällt die umfassende Einfriedungspflicht, wenn die zur Abwehr der Störung erforderliche Anlage dem Verpflichteten **wirtschaftlich nicht zumutbar** ist (z. B. bei sehr langer Grundstücksgrenze). Sind nach dem Bundesrecht unter dieser Voraussetzung selbst schwere Beeinträchtigungen zu dulden, kann das Landesrecht keine weitergehenden Möglichkeiten öffnen. In diesem Fall steht dem betroffenen Nachbarn jedoch der Ausgleichsanspruch nach § 906 Abs. 2 Satz 2 BGB zu.

e) Nachbarverlangen. Die Einfriedungspflicht setzt ein dahingehendes, den Anspruch auslösendes **„Verlangen des Nachbarn"** voraus (BGH NJW-RR 1997, 16). Gemeint ist hier der Nachbar i. S. d. § 1 Abs. 1 Satz 1 mithin der Eigentümer oder ein vergleichbar dinglich Berechtigter. Bei Miteigentum nach Bruchteilen ist jeder Miteigentümer entspr. § 1011 BGB zum Verlangen berechtigt. Bei Gesamthandseigentum (Erbengemeinschaft) folgt die Berechtigung jedes Miterben aus § 2039 BGB. Ist bereits eine, wenn auch nicht ausreichende oder nicht ortsübliche, Einfriedung errichtet, enthält das Verlangen die

Forderung auf „Nachrüstung". Dem nur Nutzungsberechtigten steht der Einfriedungsanspruch nach § 39 nicht zu, sodass er aus eigenem Recht zu einem Verlangen nach § 39 nicht befugt ist. Aus dem Innenverhältnis zum Eigentümer kann sich jedoch dessen Verpflichtung zum Einfriedungsverlangen ergeben. Ist die Einfriedung das einzige Mittel zum Schutz gegen abwehrfähige Immissionen, kann der Einfriedungsanspruch auch für einen Mieter/Pächter aus § 1004 Abs. 1 BGB begründet sein, etwa um den Nachbarhund vom gemieteten Grundstück fernzuhalten. **Adressat des Verlangens** ist der Eigentümer des emittierenden Nachbargrundstücks. Der Mieter/Pächter des Nachbargrundstücks kann Empfangsvertreter des Eigentümers sein. Bei Miteigentum genügt es, das Verlangen an einen der Bruchteilsberechtigten zu adressieren, weil die Miteigentümer Gesamtschuldner des Beseitigungsanspruchs (§ 421 BGB) sind. Bei Eigentum einer Erbengemeinschaft ist Adressat jeder Miterbe, welcher gem. § 2038 Abs. 1 Satz 2 BGB auf die Erfüllung der Einfriedungspflicht als gemeinschaftliche Verwaltungshandlung hinwirken muss. Im Innenverhältnis zum Mieter kann der Eigentümer von diesem die Erfüllung der Einfriedungspflicht fordern, wenn die Beeinträchtigung ihm zuzurechnen ist. Das Verlangen i. S. d. Abs. 1 bedarf keiner Form; es ist nicht zu begründen. Jedoch empfiehlt sich zur Vermeidung unnötiger Streitigkeiten das Verlangen schriftlich vorzutragen und den Nachbarn über die es auslösenden Gründe zu unterrichten.

5. Einfriedungsformen

a) Grundsatz. Abs. 2 bestimmt die **Art und Weise** der nach Abs. 1 geschuldeten Einfriedung. In erster Linie verweist Abs. 2 auf öffentlich-rechtliche Regelungen. Fehlen diese und haben die Nachbarn eine Vereinbarung über die Gestaltung der Grundstücksgrenze nicht getroffen, gilt der Maßstab des Ortsüblichen. Mangels einer Ortsübung legt Abs. 2 Satz 2 den 1,20 m hohen Maschendrahtzaun als im Normalfall geschuldet fest. Ansonsten ist die Einfriedung so zu gestalten, dass sie nach Art und Höhe einen angemessenen Störungsschutz bietet (Abs. 2 Satz 3). Abs. 2 gilt nicht, wenn der Nachbar sein Grundstück einfriedet, ohne dazu aus Abs. 1 verpflichtet zu sein (BGHZ 73, 272, 273; BGH, NJW-RR 1997, 16). Liegen die Voraussetzungen des Abs. 1 dagegen vor, muss auch die früher freiwillig erstellte Einfriedung den

Anforderungen des Abs. 2 genügen (BGH NJW 1979, 1409, 1410; NJW 1992, 2569). Die nicht ortsübliche Einfriedung stellt eine Eigentumsstörung dar, auch wenn vor sie ein ortsüblicher Zaun gesetzt ist (BGH NJW 1979, 1409, 1410 [Eisenbahnschwellen-Wand]); verlangt der Nachbar die Ortsüblichkeit, muss der Anspruchsgegner die nicht ortübliche Einfriedung nach § 1004 Abs. 1 BGB beseitigen, wobei die Beseitigung nicht notwendig erfordert, dass zugleich die Einfriedungserrichtung eingeklagt wird (BGH NJW 1992, 2569, 2570). Die gem. Abs. 1 errichtete Einfriedung steht immer im Eigentum des Errichtungseigentümers unabhängig davon, ob sie Wesentlicher oder Scheinbestandteil des Grundstücks ist.

b) Verwaltungsrecht. Öffentlich-rechtliche Regelungen betr. die Gestaltung einer Grundstückseinfriedung im Zusammenhang bebauter Ortsteile sind in erster Linie dem kommunalen Recht (Satzungen, Bebauungspläne) zu entnehmen. Diese haben insoweit keinen nachbarschützenden Gehalt, sodass sie für den Nachbarn ein Abwehrrecht nicht begründen (OVG Saarlouis BeckRS 2014, 48267 Rn. 13 ff.). Für die Gestaltung im Einzelfall können die Baugenehmigung sowie ihr beigefügte Auflagen einschlägig sein.

c) Nachbarabsprachen. Nachbarvereinbarungen (§ 2 Abs. 1) gelten nur, soweit Rechtsvorschriften des Verwaltungsrechts nicht entgegenstehen. Entsprechen sie dem öffentlichen Recht bestimmen sie die Art und Weise der Einfriedung auch dort, wo diese gem. Abs. 1 nicht geschuldet ist. Eine Nachbarvereinbarung kommt nicht durch einseitige Festlegungen zustande, z.B. durch den vom Bauträger in die Baubeschreibung eingesetzten Hinweis, dass in der einheitlich geplanten Siedlung „die Grundstücksgrenzen durch eine Buchenbepflanzung gekennzeichnet" sind (BGH, NJW 1992, 2569). Bei Nachbarvereinbarungen können veränderte Verhältnisse zum Wegfall der Geschäftsgrundlage (§ 313 BGB) führen und damit zum Rückbau der Einfriedung berechtigen.

d) Ortsüblichkeit. Für die Bestimmung der **Ortsüblichkeit** in Abs. 2 Satz 1 gelten zunächst die zu § 906 BGB bestehenden Grundsätze (BGH NJW 1992, 2569). Allerdings geht es nicht um die Zulässigkeit einer Immission, sondern um die einer baulichen Gestaltung mit der Folge einer anderen Bestimmung des Vergleichsgebiets. Ortsüblichkeit bedeutet nicht, dass eine bestimmte Einfriedungsart im Gemeindegebiet vorherrschen müsse. Abs. 2 Satz 1 orientiert sich am Ortsüblichen, um den Belangen der Nachbarn an einer ihnen auch optisch und ästhetisch zumutbaren Beschaffenheit der Einfriedung Rechnung zu tragen (BGHZ 73, 272, 275). Daher kann es angebracht sein, den Vergleich auf die engere, in Sichtweite des betroffenen Nachbarn gelegene Umgebung einzugrenzen (BGH NJW 1992, 2569, 2570). In einem Neubaugebiet fehlen zunächst die Maßstäbe zur Beurteilung des Ortsüblichen. Daher kann die Planung des Bauträgers einer einheitlich ausgeführten Siedlung auch dann noch nichts über die Ortsüblichkeit von Grundstückseinfriedungen aussagen, wenn sie eine bestimmte Beschaffenheit der Grenzbepflanzung (Buchenhecke) vorsieht. Andererseits kann ein Grundstückserwerber in diesem Fall nicht einwenden, die von ihm errichtete Mauer sei bei ihrem Bau noch nicht ortsunüblich gewesen. Denn er muss damit rechnen, dass der Nachbar sein Recht aus § 39 erst zu einem Zeitpunkt geltend macht, in dem ein Gesamtbild der Siedlung vorherrscht, welches den Vorstellungen des Bauträgers entspricht (BGH NJW 1992, 2569 f.). Im Streitfall bestimmt sich die Ortsüblichkeit nach dem Beurteilungsstand im Zeitpunkt der letzten mündlichen Verhandlung. Sind mehrere Arten der Einfriedung ortsüblich, kann der Verpflichtete wählen; entspricht die von ihm bereits erstellte Einfriedung einer dieser Varianten, ist die Wahl getroffen mit der Erklärung, der obwaltende Zustand werde nicht geändert (BGH NJW 1992, 2569, 2570). Auch eine in baulicher Hinsicht ortsübliche Einfriedung kann einem Abwehranspruch ausgesetzt sein, wenn von ihr abwehrfähige Immissionen ausgehen (vgl. OLG Köln VersR 1997, 121 [Eisenbahnschwellenzaun]). Als **Auffangregelung** legt **Abs. 2 Satz 2** den 120 cm hohen **Maschendrahtzaun** als Standardtyp der Einfriedung fest (zu den abweichenden bauordnungsrechtlichen Bestimmungen vgl. 5. b)). Die Länge des Zauns richtet sich nach der Art der Beeinträchtigung im Einzelfall. Im Allgemeinen wird der Zaun längs der gesamten Grundstücksgrenze zu errichten sein (vgl. auch 4. c)). Hat der Nachbar zunächst seiner Verurteilung entsprechend den ortsunüblichen Holzlattenzaun durch einen Maschendrahtzaun ersetzt, unmittelbar hinter diesem den Lattenzaun aber wieder errichtet, kann aus dem Vollstreckungstitel vorgegangen und der

Nachbar zur Entfernung des unzulässigen Zweit-Zauns ermächtigt werden (OLG Düsseldorf, MDR 1996, 848).

e) Effizienz. Abs. 2 Satz 3 stellt klar, dass letztlich nicht die Ortsübung, sondern die **Abhilfewirksamkeit** der Maßstab der geschuldeten Grenzeinfriedung ist. Dauert die Beeinträchtigung fort, obwohl der Zaun die Ortsüblichkeit wahrt, hat der Nachbar nachzubessern. Als Nachbesserungsmittel sieht Abs. 2 Satz 3 die Erhöhung der Einfriedung vor, was insbes. dann in Betracht kommt, wenn die Störung auf dem Eindringen von Haustieren beruht. Daneben ist die Verstärkung der Einfriedung genannt. Dabei kommt nicht nur die massivere Bauart oder die Unterstützung des Zaunes durch weitere Pfosten, sondern auch das Verengen/Verschließen verbliebener Schlupflöcher, das Einziehen dichterer Drahtmaschen oder der Ersatz eines einfachen Draht- oder Lattenzaunes durch einen Elektro-Weidezaun in Betracht. Zeichnet sich bereits vor der Errichtung der Einfriedung ab, dass diese in der vorgesehenen, ortsüblichen Bauart nicht abhilfewirksam sein wird, richtet der Anspruch aus Abs. 1 sich von vornherein auf eine abwehrtaugliche Beschaffenheit der Einfriedung.

6. Übersicht. Ob ein emittierendes Grundstück **auf Nachbarverlangen** hin **einzufrieden** ist, kann an folgendem **Schema** festgestellt werden:

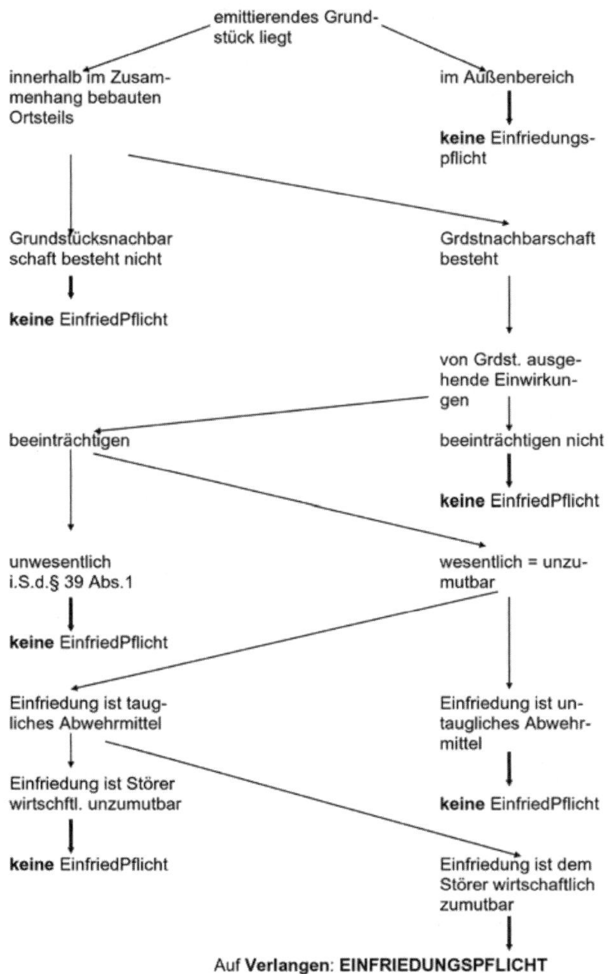
emittierendes Grundstück liegt
innerhalb im Zusammenhang bebauten Ortsteils
im Außenbereich
keine Einfriedungspflicht
Grundstücksnachbarschaft besteht nicht
Grdstnachbarschaft besteht
keine EinfriedPflicht
von Grdst. ausgehende Einwirkungen
beeinträchtigen
beeinträchtigen nicht
keine EinfriedPflicht
unwesentlich i.S.d.§ 39 Abs.1
wesentlich = unzumutbar
keine EinfriedPflicht
Einfriedung ist taugliches Abwehrmittel
Einfriedung ist untaugliches Abwehrmittel
Einfriedung ist Störer wirtschftl. unzumutbar
keine EinfriedPflicht
keine EinfriedPflicht
Einfriedung ist dem Störer wirtschaftlich zumutbar
Auf **Verlangen**: **EINFRIEDUNGSPFLICHT**

§ 40 Kosten und Unterhaltung der Einfriedung

(1) Wer zur Einfriedung seines Grundstückes verpflichtet ist, hat die hierzu erforderlichen Einrichtungen auf seinem eigenen Grundstück anzubringen und zu unterhalten.
(2) Sind zwei Nachbarn an einem Grenzabschnitt nach § 39 gegenseitig zur Einfriedung verpflichtet, so kann jeder von ihnen verlangen, dass eine gemeinsame Einfriedung auf die Grenze gesetzt wird. Die Nachbarn haben die Kosten der Errichtung und der Unterhaltung der Einfriedung je zur Hälfte zu tragen. Als Kosten sind die tatsächlichen Aufwendungen einschließlich der Eigenleistungen zu berechnen, in der Regel jedoch nicht mehr als die Kosten einer ortsüblichen Einfriedung (§ 39 Abs. 2 Satz 1). Höhere Kosten sind nur zu berücksichtigen, wenn eine aufwändigere Art der Einfriedung erforderlich oder vorgeschrieben war; war die besondere Einfriedungsart nur für eines der Grundstücke erforderlich oder vorgeschrieben, so hat der Eigentümer dieses Grundstücks die Mehrkosten allein zu tragen.
(3) Tritt die Verpflichtung zur Errichtung einer Einfriedung bei einem der beiden Nachbarn erst später ein, so hat dieser dem Nachbarn, der die Einfriedung an der gemeinsamen Grenze errichtet hat, auf dessen Verlangen den Zeitwert der Einfriedung zur Hälfte zu ersetzen und von dem Zeitpunkt an, an dem die Verpflichtung eingetreten ist, die Kosten der Unterhaltung zur Hälfte zu tragen. Absatz 2 Satz 4 gilt sinngemäß.

Erläuterungen

1. Regelungszweck. § 40 ergänzt § 39 indem der **Standort** der Einfriedung festgelegt ist (Abs. 1, Abs. 2 Satz 1). Außerdem macht Abs. 2 Satz 1 deutlich, dass die Einfriedungspflicht nicht notwendig den gesamten Grundstücksumfang betrifft, sondern nur den zur Beeinträchtigungsverhinderung erforderlichen Grenzabschnitt. Ferner wird bestimmt, wer die **Bau- und Unterhaltungskosten** trägt (Abs. 2,); durchgängiger Regelungsansatz ist insoweit das Verursacherprinzip. Auf § 40 ist erst zurückzugreifen, wenn zwischen den Beteiligten keine Vereinbarung betr. eine der in § 40 genannten Punkte vorliegt. In einer solchen Vereinbarung können der Standort, die Ausdehnung, die Ausführung der Einfriedung sowie Einzelheiten der Unterhaltung wie der Kostentragung abgesprochen sein. An öffentlich-rechtliche Vorschriften (z.B. § 6 ThürBO) sind die Beteiligten auch im Rahmen eines die Einfriedungsmodalitäten betreffenden Vertrags gebunden. Im Zweifel sollte eine Auskunft der zuständigen Bauaufsichtsbehörde eingeholt werden.

2. Regelstandort. Mangels einer Beteiligtenabsprache ist die geschuldete Einfriedung **auf dem emittierenden Grundstück** zu errichten. Dazu wird i.d.R. der Grenzbereich genutzt, wobei § 42 zu beachten ist. Wird die Einfriedung als Hecke errichtet, bestimmt zusätzlich § 45 den Grenzabstand. Auch zum Standort sind die bau- oder straßenrechtlichen Abstandsvorschriften zu beachten. Wird eine Einfriedungsmauer über die Grenze des Nachbargrundstücks hinaus errichtet, handelt es sich mangels eines Gebäudes nicht um einen Überbau i. S. d. § 912 BGB. Die Duldung des Überbaus richtet sich nach § 1004 Abs. 1 BGB. Der Nachbar kann daher grds. immer gem. § 1004 Abs. 1 BGB verlangen, dass die Mauer von seinem Grundstück entfernt wird (BGH NJW 2016, 1735 Rn. 14 ff.; NJW 2015, 1734 Rn. 10). Eine Duldungspflicht kann sich gem. § 242 BGB (nachbarschaftliches Gemeinschaftsverhältnis) aus dem Alter des Überbaus ergeben, wenn die Mauer schon seit langem das Nachbargrundstück mitbenutzt und wenn die Beeinträchtigung sich auf eine geringfügige Flächenbeanspruchung beschränkt (AG Idar-Oberstein, Urt. v. 25.9.1997, 3 C 327/97). Ebenso ist hinzunehmen, dass Befestigungselemente eines auf der Grenze errichteten Holzzaunes in das Nachbargrundstück hineinragen (LG Saarbrücken, Urt. v. 28.10.1993, 11 S 85/93). Überdeckt die Einfriedung eine Grenzmarkierung, ist das Grenzzeichen gem. § 823 Abs. 2 BGB i. V. m. dem Landes-Vermessungs- oder Abmarkungsrecht freizulegen; wurde beim Bau der Einfriedung das Grenzzeichen verdeckt, verschoben oder zerstört, kann wegen der Alleinzuständigkeit der Vermessungsbehörden nicht auf Wiederherstellung des früheren Zustandes, sondern nur auf Mitwirkung bei der Abmarkung geklagt werden (§ 919 BGB; AG Lebach, NJW-RR 1999, 1179).

3. Doppelte Einfriedungspflicht. Abs. 2 Satz 1 regelt den Sonderfall, dass für benachbarte Grundstücke die Voraussetzungen des § 39 Abs. 1 zugleich vorliegen. In diesem Fall bestimmt er als Standort der Einfriedung „die Grenze“. Das ist die zwischen zwei benachbarten

Grenzmarkierungen (Grenzsteine, Vermessungspunkte) gedachte Gerade. Die Einfriedung wird in diesem Fall zur **gemeinsamen Grenzeinrichtung** i. S. d. § 921 BGB. Eine Hecke ist als solche gemeinsame Grenzeinrichtung, wenn die Grenze zumindest bei einer der sie bildenden Pflanzen, bezogen auf den Stammaustritt aus dem Erdreich (§ 47), die Pflanze durchschneidet; dieser Zustand muss im Streitfall spätestens zum Zeitpunkt der letzten mündlichen Verhandlung eingetreten sein (BGHZ 143, 1, 4 = NJW 2000, 512). Zur Grenzeinrichtung wird die Anlage aber nur, wenn beide Nachbarn an der Herstellung der Einfriedung jedenfalls duldend mitgewirkt haben (BGHZ 91, 282, 286; BGHZ 143, 1, 5). Verweigert ein Angrenzer seine Mitwirkung, z. B. weil er seine Verpflichtung nach § 39 Abs. 1 bestreitet, ist die Klage auf die Zustimmung zur Herstellung einer gemeinsamen Einfriedung i. S. d. Absatz 2 Satz 1 zu richten. Beide Angrenzer sind nach Maßgabe des § 922 BGB befugt, die Grenzeinrichtung zu nutzen. Sie steht nach h. M. nicht im Miteigentum der Angrenzer, sondern lotrecht geteilt jeweils im Alleineigentum (BGHZ 204, 364 = NJW 2015, 2489 Rn. 8; BGHZ 91, 292, 287; a. A. Staudinger/Beutler, § 921 Rn. 15; zur Nachbarwand vgl. Einf. §§ 3–12, Erl. 3 a). Als gemeinsame Grenzeinrichtung genießt die Einfriedung Bestandsschutz auch in ihrer ursprünglichen Ausführung (BGH NJW 1985, 1458, 1460). Allerdings geht bei einer rechtswidrig entfernten Hecke der Instandsetzungsanspruch nur auf die Wiederanpflanzung junger Gewächse. Im Fall eines verschuldet unrechtmäßigen Radikalrückschnitts kann der Geschädigte Ersatz des Aufwandes für das Setzen junger Pflanzen, den Anzuchtsaufwand und einen – üblicherweise nach der sog. Methode Koch (dazu OLG Koblenz OLGR 1997, 138) bestimmten – Minderwert des Grundstücks fordern (BGHZ 143, 1, 9 = NJW 2000, 512). Das Recht zur Grenzüberbauung setzt die Einfriedungs**pflicht,** diese ein entsprechendes Verlangen des Nachbarn voraus (§ 39, Erl. 4 e). Fehlt dieses, muss die auf der Grenze errichtete Mauer entfernt werden, obwohl die Voraussetzungen des § 39 Abs. 1 vorliegen (BGH NJW-RR 1997, 16).

4. Kostentragung

a) Errichtung. Die **Errichtungskosten** der gemeinsamen Grenzeinfriedung nach Absatz 2 Satz 1 teilen sich die Angrenzer grundsätzlich je zur Hälfte. Ihre Höhe hängt ab vom Errichtungsaufwand. Abs. 2

Satz 3 knüpft an § 39 Abs. 2 Satz 1 an, indem nicht mehr als die Kosten einer ortsüblichen Einfriedung umlegungsfähig sind. Eigenleistungen beim Bau der Einfriedung werden berücksichtigt (Abs. 2 Satz 3) und zwar in Höhe des Wertes der dadurch ersparten Fremdleistungen. Das gilt indes nur, wenn eine nach der Ortsübung erstellte Einfriedung abwehrwirksam ist (Abs. 2 Satz 4 i. V. m. § 39 Abs. 2 Satz 3). Die Kosten einer Sonderausführung werden nur halbiert, wenn der beiderseitige Emissionszustand sie erfordert hat. Andernfalls entfällt der Sonderausführungsaufwand vorab auf den Eigentümer des Grundstücks, von dem die verstärkte Immission ausgeht (Abs. 2 Satz 4 Halbs.2). Der verbleibende Kostenrest wird geteilt.

b) Unterhaltung. Der Errichtungspflichtige hat die Einfriedung auf **seine Kosten zu unterhalten**. Sind die Errichtungskosten geteilt worden, sind die Kostenanteile auch für die Unterhaltungskosten maßgeblich. § 40 sagt weder etwas zum Unterhaltsumfang noch zur Fälligkeit des Unterhaltungskostenbeitrags. Im Fall der gemeinsamen Grenzeinrichtung kann gem. § 922 Satz 3 BGB auf § 744 BGB zurückgegriffen werden; § 744 Abs. 2 BGB betrifft nicht den Fall der Totalerneuerung der Grenzeinrichtung (BGH NJW 1985, 1458). Ansonsten bestimmt der Eigentümer der Grenzeinfriedung über den Zeitpunkt und den Umfang der Unterhaltungsmaßnahme, wobei er auf den Angrenzer nur die Kosten einer notwendigen Maßnahme und den zur Reparatur erforderlichen Aufwand umlegen kann. Für den Fall der Beseitigung, Totalerneuerung oder wesentlichen Veränderung der Einfriedung ist § 41 zu beachten.

5. Sukzessive Verpflichtung. Abs. 3 regelt den Fall, dass die Einfriedungspflicht zunächst nur einseitig bestand, dass sie gem. Abs. 1 durch eine an der Grenze errichtete Anlage erfüllt wurde und dass danach die Voraussetzungen des § 39 Abs. 1 auch in der Person des anderen Nachbarn entstehen. Der Einfriedungsanspruch wird auch hier durch Verlangen i. S. d. § 39 Abs. 1 Satz 1 erhoben. Er ist jedoch nach Abs. 2 Satz 1 umgewandelt in eine **Geldzahlungsforderung** in Höhe der Hälfte des Zeitwerts der Einfriedung. Festzustellen ist so der Wert der Anlage zum Zeitpunkt der Anschlussnutzung. Zeitwert ist nicht der Betrag, welcher im Zeitpunkt des Nachbarverlangens zur Herstellung einer ortsüblichen, abwehrwirksamen Einfriedung aufzuwenden wäre, sondern der Zeitwert der vorhandenen Anlage; die gegenteilige Ansicht der Vorauflage wird aufgegeben. Die Ausgleichszahlung verschafft kein Eigentum an der auf dem Grundstück des Forderungsberechtigten stehenden Einfriedung. Andererseits regelt Absatz 3 insoweit den Sachverhalt abschließend, als der später Verpflichtete sich nur am Zeitwert der Einfriedung zu beteiligen hat, nicht aber einen Ausgleich für die Mitinanspruchnahme des Nachbargrundstücks schuldet. Abs. 3 macht die Einfriedung nicht zur gemeinsamen Grenzeinrichtung i. S. d. § 921 BGB, denn sie befindet sich gem. Abs. 1 in voller Länge und Breite auf dem Grundstück des Ausgleichsberechtigten.

§ 41 Anzeigepflicht

(1) Die Absicht, eine Einfriedung zu errichten, zu beseitigen, durch eine andere zu ersetzen oder wesentlich zu verändern, ist dem Nachbarn mindestens zwei Wochen vor Beginn der Arbeiten anzuzeigen. § 6 Abs. 3 findet entsprechend Anwendung.
(2) Die Anzeigepflicht besteht auch dann, wenn der Nachbar weder die Einfriedung verlangen kann noch zu den Kosten beizutragen hat.

Erläuterungen

1. Regelungszweck. Die Vorschrift gilt nach Abs. 2 unabhängig von der Belegenheit der Grundstücke und vom Vorliegen von Einfriedungs- oder Kostenbeteiligungspflichten für den Fall, dass eine Einfriedung erstellt, wesentlich verändert oder beseitigt werden soll. Ihr **Zweck** ist „Transparenz an der Grenze“ als Ausprägung der nachbarschaftlichen Gemeinschaft. Durch Vorabinformation soll vermieden werden, dass in der Nachbarschaft vollendete Tatsachen entstehen. Dabei geht es auch darum, Rechtsschutzmöglichkeiten nicht durch „Nacht und Nebel“-Aktionen zu unterlaufen. Die Anzeigepflicht ist auch hier ein bewährtes Mittel zur Sicherung des nachbarlichen Friedens (vgl. §§ 6 Abs. 1, 13 Abs. 2, 16 Abs. 2, 18, 22, 28, 38 Abs. 2). Abs. 1 gilt nicht für jede Arbeit an der Grenzanlage; das Beschneiden der Grenzhecke muss nicht angezeigt werden. Eine wesentliche Änderung ist geplant, wenn die vorhandene Einfriedung in einer Weise umgestaltet werden soll, dass ihr Gesamtbild aus der Sicht eines verständigen Dritten ein anderes ist als zuvor. Die für § 42 Abs. 3 Satz 2 geltenden Grundsätze sind auch hier anzuwenden. Dabei geht es sowohl um einen Austausch des Errichtungsmaterials wie der Einfriedungskonstruktion oder des ästhetischen Gesamteindrucks.

2. Notifikation. Dem Nachbarn ist **nicht nur die Absicht als solche** mitzuteilen. Die Anzeige umfasst entspr. § 6 Abs. 1 alle Einzelheiten, die der Nachbar kennen muss, um sich ein Bild von der bevorstehenden Veränderung zu machen und etwaige Einwände erheben zu können. Eine beabsichtigte Neuanlage ist in ihren technischen Einzelheiten wie in ihrer sonstigen Ausführungsart vollständig und richtig so zu beschreiben, dass das künftige Gesamtbild auch in optisch-ästhetischer Hinsicht voraussehbar ist. **Anzeigeadressat** ist der Nachbar i. S. d. § 1. Bei Mit- oder Gesamthandseigentum ist jeder Berechtigte zu informieren, wobei bei unvollständig erfolgreicher Recherche Abs. 3 [§ 45 Abs. 3 i. V. m. § 7 Abs. 3 NRG SL] hilft (§ 22 Rn. 2). Danach genügt die Anzeige an den unmittelbaren Besitzer, wenn der Anzeigepflichtige den Eigentümer des Nachbargrundstücks nicht erreichen kann, was sowohl die Feststellung des anzeigeberechtigten Rechtsträgers als solchem wie auch seine Kommunikationsdaten betrifft. Praktische Schwierigkeiten sind im Anschluss an Erbfälle möglich; stehen die Erben noch nicht fest und hat das Nachbargrundstück auch keinen „unmittelbaren Besitzer“ (§ 857 BGB ist insoweit nicht anwendbar), muss beim Amtsgericht, in dessen Bezirk das Grundstück liegt, die Bestellung eines Nachlasspflegers beantragt werden (§§ 1960 ff. BGB), denn die Stellungnahme zu dem Änderungsvorhaben des Nachbarn ist Teil der Nachlassfürsorge. Einer besonderen **Form** bedarf die Anzeige nicht; wegen allfälliger Nachweisprobleme sollte das Vorhaben nur ausnahmsweise mündlich angezeigt werden.

3. Fristen. Die **Anzeigefrist** ist auf zwei Wochen festgelegt. Sie beginnt mit dem Zugang der vollständigen und richtigen Anzeige. Eine Fristverlängerung kann vereinbart werden. Die Anzeigefrist ist keine Ausschlussfrist. Der Nachbar kann auch nach Fristablauf Einwände gegen das Änderungsvorhaben geltend machen. Zu langes Schweigen kann jedoch einen Vertrauenstatbestand schaffen, der Grundlage eines Anspruchs auf Ersatz unnötiger Aufwendungen ist.

Auf Umgestaltungswünsche zwecks erleichterter Gestaltung des „ausgegrenzten“ Grundstücks braucht der Anzeiger auch dann nicht mehr einzugehen, wenn er sie bei rechtzeitigem Hinweis aus Gründen der nachbarschaftlichen Gemeinschaft und Rücksichtnahme in seine Planungen hätte einbeziehen müssen. Macht § 41 die Erfüllung der Anzeigepflicht zur Rechtmäßigkeitsbedingung der Umgestaltungsmaßnahme, bewirkt die **Verletzung der Anzeigepflicht**, dass die gleichwohl initiierte Errichtung, Veränderung oder Beseitigung zumindest formal rechtswidrig ist (§ 6 Abs. 1 Satz 2) und abgewehrt werden kann. Gebotenes Mittel wird hier einstweiliger Rechtsschutz mittels einer Stillhalteverfügung sein (§ 6, Erl. 6). § 41 i. V. m. § 6 Abs. 1 Satz 2 ist im Übrigen ein Schutzgesetz i. S. d. § 823 Abs. 2 BGB, dessen Verletzung Schadensersatzforderungen gegen den Anzeigepflichtigen begründet.

§ 42 Grenzabstand von Einfriedungen

(1) Einfriedungen müssen von der Grenze eines landwirtschaftlich genutzten Grundstücks, das außerhalb eines im Zusammenhang bebauten Ortsteils liegt und nicht in einem Bebauungsplan als Bauland ausgewiesen ist, auf Verlangen des Nachbarn 0,5 m zurückbleiben. Dies gilt nicht gegenüber Grundstücken, für die nach Lage, Beschaffenheit oder Größe eine Bearbeitung mit Gespann oder Schlepper nicht in Betracht kommt. Von der Grenze eines Wirtschaftsweges müssen Einfriedungen 0,5 m zurückbleiben.

(2) Der Anspruch auf Beseitigung einer Einfriedung, die einen geringeren Abstand als 0,5 m einhält, ist ausgeschlossen, wenn der Nachbar nicht innerhalb von zwei Jahren nach dem Anbringen Klage auf Beseitigung erhoben hat. Dies gilt nicht im Falle des Absatzes 1 Satz 3.

(3) Wird eine Einfriedung, die einen geringeren Abstand als 0,5 m einhält, durch eine andere ersetzt, so ist Absatz 1 anzuwenden. Dies gilt auch, wenn die Einfriedung in einer der Erneuerung gleichkommenden Weise ausgebessert wird.

(4) Die Verpflichtung nach Absatz 1 erlischt, wenn eines der beiden Grundstücke Teil eines im Zusammenhang bebauten Ortsteils wird oder in einem Bebauungsplan als Bauland ausgewiesen wird.

Erläuterungen

1. Regelungsumfang. § 42 weicht für die außerhalb eines im Zusammenhang bebauten Ortsteils belegenen, landwirtschaftlich genutzten Grundstücke, mithin für die **Feldflur** von der Regel des § 41 ab, dass die Einfriedung an oder auf der Grenze steht. Er sichert die vorhandene landwirtschaftliche Nutzung des Nachbargrundstücks mittels bestimmter Techniken bis zu seiner Grenze auch im Hinblick darauf, dass ein Ackerrain oder ein die benachbarten Grundstücke scheidender Zwischenraum gemeinsame Grenzeinrichtung i. S. d. § 921 BGB sein kann. War bei ihrer Errichtung der Einfriedung das Nachbargrundstück nicht i. S. d. Abs. 1 genutzt worden, kann der 0,5-m-Abstand bei nachträglicher Nutzungsänderung, z.B. wenn eine Kleinparzelle infolge Flurbereinigung ein gem. Abs. 1 bewirtschaftungsfähiges Grundstück wird, nicht eingefordert werden. Der Beseitigungsanspruch **entfällt**, wenn eines der Nachbargrundstücke entweder durch die tatsächliche lokale Bebauung oder in einem Bebauungsplan in den bebauten Ortsbereich einbezogen wird, weil dann trotz Fortführung der Landwirtschaft die Anspruchsvoraussetzung „Belegenheit im Außenbereich" nicht mehr gilt (Abs. 4). § 42 hat Nachrang zu den Abstandsregelungen in §§ 44 ff. Für die gem. § 39 Abs. 1 bei Grundstücken innerhalb bebauter Bereiche zu erstellenden Einfriedungen gilt § 42 nicht, obwohl auch im bebauten Gebiet ein Grundstück landwirtschaftlich genutzt werden kann. Jedenfalls würde bei beiderseitiger Einfriedungspflicht § 42 der Standortbestimmung in § 40 Abs. 2 Satz 1 vorgehen. Der Gesetzeszweck gebietet, „Einfriedung" in § 42 weit aufzufassen. Ungeachtet der Beschaffenheit der Anlage ist die Vorschrift daher anwendbar auch auf eine Grenzwand (zur Grenzwand als Grenzeinrichtung vgl. Einf. §§ 13–16, Erl. 2 b) oder eine an der Grenze mit Einfriedungsfunktion erstellte Garage (Geräteschuppen). Abs. 1 berechtigt nicht, den auf dem Nachbargrundstück frei gehaltenen **Grenzstreifen zu betreten**. Ein sog. Schwengel- oder Anwenderrecht (vgl. Dehner B § 28 III) ist aus § 42 nicht herzuleiten. Es kann gem. § 922 Satz 1 BGB begründet sein, wenn der die Grundstücke scheidende Zwischenraum als gemeinsame Grenzeinrichtung anzusehen ist (AG Schmalkalden, Urt. v. 29.1.1998, 2 C 560/97 betreffend den als Grundstückszugang genutzten Grenzstreifen). Insoweit können lokale Übungen Rechtsverbindlichkeit erlangen, wenn sie Auskunft geben, ob die Einrichtung den Grundstücken vorteilhaft ist. § 56 hat solche Herkommen nicht beseitigt, weil ergänzendes Recht nicht aufgehoben ist (§ 56, Erl. 1).

2. Landwirtschaft. Gegenüber innerhalb des bebauten Ortsbereichs liegenden Grundstücken (dazu § 39, 4. a) ist der 0,5-m-Abstand weder bei freiwilliger noch bei erzwungener Einfriedung einzuhalten. Abs. 1 Satz 1 gilt nur für die Feldflur. Ein Grundstück wird dort **landwirtschaftlich genutzt**, wenn auf ihm Ackerbau, Wiesen- oder Weidewirtschaft einschließlich der Futterproduktion zur betriebseigenen Tierhaltung, gartenbauliche Produktion, Erwerbsobstbau stattfindet (vgl. § 201 BauGB). „Genutzt" wird das Grundstück auch dann, wenn auf ihm die Landwirtschaft vorübergehend ruht. Das ist nicht mehr der Fall, wenn die Fläche seit Jahren das Bild von Ödland zeigt; maßgeblich sind die lokalen Gegebenheiten, wobei eine fünf Jahre währende Brache auf die dauernde Aufgabe der Landwirtschaft schließen lässt. Die Abstandswahrungspflicht nach Abs. 1 Satz 1 setzt weiter voraus, dass das Grundstück für eine solche Nutzungsart durch Gespanne oder Schlepper bearbeitet werden kann. Lage und Beschaffenheit des Grundstücks dürfen daher die Bearbeitung mit **Geräten** nicht ausschließen, welche ein **Zugtier** (Gespann ist hier im Sinne von Vorspann gemeint, nicht im Sinn des Zusammenspannens mehrerer Zugtiere) benötigen oder mit der Motorkraft eines **Schleppers** bewegt werden. Nicht von der Landwirtschaft, aber vom Abstandsregime nimmt **Abs. 1 Satz 2** die Flächen aus, deren Lage, Größe oder Beschaffenheit nur reinen Hackbau erlauben, auch wenn dabei motorisierte Kleingeräte (z.B. Fräsen) zum Einsatz kommen. Dies wird nur anzunehmen sein, wo die Beschaffenheit des Geländes (Steillage) zur Handarbeit zwingt oder das Grundstück so klein ist, dass eine maschinelle Bewirtschaftung sich verbietet. Das Vorliegen eines Ausnahmefalls gem. Abs. 1 Satz 2 hat der Einfriedungsersteller darzulegen und nachzuweisen. Die landwirtschaftliche Nutzung des Grundstücks **endet**, wenn eine Absicht der unmittelbar oder mittelbar auf einen der genannten Zwecke ausgerichteten Bodennutzung nicht mehr erkennbar ist. Bei vorübergehender Brache ist das nicht der Fall. Entsprechendes gilt, wenn ein Bebauungsplan das Landwirtschaft-Grundstück als Bauland ausweist; damit wird nicht die Aufgabe der Landwirtschaft fingiert, sondern deren Schutz hinter die Belange der künftigen Bauherren zurückgenommen. Die Nutzung eines Nachbargrundstücks als **Weinberg** ist von der allgemein-landwirtschaftlichen Nutzung unterschieden (§ 46 Abs. 1 Nr. 1). Da der Gesetzeszweck die weinbauliche Nutzung aber in gleicher Weise erfasst, ist § 42 auf Einfriedungen, die an der Grenze zu einem Weinberg errichtet werden, entsprechend anzuwenden.

3. Abstandswahrung. Die Grenzabstandsregelung des Abs. 1 begründet einen **Abwehranspruch** des angrenzenden Landwirts als Grundstückseigentümer oder Inhaber eines (Gesamt-)Erbbaurechts (OLG Jena FGPrax 1996, 45). Abs. 1 statuiert die Verpflichtung auf Wahrung eines Abstands zwischen Einfriedung und Grundstücksgrenze **objektiv**, sodass die Pflicht nicht erst entsteht, wenn der Nachbar das Zurückbleiben verlangt. Dies folgt aus **Abs. 1 Satz 2**, wonach die Abstandswahrungspflicht bei Wirtschaftswegen nicht von einem solchen Verlangen abhängt. Andererseits ergibt sich aus Abs. 1 Satz 1, dass bei Ausbleiben eines Widerspruchs bzw. Abstandswahrungsverlangens bei erfüllter Anzeigepflicht (§ 41 Abs. 1) die innerhalb des 0,5-m-Bereichs stehende Einfriedung nicht rechtswidrig ist. **Abs. 1 Satz 3** stellt den **Wirtschaftsweg** sowohl als privaten wie als öffentlichen Weg dem landwirtschaftlich genutzten Grundstück gleich. Damit ist der Anwendungsbereich der Vorschrift nicht auf jeden Zufahrtsweg erweitert, sondern nur auf solche Zufahrten, auf die ein Grundstücksnutzer zur Ausübung der Landwirtschaft angewiesen ist (LG Meiningen, Urt. v. 27.3.1998, 6 S 292/96). Grenzt das eingefriedete Grundstück an einen Wirtschaftsweg, kann jeder Wegebenutzer unmittelbar Beseitigung fordern, es sei denn der Weg ist ein Privatweg, mit dessen Eigentümer der Standort der Anlage abgesprochen ist (§ 2 Abs. 1). Gem. § 3 Abs. 1 Nr. 4 ThürStrG geht es hier um Wege, die ausschließlich oder überwiegend der Bewirtschaftung land- oder forstwirtschaftlicher Grundstücke dienen. Das Abwehrrecht geht auf **Unterlassung** einer geplanten Einfriedung, bei bereits erstellter Einfriedung auf deren **Beseitigung** (Abs. 2 Satz 1). Unmittelbar richtet Abs. 2 Satz 1 sich gegen den Eigentümer des mit der Einfriedung versehenen Grundstücks. Da Abs. 1 Schutzgesetz i. S. d. § 823 Abs. 2 BGB ist, kann über § 1004 oder § 249 BGB (Naturalrestitution) unabhängig von einer sachenrechtlichen Berechtigung vom Anlagenerrichter als Verursacher Beseitigung der Anlage verlangt werden. Eine zunächst rechtmäßig gem. § 40 Abs. 1 an die Grundstücksgrenze gesetzte Einfriedung ist nicht deswegen zu entfernen, weil das Nachbargrundstück später der Landwirtschaft zugeführt wird. Die Ansicht, die Einfriedung sei innerhalb der Zwei-Jahres-Frist des Abs. 2 auch bei nachträglicher Umnutzung zu beseitigen (Hodes/Dehner (§ 16 Rn. 1) zu dem § 42 vergleichbaren § 16 HessNRG), ist mit dem Wortlaut des § 42 und mit dem Schutzzweck der auf eine Ausschlussfrist bei eingetretenem Verstoß gegen Abs. 1 beschränkten Regelung nicht vereinbar.

4. Ausschlussfrist. Nach **Abs. 2** ist der Beseitigungsanspruch ausgeschlossen, wenn nicht innerhalb von zwei Jahren nach dem Anbringen der Anlage die Beseitigungsklage erhoben ist (Abs. 2). Die Klageerhebung erfolgt durch Zustellung der Klageschrift (vgl. § 253 Abs. 1 ZPO). Ist diese vor Ablauf der Frist des Abs. 2 Satz 1 zwar bei Gericht eingereicht, aber erst danach zugestellt worden, ist bei demnächst erfolgender Zustellung gem. § 167 ZPO die Frist gewahrt. Auch eine bei dem örtlich oder sachlich unzuständigen Gericht eingereichte Klage unterbricht den Fristablauf. Da Thüringen von der obligatorischen Streitschlichtung nach § 15a EGZPO keinen Gebrauch gemacht hat, hält ein privater Einigungsversuch den Fristablauf nicht auf. Abs. 2 Satz 1 begründet eine rechtsvernichtende Einwendung, welche anders als die Verjährung von Amts wegen zu beachten ist. Keiner Ausschlussfrist unterliegt der Beseitigungsanspruch bei längs eines Wirtschaftswegs innerhalb des 0,5-m-Abstandes errichteten Einfriedungen (Abs. 2 Satz 2). Nach **Abs. 3 Satz 1** lebt die Abstandswahrungspflicht auf für eine Anlage, welche eine wegen Ablaufs der Ausschlussfrist zu duldenden Einfriedung ersetzt. Damit ist eine über eine Ausbesserung hinausgehende Maßnahme gemeint. Für die Abgrenzung einer Reparatur zur Erneuerung ist eine wertende Betrachtung dahingehend geboten, ob das Gesamtbild der renovierten Anlage dem bisherigen

Zustand im Wesentlichen gleicht oder ob die Anlage sich als eine andere Einfriedung darstellt. Ist das der Fall, entsteht der Beseitigungsanspruch neu.

5. Einbezug in den Ortsbereich. Abstandswahrungspflicht und Abwehranspruch nach Abs. 1 **erlöschen** gem. **Abs. 4**, wenn ein bestandskräftiger Bebauungsplan das eingefriedete oder das benachbarte Grundstück als Bauland ausweist. Gleiches gilt, wenn die Voraussetzung „Belegenheit außerhalb eines im Zusammenhang bebauten Ortteils" für „eines der betroffenen Grundstücke" entfallen ist. Da es nach Abs. 1 auf die Lage innerhalb oder außerhalb des Ortsbereichs nur für das betroffene Wirtschaftsgrundstück ankommt, ist eine Ausdehnung der lokalen Bebauung hier nur erheblich, wenn sie dieses Areal erfasst. Rückt die Einfriedung nach Erlöschen der Abstandspflicht vor, bestimmt § 40 ihren Standort. Die Einfriedungspflicht endet ferner mit dem Wegfall des Schutzzwecks des Abs. 1 infolge endgültiger Aufgabe der landwirtschaftlichen Nutzung des Nachbargrundstücks (s. o. 2.). Für den umgekehrten Fall, dass für eine bei ihrer Errichtung gem. § 40 an der Grundstücksgrenze errichtete Einfriedung sich nachträglich die Voraussetzungen der Abstandspflicht des Abs. 1 einstellen (denkbar, wenn eine für Landwirtschaft untaugliche Kleinparzelle infolge Flurbereinigung ein bewirtschaftungsfähiges Grundstück wird), ändert der Wandel der Belegenheits- und Bewirtschaftungsverhältnisse nichts an der Rechtmäßigkeit der Einfriedung (a.A. Hodes/Dehner § 16 Erl. 1, s. o. 5.).

Zehnter Abschnitt
Bodenerhöhungen

§ 43 Grundsatz

Wer den Boden seines Grundstücks über die Oberfläche des Nachbargrundstücks erhöht, muß einen solchen Abstand von der Grenze einhalten oder solche Vorkehrungen treffen und unterhalten, daß eine Schädigung des Nachbargrundstücks insbesondere durch Absturz oder Pressung des Bodens ausgeschlossen ist. Die Verpflichtung geht auf den Rechtsnachfolger über.

Erläuterungen

1. Die ThürAVOBGB und das ZGB enthielten keine Bestimmungen über Bodenerhöhungen.

Nach **§ 355 DBO** waren Aufschüttungen und Abgrabungen an Grundstücksgrenzen durch Stütz- oder Futtermauern zu sichern oder von den Grenzen so weit entfernt zu halten, dass eine Böschung mit einem Winkel mit mindestens 30° (Altgrad) entsteht. Nach § 356 DBO war das Abschwemmen von Erdreich oder das Übertreten von Niederschlagswasser auf öffentliche Verkehrsflächen oder Nachbargrundstücke zu verhindern.

2. Das BGB enthält keine Bestimmung über Bodenerhöhungen; insbesondere ist **§ 909 BGB (unzulässige Vertiefung) nicht analog anwendbar** (BGH NJW-RR 2012, 1160 Rn. 16 m. w. Nachw.). Eine Vertiefung i. S. d. § 909 BGB liegt allerdings auch dann vor, wenn der Druck aufgelagerter gewichtiger Stoffe (Bauschutt, Erdaushub) zu einer auf das Nachbargrundstück hinüberwirkenden Bodenabsenkung führt und dieses hierdurch seinen Halt verliert (vgl. BGH NJW 1971, 935 f. im Anschluss an BGHZ 44, 130).

Bodenerhöhungen i. S. d. § 43 können im Einzelfall auch eine gefahrdrohende Anlage i. S. d. § 907 BGB oder ein mit einem Grundstück verbundenes Werk i. S. d. § 836 BGB darstellen, wobei der Anwendungsbereich dieser Bestimmungen nicht deckungsgleich ist mit dem des § 43 (s. näher dazu Bauer/Schlick, Rn. 4-7 zu § 43).

3. Der Begriff der Bodenerhöhung i. S. d. § 43 überschneidet sich mit dem Begriff der **Aufschüttung i. S. d. Bauplanungs- und Bauord-**

nungsrechts; beide Begriffe gehen von einer künstlichen Veränderung der Erdoberfläche durch Erhöhung des Bodenniveaus aus. Nach § 2 Abs. 1 Satz 3 Nr. 1 ThürBO zählen zu den baulichen Anlagen im Sinne der ThürBO auch Aufschüttungen und Abgrabungen, die bei Überschreiten einer bestimmten Höhe bzw. Tiefe oder eines bestimmten Umfangs genehmigungspflichtig sind (vgl. § 60 Abs. 1 Nr. 9 ThürBO; s. im Übrigen § 29 Abs. 1 BauGB) sowie Eingriffe in Natur und Landschaft darstellen (vgl. § 6 Abs. 1 i. V. m. Abs. 2 Satz 1 Nr. 2 ThürNatG).

Wenn und soweit für eine Bodenerhöhung i. S. d. § 43 eine **Baugenehmigung** erteilt wird, ist dies nach § 71 Abs. 4 ThürBO auf die nachbarrechtsgesetzliche Position der angrenzenden Grundstückseigentümer ohne Einfluss (vgl. § 34, Erl. 4). Anderes gilt, wenn die Bodenerhöhung im Rahmen des Betriebs einer nach § 4 BImSchG genehmigten Anlage erfolgt, zu denen insbesondere auch Abfalldeponien gehören können. In diesem Falle können wegen § 14 Satz 2 BImSchG solche Vorkehrungen nicht verlangt werden, die nach dem Stand der Technik nicht durchführbar oder wirtschaftlich nicht vertretbar sind.

4. Bodenerhöhungen i. S. d. § 43 sind nur von Menschen gezielt vorgenommene Erhöhungen oder Aufschichtungen wie z. B. die Anlage von Auffahrten und Terrassen; Böschungen, künstlichen Hügeln, Dämmen und Wällen; Schlacken-, Schutt- und Müllhalden; Aufschüttungen von Erdaushub usw. Erhöhungen der Erdoberfläche durch unbeeinflusste Naturereignisse (Erdrutsch, Verwehungen, Anschwemmungen) fallen nicht darunter (ebenso Schäfer, Rn. 1; Schäfer/Fink-Jamann/Peter, Rn. 2 zu § 30). Weder Wortlaut noch Zweck des Gesetzes setzen voraus, dass die Erhöhung von Dauer sein soll; auch vorübergehende Bodenaufschüttungen oder Ablagerungen (z. B. von Baugrubenaushub) werden von der Norm erfasst (ebenso Schäfer, Rn. 2; Bassenge/Olivet, Rn. 2 zu § 25; differenzierend Schäfer/Fink-Jamann/Peter, Rn. 7 zu § 30).

Die Bestimmung erfasst nicht jede Erhöhung des eigenen Geländes, sondern nur eine solche, durch die der Boden des Grundstücks **über die Oberfläche des Nachbargrundstücks hinaus** erhöht wird; nur dann kann eine Gefahr für das Nachbargrundstück zu besorgen sein

(Amtl. Begr. S. 38; vgl. auch OLG Düsseldorf NJW-RR 1992, 912). Andererseits setzt die Vorschrift nicht voraus, dass erst infolge der Erhöhung das Niveau des Nachbargrundstücks überschritten wird; auch ein aufgrund seiner natürlichen Beschaffenheit schon höher liegendes Grundstück kann zusätzlich erhöht werden (vgl. BGH NJW 1980, 2580, 2581 zu § 30 NachbG NRW; OLG Zweibrücken OLGR 1999, 457, 458 zu § 43 LNRG Rhl.-Pf.).

5. Die Erhöhung darf nur so vorgenommen werden, dass **nach menschlicher Voraussicht eine Schädigung des Nachbargrundstücks ausgeschlossen** ist; dabei sind auch außergewöhnliche Umstände zu berücksichtigen (ebenso Schäfer/Fink-Jamann/Peter, Rn. 10 zu § 30; Bassenge/Olivet, Rn. 3 zu § 25). Die vom Gesetz besonders erwähnten Arten der Schädigung durch Absturz oder Pressung des Bodens sind nur besonders typische Beispiele einer möglichen Beeinträchtigung. § 43 soll das Nachbargrundstück vor allen irgendwie nachteiligen Einflüssen infolge einer Bodenerhöhung schützen (vgl. OLG Zweibrücken OLGR 1999, 457, 458), also insbesondere auch vor solchen negativen Einwirkungen wie etwa Frostschäden durch einen Kaltluftstau, die nach § 906 BGB nicht unterbunden werden können (OLG Koblenz NuR 1984, 327, 328; vgl. auch BGHZ 113, 384).

Hinsichtlich der **künstlichen Änderung des Ablaufs wild abfließenden Wassers treffen § 37 WHG und § 83 ThürWG Sonderregelungen;** diese Regelungen gehen § 43 als die speziellere Norm vor, wenn allein solche Schädigungen in Rede stehen, die dadurch eintreten können, dass infolge der Bodenerhöhung vermehrt Niederschlagswasser – ohne Abschwemmen des Bodens – auf das Nachbargrundstück abfließt (vgl. BGH NJW 1980, 2580, 2581 zur Rechtslage in NRW; OLG Celle OLGR 2000, 275, 276 zur Rechtslage in Niedersachsen).

Dem Eigentümer des Grundstücks, das erhöht werden soll, bleibt es überlassen, ob er einem Schaden dadurch vorbeugt, dass er mit der Grundstückserhöhung einen genügenden Abstand von der Grenze einhält oder sonst geeignete Vorkehrungen – Errichtung einer Stützmauer, Anlage einer durch Grasbedeckung o. Ä. befestigten Böschung usw. – trifft. Das Gesetz legt den Eigentümer insoweit bewusst nicht fest, um eine den Gegebenheiten des Einzelfalles Rechnung tragende praktische Handhabung nicht zu erschweren (Amtl. Begr. S. 38). Sämtliche erforderlichen Schutzvorkehrungen sind auf dem eigenen Grundstück des die Erhöhung vornehmenden Eigentümers vorzunehmen; ein Eingriff in das Eigentum des Nachbarn ist nicht erlaubt (vgl. BGH NJW 1997, 2595, 2596; s. auch Schäfer/Fink-Jamann/Peter, Rn. 12 zu § 30).

6. Die getroffenen Vorkehrungen müssen auch **unterhalten** werden. Daraus ergibt sich die **ständige Verpflichtung,** eine etwa angebrachte Stützmauer oder Böschung regelmäßig auf ihre Funktionstauglichkeit hin zu überprüfen.

7. Die Pflichten aus § 43 obliegen dem Eigentümer oder gegebenenfalls dem Erbbauberechtigten (§ 1 Abs. 1 Satz 2) des Grundstücks, das erhöht wird. Nach dem Wortlaut des Gesetzes muss auch der Eigentümer bzw. Erbbauberechtigte selbst derjenige sein, der die Erhöhung des – seines – Grundstücks vornimmt. Entsprechend den zu § 1004 BGB entwickelten Grundsätzen dürfte der Eigentümer für die von einem Mieter, Pächter oder sonstigen Nutzungsberechtigten vorgenommene Grundstückserhöhung jedenfalls dann sicherungspflichtig sein, wenn er das Grundstück dem Mieter mit der Erlaubnis zu einer Erhöhung überlassen hat oder es unterlässt, gegen eine vertragswidrig vorgenommene Erhöhung des Mieters einzuschreiten (vgl. BGHZ 144, 200, 204; BGH NJW 2006, 992, 993; noch weitergehend Bassenge/Olivet, Rn. 5 zu § 25).

Im Falle einer Einzel- oder Gesamtrechtsnachfolge gehen die Pflichten aus § 43 auf den neuen Eigentümer über (Satz 2).

8. Verlangt ein Grundstückseigentümer von einem Nachbarn, der sein Grundstück erhöht hat, (weitere) Sicherungsmaßnahmen, so ist er **beweispflichtig** dafür, dass die bisher getroffenen Vorkehrungen nicht ausreichen, um eine Schädigung seines Grundstücks auszuschließen (vgl. BGH LM § 559 ZPO Nr. 8 zu § 907 BGB)

9. Da es das Gesetz bewusst dem verpflichteten Eigentümer überlässt, welche von mehreren zur Schadensabwendung geeigneten Maßnahmen er ergreifen will, reicht es im Prozess aus, wenn der betroffene Nachbar einen Antrag stellt, der sich auf die Herstellung eines bestimmten Erfolgs beschränkt (etwa: durch geeignete Maßnahmen sicherzustellen, dass nicht loses Steinmaterial auf das Klägergrundstück abrutscht; vgl. BGH NJW-RR 1996, 659).

10. § 43 ist **Schutzgesetz i. S. d. § 823 Abs. 2 BGB** (BGH NJW 1980, 2580, 2581 zu § 30 Abs. 1 Satz 1 NachbG NRW). Hat daher ein Grundstückseigentümer sein Grundstück erhöht, ohne die zum Ausschluss einer Schädigung des Nachbargrundstücks notwendigen Vorkehrungen getroffen zu haben, so ist er im Schadensfalle nach § 823 Abs. 2 BGB zum Ersatz verpflichtet. Scheitert ein solcher Anspruch deshalb, weil der Verstoß gegen § 43 ohne Verschulden erfolgt ist – wobei freilich hohe Sorgfaltsanforderungen zu stellen sind –, so kommt ein verschuldensunabhängiger nachbarrechtlicher Ausgleichsanspruch analog § 906 Abs. 2 Satz 2 BGB (vgl. BGH NJW 2011, 3294 Rn. 22; NJW-RR 2016, 588 Rn. 23) oder – bei lediglich negativen, nach § 906 BGB nicht abwehrfähigen Einwirkungen – unmittelbar aus § 242 BGB in Betracht (BGHZ 113, 384, 391).

Elfter Abschnitt
Grenzabstände für Pflanzen

§ 44 Grenzabstände für Bäume, Sträucher und einzelne Rebstöcke

Eigentümer und Nutzungsberechtigte eines Grundstücks haben mit Bäumen, Sträuchern und einzelnen Rebstöcken von den Nachbargrundstücken vorbehaltlich des § 46 folgende Abstände einzuhalten:

1. mit Bäumen (ausgenommen Obstbäume gemäß Nummer 2), und zwar
   a) sehr stark wachsenden Bäumen mit artgemäß ähnlicher Ausdehnung wie Bergahorn (Acer pseudoplatanus), sämtliche Lindenarten (Tilia), Pappelarten (Populus), Platane (Platanus x acerifolia), Rosskastanie (Acesculus hippocastanum), Rotbuche (Fagus sylvatica), Stieleiche (Quercus robur), ferner Douglasie (Pseudotsuga menziesii), Fichte (Picea abies), österreichische Schwarzkiefer (Pinus nigra austriaca), Kiefer (Pinus sylvestris), Esche (Fraxinus excelsior), sämtliche Tannenarten (Abies spec.), Atlaszeder (Cedrus atlantica) 4 m,
   b) stark wachsenden Bäumen mit artgemäß ähnlicher Ausdehnung wie Hainbuche (Carpinus betulus), Mehlbeere (Sorbus intermedia), Vogelbeere (Sorbus aucuparia), Weißbirke (Betula pendula), Weißerle (Alnus incana), Zierkirsche (Prunus serrulata), Lebensbaum (Thuja occidentalis) 2 m,
   c) allen übrigen Bäumen 1,5 m;
2. mit Obstbäumen, und zwar
   a) Walnusssämlinge 4 m,
   b) Kernobstbäumen, auf stark wachsenden Unterlagen veredelt, sowie Süßkirschenbäumen und veredelten Walnussbäumen 2 m,

c) Kernobstbäumen, auf schwach wachsenden Unterlagen veredelt, sowie Steinobstbäumen, ausgenommen Süßkirschenbäumen 1,5 m

3. mit Sträuchern (ausgenommen Beerenobststräuchern), und zwar

a) stark wachsenden Sträuchern mit artgemäß ähnlicher Ausdehnung wie Alpenrose (Rhododendron-Hybriden), Haselnuss (Corylus avellana), Felsenmispel (Cotoneaster bullata), Flieder (Syringa vulgaris), Goldglöckchen (Forsythia x intermedia), Wacholder (Juniperus communis) 1 m,

b) allen übrigen Sträuchern 0,5 m

4. mit Beerenobststräuchern, und zwar

a) Brombeersträuchern 1 m,

b) allen übrigen Beerenobststräuchern 0,5 m;

5. mit einzelnen Rebstöcken 0,5 m;

6. mit Baumschulbeständen 1 m,
wobei die Gehölze mit Ausnahme der Baumschulbestände von Sträuchern und Beerenobststräuchern die Höhe von 2 m nicht überschreiten dürfen, es sei denn, daß die Abstände nach den Nummern 1 und 2 eingehalten werden;

7. mit Weihnachtsbaumpflanzungen 1 m,
wobei die Gehölze die Höhe von 2 m nicht überschreiten dürfen, es sei denn, daß die Abstände nach Nummer 1 eingehalten werden.

Erläuterungen

1. Zweck von Pflanz-Grenzabständen. Grundsätzlich darf der Eigentümer aufgrund seines umfassenden Herrschaftsrechts (§ 903 BGB) auf seinem Grundstück pflanzen was und wie er will, sofern nicht öffentlich-rechtliche Vorschriften gelten oder die Anpflanzungen Beeinträchtigungen i. S. d. § 1004 BGB emittieren. Dieses Belieben steht zusätzlich unter dem Vorbehalt nachbarlicher Rücksichtnahme, welcher sich bei Anpflanzungen dahin konkretisiert, dass der Eigentümer beachten muss, dass Anpflanzungen ihrer Art nach beeinträchtigungsgeeignet sind und sowohl mit Ästen wie mit Wurzeln in das Nachbargrundstück hineinwachsen können, sodass der Nachbar sogar gem. § 910 BGB berechtigt ist, unmittelbar auf das fremde Rechtsobjekt „Anpflanzung“ einzuwirken (vgl. BGH NJW 2004, 603 Rn. 12). Demgemäß ist **Regelungsgrund** der im Elften Abschnitt enthaltenen Regelungen, den hieraus möglichen Kontroversen vorzubeugen und in Umsetzung des Grundsatzes der gegenseitigen Rücksichtnahme im nachbarlichen Verhältnis allgemein geltende Grenzabstandsbestimmungen zu statuieren (BGH, Urt. v. 2.6.2017, V ZR 230/16, BeckRS 2017, 117814). Daher sind die Abstandsregelungen als Grenze zu verstehen, deren Missachtung eine abwehrfähige Beeinträchtigung indiziert. Die auf das privatrechtliche Nachbarverhältnis bezogenen §§ 44 ff. gelten unbeschadet anderer gesetzlicher Beschränkungen des Anpflanzungsrechts. Diese sind öffentlich-rechtlicher Natur, konkretisieren Inhalt und Schranken des Eigentums (BVerfG, NJW 1990, 1229; BGHZ 120, 239) und finden sich insbes. im Straßenrecht (z.B. § 11 Abs. 2 FStrG, § 26 Abs. 2 ThürStrG), im Bau- und Naturschutzrecht (z.B. § 9 Abs. 1 Nr. 25, § 189 BauGB; §§ 16 ThürNatG). Privatrechtliche Beschränkungen des Anpflanzungsbeliebens enthalten das Bundesrecht in §§ 910, 911, 921 BGB; sie können sich über § 242 BGB aus dem nachbarschaftlichen Gemeinschaftsverhältnis oder aus §§ 15, 14 WEG oder aus Nutzungssatzungen (z.B. von Gartenbauvereinen) ergeben. Bei nicht mit dem Nachbarn abgesprochenem Unterschreiten der in §§ 44 ff. bestimmten Grenzabstände kann gemäß § 51 bzw. § 1004 BGB die Beseitigung oder der Rückschnitt des betroffenen Gehölzes verlangt werden. Hat der Nachbar der Unterschreitung des Grenzabstands durch Nachbarvereinbarung (§ 2 Abs. 1) zugestimmt, ergibt sich hieraus die Bestandsduldungspflicht auch für einen Rechtsnachfolger.

Die Wahrung des Mindestgrenzabstandes kann auch dann nach § 1004 Abs. 1 BGB eingefordert werden, wenn die Anpflanzung die für ihren gesetzlichen Grenzabstand maßgebliche Höhe noch nicht erreicht hat (BGH BeckRS 2017, 117814 Rn. 18). Die Verletzung der in §§ 44 ff. bestimmten Abstände begründet zwar in aller Regel eine abwehrfähige Beeinträchtigung; gleichwohl ist im Einzelfall festzustellen, ob es ausnahmsweise nicht zu einer solchen Auswirkung gekommen ist (vgl. BGH, Urt. v. 2.6.2017, V ZR 230/16 Rn. 19). Wie § 51 ergibt, kann allein die widerspruchslose Hinnahme des nachbarrechtswidrigen Zustands nicht als vereinbarte Duldung gewertet werden.

Ein Beseitigungsanspruch kann sich allenfalls bei missbräuchlicher Ausnutzung (§ 226 BGB) einer solchen formalen Rechtsposition. i. S. einer Höhenbegrenzung (LG Saarbrücken VersR 1988, 1129, zurückhaltender AG St. Wendel, Urt. v. 27.12.1999 – 14 C 702/98) ergeben. Jedenfalls bleiben dem Nachbarn die Rechte aus § 910 BGB (Rückschnitt von Wurzeln und Zweigen). Sind sie schonend ausgeübt worden, haftet der Nachbar nicht für an den Bäumen oder Sträuchern entstehende Schäden.

2. Verwaltungsrecht

a) Schutzregelungen. Als öffentlich-rechtliche Regelung zur Anpflanzung von Gehölzen dienen die auf der Grundlage der §§ 12, 18 Abs. 1 Satz 2 BNatSchG i. V. m. dem Landesrecht erlassenen **Baumschutzsatzungen und -verordnungen**. Adressaten dieses Satzungsrechts sind der Eigentümer des geschützten Baumes und die durch den Baum beeinträchtigten Nachbarn (OVG Saarlouis, Beschl. v. 7.6.2017, 2 A 361/17: Veränderungs- und Beseitigungsverbote gelten allgemein für jedermann). Wollen sie gegen derartige Beeinträchtigungen vorgehen, haben sie die privatrechtliche (nachbarrechtliche) und die öffentlich-rechtliche (naturschutzrechtliche) Rechtslage zu beachten. Baumschutzsatzungen müssen einen hinreichend bestimmten Inhalt haben (BVerwGE 96, 110; VGH Mannheim, NVwZ 1986, 955; zur verfassungsrechtlichen Problematik Schink, DÖV 1991, 7; zur Wirksamkeit einer ihren Geltungsbereich dynamisch den jeweiligen, „im Zusammenhang bebauten Ortsteilen“ anpassenden Baumschutzsatzung vgl. BVerwGE 96, 110 und BGH NJW 1996, 1482). Ausnahmemöglichkeiten hindern den Störer daran, sich hinter dem öffentlich-rechtlichen Baumschutz zu verschanzen (BayVGH BayVBl. 2006, 216 Rn. 29 f.; OVG Koblenz NVwZ-RR 2008, 527 [Ausnahme zur Realisierung sonst unzulässiger Baumaßnahmen mit Auflage zur Ersatzanpflanzung]); die Beseitigungsverpflichtung aus § 1004 Abs. 1 BGB begründet die Pflicht, eine Ausnahmegenehmigung zu beantragen; unterbleibt ein Erfolg versprechender Antrag, wird der Störer gem. §§ 823 Abs. 2, 1004 BGB schadensersatzpflichtig (BGHZ 120, 239 = NJW 1993, 925, 928 [Froschteich]). Auch der betroffene Nachbar hat ein eigenes Recht, die Ausnahmegenehmigung zu beantragen (BGHZ 120, 239, 246; OVG Lüneburg NJW 1996, 3225). Ist über einen

Befreiungsantrag noch nicht entschieden, hat das mit dem Beseitigungsverlangen befasste Zivilgericht selbstständig zu prüfen, ob eine Ausnahmegenehmigung möglich ist (BayVGH BayVBl. 2006, 216 Rn. 29 [Störung durch schlicht-hoheitliches Handeln einer Gemeinde]). Zur Klärung dieser Vorfrage ist der für eine Befreiung maßgebliche Sachverhalt zumindest nach der Evidenz einer Genehmigungsverweigerung zu prüfen. Ergibt sich, dass eine Genehmigung offenbar versagt werden wird, ist die Klage abzuweisen. Erscheint die Befreiung Erfolg versprechend, wird der Klage stattgegeben mit dem Vorbehalt der Erteilung einer Ausnahmegenehmigung. Das Vorliegen der Genehmigung ist Voraussetzung der gem. § 890 ZPO mittels Zwangsgeldfestsetzung durchzuführenden Zwangsvollstreckung. Zur Beseitigung des geschützten Baums kann ohne den Vorbehalt der Ausnahmegenehmigung nur verurteilt werden, wenn es feststeht, dass eine Ausnahmegenehmigung erteilt werden muss.

b) Anpflanzungsbeschränkungen. Das **Baurecht** enthält Beschränkungen der Grundstücksbepflanzungsfreiheit, sofern ein Bebauungsplan nach § 9 Abs. 1 Nr. 25 BauGB in Teilen des Gemeindegebiets (vgl. dazu BVerwG NJW 1976, 1329) für nicht der landwirtschaftlichen Nutzung dienende Grundstücke Festsetzungen über das Anpflanzen von Bäumen und Sträuchern auch ihrer Art nach in Gestalt eines Pflanzgebots (§ 178 BauGB) oder besondere Bindungen für Bepflanzungen und für die Erhaltung von Bäumen oder Sträuchern enthält (§ 46 Abs. 1 Nr. 2). Diese Festsetzungen dienen weniger dem Bestandsschutz als der „grünen Gestaltung“ des Planbereichs; die Bestimmungen der §§ 44 ff. setzen sie nicht außer Kraft, sodass die Anpflanzungen die dort bestimmten Grenzabstände einhalten müssen. Vorschriften über die Grundstücksbepflanzung enthält das **Straßenrecht** z.B. in § 10 Abs. 1 FStrG (Unterschutzstellung von Gehölzen längs der Bundesfernstraßen). Nach § 27 Abs. 1 ThürStrG darf der Träger der Straßenbaulast den Straßenkörper mit Pflanzen jedweder Art bepflanzen; er darf dabei auch einen natürlich entstandenen Bewuchs erhalten. Die in §§ 44 ff. bestimmten Grenzabstände gelten, wie die auf das private Grundstück beschränkte Bestimmung in § 49 Abs. 1 Nr. 2 zeigt, insoweit nicht (OVG Saarlouis BeckRS 2014, 48267; OLG Düsseldorf NVwZ 2001, 59; VG Saarlouis BeckRS 2010, 54276); Bestimmungen, die wie §§ 45 Abs. 1 lit. a NachbG NRW, 32 Abs. 2 StrG NRW bei öffentlichen Straßen von der Abstandswahrung befreien, stellen das nur klar. Der Straßenbauträger darf gem. § 27 Abs. 1 Satz 2 ThürStrG die Anliegergrundstücke zur Pflege und Unterhaltung dieser Anpflanzungen nutzen. Die Duldungspflicht des Straßenanliegers endet, wenn die Pflanzung aufgrund natürlichen Wuchses einen Umfang erreicht hat, der zu ernsthaften nicht anderweitig behebbaren Schäden am Privatgrundstück führt oder aber dessen Nutzung in einem unzumutbaren Umfange beeinträchtigt (OVG Münster NJW 2000, 754). Auch aus dem **Flurbereinigungsrecht** können sich Anpflanzungsbeschränkungen ergeben, indem der Flurbereinigungsplan für das Flurbereinigungsgebiet Anpflanzungen bestimmter Art vorsieht, untersagt oder Grenzabstände für Anpflanzungen festlegt. Diese Festsetzungen erhalten nach § 58 Abs. 4 FlurbG die rechtliche Wirkung von Gemeindesatzungen, sind also öffentlich-rechtliche Normen, welche entgegenstehende Regelungen des Landesnachbarrechts verdrängen (§ 2 Abs. 2).

3. Abstände

a) Übersicht. § 44 **unterscheidet** zunächst zwischen Bäumen und Sträuchern und in diesen Gruppen zwischen Nutz- und anderen Gehölzen. Stehen diese in einer Baumschule oder sind sie als Weihnachtsbaumkultur gesetzt, gelten die Sonderbestimmungen in § 44 Nr. 6, 7. Innerhalb der Baum-Gruppen ist differenziert je nach artbestimmtem Wachstum; bei den Obstbäumen ist dazu auf die „Wurzelechtheit" als Sämling bzw. die Wachstumseigenschaft der Veredlungsunterlage abgestellt. Hinzu kommen die Rebstöcke, sofern sie nicht Teil eines Weinbergs sind (§ 44 Nr. 5). Diese Ansätze sind modifiziert je nachdem, ob die Gehölze als Hecke (§ 45), als Weinberg (§ 48), als Wald (§ 49) angepflanzt sind oder ob sie an einer Spaliervorrichtung bzw. einer Pergola ranken sollen (§ 50). Dazu sind die sich auf §§ 44, 45 ergebenden Abstände je nach der Nutzung des Nachbargrundstücks entweder verdoppelt (§ 46 Abs. 1) oder sie entfallen ganz (§ 46 Abs. 2). Für jede dieser Untergruppen sind die mangels besonderer Vereinbarung (§ 2 Abs. 1) **mindestens einzuhaltenden Grenzabstände** definiert. Deren Bestimmung ist in § 47 geregelt. Die §§ 44, 45, 48 und 49 betreffen **Gehölzpflanzen**, deren oberirdische Sprossteile (Stämme,

Äste, Zweige, Triebe) verholzen und ausdauernd den Winter überstehen. Maßgeblich ist die dauerhafte Verholzung, nicht die botanische Klassifizierung, sodass der Bambus als botanisches Gras im Nachbarrecht als Gehölz behandelt wird (AG Schwetzingen NJW-RR 2000, 1468). Hingegen müssen mit Stauden (mehrjährige Pflanzen, deren oberirdische Teile während der Vegetationsruhe überwiegend absterben und abgeworfen werden) sowie mit Gräsern grds. keine Grenzabstände eingehalten werden, obwohl auch solche Pflanzen durchaus mehrere Meter hoch werden können (z. B. Pampasgras, Chinaschilf u. Ä.). Auch für Schling- und Kletterpflanzen ist ein Grenzabstand nur einzuhalten, wenn sie Teil einer Anlage nach § 50 bilden. Die im Elften Abschnitt normierten Grenzabstände gelten unabhängig davon ob die Anpflanzung bewusst vorgenommen wurde oder ob sie als natürlicher Aufwuchs geduldet wird. § 44 ist an den Abständen orientiert, die sich nach der Erfahrung als zweckmäßig erwiesen haben. Ist der so typisierte Abstand eingehalten, kommt es nicht darauf an, dass der konkrete Baum oder Strauch „aus der Art schlägt" und ein ungewöhnlich starkes Wachstum entfaltet; zu beseitigen sind dann gem. § 910 BGB nur die herüberragenden Zweige oder eingedrungenen Wurzeln, nicht aber die Pflanze.

b) Abstand von Gehölzen

aa) Obstbäume. Die in **§ 44 Nr. 2** für Obstbäume bestimmten Grenzabstände tragen der besonderen Nutzungsart und der Tatsache Rechnung, dass sich der Wuchs eines Obstbaums entscheidend danach richtet, auf welche Art von Unterlage der Baum veredelt ist. Sämlinge werden als Wildlinge durch generative (geschlechtliche) Vermehrung, d. h. durch Aussaat von Samen, Kernen oder Steinen gewonnen; sie sind hochstämmig und regelmäßig stark wachsend. Dagegen haben die durch vegetative (ungeschlechtliche) Vermehrung mittels Ableger, Stecklingen o. Ä. gewonnenen Unterlagen einen schwachen Wuchs; sie sind die Basis von Busch- und Spalierbäumen. Wie im Umkehrschluss aus Nr. 2 lit. b, c folgt, haben auch die Kernobstsämlinge den 4-m-Abstand nach Nr. 2 lit. a einzuhalten. **Kernobstbäume** sind Apfel-, Birnen- und Quittenbäume. Für Steinobstbäume nach Nr. 2 lit. c außer für die in lit. b als stark wachsend eingestufte Süßkirsche, also für Aprikosen-, Mirabellen-, Pfirsich-, Pflaumen-, Reineclauden-, Sauerkirschen- und Zwetschgenbäume ist der Mindestabstand mit 1,5 m festgelegt.

bb) Sonstige Bäume. Für diese sind in **§ 44 Nr. 1** die Grenzabstände zwischen 4 m bei sehr stark wachsenden, 3 m bei stark wachsenden und 1,5 m bei den übrigen Gewächsen bestimmt. Zu den Wachstumsgruppen benennt § 44 Nr. 1 beispielhaft einzelne Arten. Ist die Zuordnung zu einer dieser Gruppen streitig, bedarf es eines Sachverständigengutachtens.

cc) Abstand von Sträuchern. Auch hier ist zwischen den Nutz- und den Zierpflanzen unterschieden. Erstere haben nach **§ 44 Nr. 4** einen Abstand von 0,5 m einzuhalten, es sei denn es handelt sich um einen Brombeerstrauch, für den der doppelte Abstand vorgeschrieben ist. Der 1-m-Abstand ist auch für sehr stark wachsende Ziersträucher (**Nr. 3a** mit Beispielen) einzuhalten, wogegen bei den übrigen Sträuchern 0,5 m Grenzabstand genügen.

dd) Baumschulen, Christbaumkulturen. Für in Baumschulen und Weihnachtsbaumpflanzungen gehaltene Bäume ist in **§ 44 Nr. 6, 7** unabhängig von der Wachstumsstärke der 1-m-Abstand bestimmt, weil derartige Anpflanzungen bestimmungsgemäß innerhalb weniger Jahre ausgetauscht werden. Dieser Abstand gilt auch für die Baumschulbestände von Ziersträuchern oder Beerenobststräuchern gleichgültig, um welche Strauchart es sich handelt und wie hoch die Sträucher werden. Sind oder werden Bäume in der Baumschule höher als 2 m, ist für Zierbäume der in Nr. 1, für Obstbäume der in Nr. 2 bestimmte Abstand einzuhalten. Auch hier kommt es nicht darauf an, um welche Baumarten es sich handelt. Baumschulen sind geschlossene Anlagen, die der Aufzucht von jungen Holzgewächsen zum Zwecke des Verkaufs oder zur Verwendung an anderer Stelle dienen. Gleiches gilt für außerhalb eines Walds (§ 2 ThürWaldG) gezielt zur Verwertung als Weihnachtsbäume angepflanzte Tannen- oder Fichtenkulturen. Als Tannen müssen sie bei einer Höhe von mehr als 2 m den 4-m-Abstand nach Nr. 1 wahren. Weihnachtsbaumkulturen sind nicht „Wald“ (vgl. § 2 Abs. 3 ThürWaldG).

§ 45 Grenzabstände für Hecken

(1) Der Eigentümer und der Nutzungsberechtigte eines Grundstücks haben mit Hecken gegenüber den Nachbargrundstücken vorbehaltlich des § 46 folgende Abstände einzuhalten:

1. mit Hecken bis zu 1 m Höhe 0,25 m,
2. mit Hecken bis zu 1,5 m Höhe 0,50 m,
3. mit Hecken bis zu 2,0 m Höhe 0,75 m,
4. mit über 2,0 m hohen Hecken einen um das Maß der Mehrhöhe größeren Abstand.

(2) Hecken im Sinne des Absatzes 1 sind Schnitt- und Formhecken, und zwar auch dann, wenn sie im Einzelfall nicht geschnitten werden.

Erläuterungen

1. Abstandsstufen. § 45 bestimmt für Hecken in Abs. 1 **vier Abstandsstufen**. Sie orientieren sich nicht an der Pflanzenart, sondern allein an der Höhe der Hecke. Hecken, die nicht höher als 1 m sind, brauchen nur 0,25 m Abstand einzuhalten. Bis zur Höhe von 1,5 m gilt ein Abstand von 0,5 m, bei Hecken bis zu 2 m ein Abstand von 0,75 m. Mit Hecken, die 2 m übersteigen, ist ein um das Maß der Mehrhöhe größerer Abstand zu wahren. Es ist zunächst Sache des anpflanzenden Eigentümers, bei der Heckenpflanzung zu entscheiden, bis zu welcher Höhe er die Hecke wachsen lassen will. Ein Abwehrrecht des Nachbarn besteht zu diesem Zeitpunkt nur bei Unterschreitung des Mindestabstands von 0,25 m. Die Berechnung dieses Abstands ist in § 47 geregelt. Die Abstände des § 45 verdoppeln sich in den Fällen des § 46 Abs. 1. Keine Abstände brauchen eingehalten zu werden bei Anpflanzungen, die öffentlich-rechtlich vorgeschrieben sind (§ 2 Abs. 2) und in den Fällen des § 46 Abs. 2. Dient die Hecke als Einfriedung, ist § 40 Abs. 1 nach Maßgabe des § 45 anzuwenden. Als Abwehrrecht bei Verstößen gegen das Abstandsregime des § 45 sieht § 51 Abs. 2 den Anspruch auf Rückschnitt vor, wenn die Hecke die zulässige Höhe überschreitet. Wahrt bereits die Anpflanzung nicht den Mindestabstand von 0,25 m, kann die Beseitigung der Pflanzen verlangt werden (BGH, Grundeigentum 2017, 949 Rn. 18).

2. Hecken. Nach **Abs. 2** sind Schnitt- oder Formhecken Gruppen gleichartig wachsender, wenn auch nicht gleichartiger Gehölze, die auch mit unregelmäßigen Abständen in langer und schmaler Erstreckung aneinandergereiht sind. Wesentlich für die Hecke ist die Geschlossenheit der Pflanzenkörper unter sich und der Verbund zu einer wandartigen Formation, wobei sich der Dichtschluss der einzelnen Pflanzen aneinander auf den überwiegenden Teil der Vertikalen, nicht nur auf ein kleines Teilstück, erstrecken muss (LG Limburg, NJW 1986, 595). Bei Schnitthecken neigen die Gehölze ihrer Natur nach auf Dauer nicht zur Heckenform, können aber durch Eingriffe (Schneiden) in diese Form gebracht werden (LG Saarbrücken NJW RR 1991, 406). Formhecken sind Heckengebilde, die aus Gewächsen bestehen, die ihrer Natur nach auf Dauer zu einer Heckenform zusammenwachsen (LG Saarbrücken NJW-RR 1992, 976). Nach Abs. 2 bleibt der Charakter einer Schnitthecke auch dann erhalten, wenn sie nicht mehr geschnitten wird. Unschädlich sind die Ausdünnung des als solcher vorhandenen Heckenkörpers zum Boden hin und ein damit verbundener Verlust von Sichtschutz, da sich eine Hecke nicht nur durch ihre Eigenschaft als Sichtschutz definiert (AG Saarbrücken, Urt. v. 27. 8. 1996, 36 C 201/96). Zwecks Sicht- oder Lärmschutzes mit Zustimmung des Nachbarn gepflanzte Hecken sind **gemeinsame Grenzeinrichtung** i. S. v. §§ 921, 922 BGB, wenn die Grenzlinie sie nicht notwendig schon zum Zeitpunkt der Anpflanzung und nicht in ihrer Mitte schneidet (BGH NJW 2000, 512; § 40, 3.). Für eine solche Hecke vermutet § 921 ein gemeinsames Nutzungsrecht, dessen Inhalt § 922 regelt. Als Hecke können die **verschiedensten Baum- und Straucharten** gezogen werden, z. B. Hainbuche, Fichte, Eibe, Thuja, Buchsbaum, Pappeln (dazu BGH, MDR 1978, 565), aber auch Obstgehölze oder Beerenobststräucher. Keine Hecken sind Spalierobstanpflanzungen, für sie gelten §§ 44, 50. Bei einer **Erstpflanzung** kommt es darauf an, ob sie so erfolgt, dass die mehreren Pflanzen eine Hecke bilden sollen und dass sie das bei weiterem Wachstum auch können. Weder brauchen die Einzelpflanzen so dicht nebeneinander zu stehen, dass ein heckenartiger seitlicher Schluss erzielt wird, noch müssen sich die Seitentriebe der Jungpflanzen so berühren, dass bei zunehmender Entwicklung die überschüssigen Pflanzen herauszunehmen sind (BGH, MDR 1978, 565).

3. Abwehranspruch. Bei gewahrtem Pflanzabstand von 0,25 m entsteht der Abwehranspruch infolge des Heckenwachstums, wenn also eine Höhe von mehr als 1 m überschritten wird (zur Höhenbestimmung bei Hanggrundstücken s. § 47, Erl. 1). Abwehrmittel ist nicht die Beseitigung der Hecke, sondern ihr **Rückschnitt**; zur Rückschnittpflicht und zu ihrer Entwicklung im Zeitablauf vgl. § 51, Erl. 26, Ist bereits bei der Anpflanzung von Bäumen oder Sträuchern im Hinblick auf die Pflanzenart oder die Pflanzweise erkennbar, dass sich daraus niemals eine Hecke im Sinne des § 45 entwickeln kann, gelten die Grenzabstände des § 44 und für den Beseitigungsanspruch beginnt die Ausschlussfrist nach § 51 Abs. 3 bereits mit der Pflanzung (BGH MDR 1978, 565). Verliert die Hecke durch **Ausdünnung** ihren bisherigen Charakter, ist § 45 nicht mehr anwendbar, die Bäume oder Sträucher müssen nun die Abstände nach § 44 einhalten; erst jetzt beginnt die Ausschlussfrist des § 51 (§ 51 Abs. 3 Satz 2).

§ 46 Ausnahmen

(1) Die doppelten Abstände nach den §§ 44 und 45, in den Fällen des § 44 Nr. 1 Buchst. a und Nr. 2 Buchst. a jedoch die eineinhalbfachen Abstände mit Ausnahme der Abstände für die Pappelarten, sind gegenüber Grundstücken, die

1. dem Weinbau dienen oder

2. landwirtschaftlich, erwerbsgärtnerisch oder nach Art eines Kleingartens genutzt werden, sofern nicht durch Bebauungsplan eine andere Nutzung festgelegt ist, oder

3. durch Bebauungsplan dieser Nutzung vorbehalten sind,

einzuhalten

(2) Die §§ 44 und 45 gelten nicht für

1. Anpflanzungen, die hinter einer undurchsichtigen Einfriedung vorgenommen werden und diese nicht überragen,

2. Anpflanzungen an den Grenzen zu öffentlichen Grünflächen und zu Gewässern,

3. Anpflanzungen an öffentlichen Straßen,

4. Anpflanzungen zum Schutze von erosions- oder rutschgefährdeten Böschungen oder steilen Hängen,

5. Anpflanzungen gegenüber Grundstücken außerhalb des geschlossenen Baugebietes, die geringwertiges Weideland (Hutung) oder Heide sind oder die landwirtschaftlich oder gartenbaulich nicht genutzt werden, nicht bebaut sind und auch nicht als Hofraum dienen.

Erläuterungen

1. Regelungsinhalt. § 46 ordnet **Ausnahmen zu den in §§ 44, 45** bestimmten Grenzabständen an, indem diese Abstände gegenüber besonders schutzbedürftigen Nachbargrundstücken **vergrößert** sind (Abs. 1) und gegenüber Nachbargrundstücken, die wegen ihrer Nutzungsart oder aus anderen Gründen keines besonderen Schutzes vor dem Herübergelangen von Ästen und Wurzeln bedürfen, **aufgehoben** werden (Abs. 2). Maßgeblich sind die Bewirtschaftungszustände zum Anpflanzungszeitpunkt; spätere Entwicklungen machen eine unzulässige Unterschreitung nicht zulässig oder einen korrekten Abstand nicht rechtswidrig (vgl. § 52). Die Vorschrift gilt nur für die Grenzabstände nach §§ 44, 45. Sie gilt nicht für Waldgrundstücke, da die für § 46 maßgeblichen Gesichtspunkte bereits in § 49 berücksichtigt sind. Auch auf die in § 50 für Spaliervorrichtungen und Pergolen bestimmten Abstände ist § 46 nicht anwendbar. Hinsichtlich der Grenzabstände im Weinbau ist in § 48 Abs. 2 die Ausnahmegruppe des § 46 Abs. 2 ausdrücklich für anwendbar erklärt; hingegen gelten die erhöhten Abstände des § 46 Abs. 1 nicht für die dem Weinbau dienenden Grundstücke.

2. Ausdehnungsfälle

a) Abstände. Nach § 46 Abs. 1 **erhöhen** sich die in §§ 44, 45 für Bäume, Sträucher, einzelne Rebstöcke und Hecken vorgeschriebenen Abstände. Grundsätzlich sind die doppelten Abstände nach §§ 44, 45 einzuhalten. Für die „sehr stark wachsenden Bäume" (§ 44 Nr. 1 a) und die (Walnuss-)Sämlinge (§ 44 Nr. 2 a, vgl. § 44, Erl. 6) genügt mit Ausnahme der Pappel wegen der großen Normalentfernung der $1^1/_2$-fache Abstand. Demnach sind gegenüber den in Abs. 1 privilegierten Grundstücken **folgende Abstände** zu beachten:

8 m: mit allen Pappelarten;

6 m: mit sonstigen sehr stark wachsenden Zierbäumen und mit Walnusssämlingen;

4 m: mit stark wachsenden Zierbäumen sowie mit Kernobstbäumen auf stark wachsenden Unterlagen, mit Süßkirschenbäumen und veredelten Walnussbäumen;

3 m: mit allen übrigen Zierbäumen sowie mit Kernobstbäumen auf schwach wachsenden Unterlagen veredelt und mit Steinobstbäumen – ausgenommen Süßkirschenbäume;

2 m: mit stark wachsenden Ziersträuchern, mit Brombeersträuchern, mit Baumschulen und mit Weihnachtsbaumpflanzungen;

1,5 m: mit Hecken von 1,5 m bis 2 m Höhe;

1 m: mit allen übrigen Ziersträuchern, mit allen Beerenobststräuchern, ausgenommen die Brombeere, mit einzelnen Rebstöcken und mit Hecken bis zu 1 m Höhe;

0,5 m: mit Hecken bis zu 1 m Höhe; für Hecken mit über 2 m Höhe ist die doppelte Mehrhöhe einzuhalten.

b) Nutzungsprivilegierung. Abs. 1 funktional auszulegen. Die Privilegierung ergibt sich aus der durch konkrete Bewirtschaftungsmaßnahmen belegten **Eignung** eines Grundstücks zu den bevorzugten Nutzungsarten und dient so auch dann noch einer begünstigten Wirtschaftsart (z. B. dem Weinbau), wenn dort vorübergehend keine Reben wachsen, die bisherige Zweckbestimmung nach der Verkehrsanschauung aber fortbesteht. Gleiches gilt auch für Flächen, die nicht bewirtschaftet werden, weil sie z.B. gem. der Verordnung (EWG) Nr. 1765/92 vom 30.6.1992 zur Einführung einer Stützungsregelung für Erzeuger bestimmter landwirtschaftlicher Kulturpflanzen (ABl.EG Nr. L 181 S. 12) stillgelegt worden sind. Nach § 1 Abs. 1 des Gesetzes zur Gleichstellung stillgelegter und landwirtschaftlich genutzter Flächen vom 10.7.1995 (BGBl. I S. 910) gelten solche Grundstücke im Sinne des Bürgerlichen Rechts, des Baurechts, des Naturschutzrechts etc. weiterhin als landwirtschaftlich genutzte Flächen, da das Recht, nach Beendigung der Stilllegungsperiode diese Flächen wie früher landwirtschaftlich zu nutzen, unberührt bleibt. Deshalb muss der

Schutz des § 46 Abs. 1 solchen Grundstücken auch während der Zeit der landwirtschaftspolitisch motivierten Stilllegung zugutekommen. Aufgrund ähnlicher Erwägungen erstreckt Nr. 2 die Abstandsvergrößerung auf Grundstücke, die durch Bebauungsplan der landwirtschaftlichen oder gärtnerischen Nutzung vorbehalten sind. Das Gesetz will damit verhindern, dass durch nachteilige Anpflanzungen im Grenzbereich vollendete Tatsachen geschaffen werden, die eine spätere Nutzung des Grundstücks entsprechend dem Bebauungsplan vereiteln oder behindern können. Folgerichtig gilt Nr. 2 nicht für landwirtschaftlich oder gärtnerisch genutzte Grundstücke, wenn für sie in einem Bebauungsplan eine andere Nutzung festgelegt ist. Steht fest, dass das Grundstück nicht auf Dauer landwirtschaftlich oder gärtnerisch genutzt wird, besteht kein Anlass, den Anpflanzenden durch Einhaltung erhöhter Grenzabstände zu einer besonderen Rücksichtnahme zu zwingen. Damit trägt Nr. 2 dem Umstand Rechnung, dass die mit der Begünstigung nach Abs. 1 einhergehende Beeinträchtigung des Nachbarn nur dann Schutz verdient, wenn die begünstigte Nutzung auf Dauer stattfinden kann. Daher unterfallen Grundstücke, die nur zum Teil in einer begünstigten Art genutzt werden, dann nicht Abs. 1, wenn die begünstigte Nutzung nicht in Grenznähe stattfindet oder wenn die begünstigte Nutzung nicht die Gesamtnutzung des Grundstücks bestimmt (AG St. Wendel, Urt. v. 27.12.1999 – 14 C 702/98).

c) Nutzungsarten. Hinsichtlich der Nutzungsarten des Abs. 1 ist für den **Weinbau (Nr. 1)** das allgemeine Begriffsverständnis maßgebend (§ 48, Erl. 1). Für den Inhalt der in **Nr. 2** genannten Nutzungsarten ist wegen dessen baurechtlicher Orientierung auf § 201 BauGB zurückzugreifen. „**Erwerbsgärtnerisch**" meint wie § 201 BauGB die mit der Absicht nachhaltiger Sicherung zumindest eines Teils der Lebensmittel nicht durch Eigenverbrauch, sondern durch Veräußerung der Ernten betriebene gartenbauliche Erzeugung als Spezies der Landwirtschaft. Die Nutzung „nach Art eines Kleingartens" ist nicht generell als alternative Form der gärtnerischen Nutzung einer Parzelle gemeint. Nr. 2 geht vielmehr zur Bestimmung der Nutzungsart vom Begriffsverständnis des Kleingartenrechts aus, wie es dem BKleingG zugrunde liegt. Kleingarten ist danach ein Grundstück, das zur nicht erwerbsgärtnerischen Nutzung, zur Erholung und zur Gewinnung gärtnerischer Produkte zwecks Verzehr in der Familie dient (§ 1 Abs. 1 BKleingG). Kennzeichnend für den Kleingarten ist das Nebeneinander verschiedener gärtnerischer Kulturen, sodass die Nutzung als Zier- oder Erholungsgarten typischerweise neben dem Anbau von Obst und Gemüse steht, welcher allerdings überwiegender Gegenstand der Gartennutzung ist. Indem Nr. 2 lediglich an die Nutzung nach Art eines Kleingartens anknüpft, nicht aber einen zusätzlichen Schutz der Kleingartenanlagen bezweckt, übernimmt er nicht die vom BKleingG verlangte Zusammenfassung einer Mehrzahl örtlich verbundener Gärten zu einer mit einem einheitlichen Wegenetz und Gemeinschaftsanlagen ausgestatteten und durch eine gemeinsame Organisation (Kleingartenverein o. Ä.) betreuten Kleingartenanlage (vgl. § 1 Abs. 1 Nr. 2 BKleingG). Eine kleingärtnerische Nutzung findet so auch in einem Hausgarten statt, sofern er hinsichtlich der Art seiner Nutzung dem Typ eines Kleingartens entspricht (AG Rudolstadt, Urt. v. 26.1.1995 – C 716/94; vgl. auch BVerwG NuR 1996, 149; VGH München NuR 1996, 41 zur kleingärtnerischen Dauernutzung i. S. d § 19 Abs. 1 Nr. 3 BauGB a. F.). In Zweifelsfällen kann die Größe des Gartens ein Anhaltspunkt sein, weil Nr. 2 sich hierin an § 3 Abs. 1 BKleingG orientiert, danach soll ein Kleingarten nicht größer als 400 m^2 sein. Andererseits werden Vorgärten oder kleinere Ziergärten, die die übliche Größe eines typischen Kleingartens nicht erreichen, in der Regel nicht unter den Begriff der „kleingärtnerischen Nutzung" i. S. d. § 46 Abs. 1 fallen (AG Rudolstadt a. a. O.).

3. Aufhebungsfälle. In den von **Abs. 2** erfassten Fällen **gelten** die **Grenzabstände** der §§ 44, 45 **nicht**, sodass hier das Grundstück in voller Länge und Breite zu Anpflanzungen jeder Art genutzt werden kann. Dies gilt für Anpflanzungen, die **hinter einer undurchsichtigen Einfriedung** vorgenommen werden und diese nicht überragen. Hierin kommt zum Ausdruck, dass es letztlich nicht der horizontale Grenzabstand ist, der die Beeinträchtigung bewirkt, sondern das Erscheinungsbild der Pflanze, insbesondere deren Höhe (vgl. BGH, Urt. v. 2.6.2017, V ZR 230/16 Rn. 20 zu Art. 50 BayAGBGB). Mittelbar kann sich ein Grenzabstand aus § 42 ergeben. Darf die Einfriedung gem. § 40 Abs. 1 an der Grenze stehen, beeinträchtigt eine dahinter vorgenommene Anpflanzung den Nachbarn i. d. R. allenfalls unwesentlich.

Aus welchem Material die Einfriedung besteht (Mauer, Hecke, Bretterzaun, Kunststoffwand o. Ä.), ist unerheblich. Ob sie „undurchsichtig" ist, muss im Einzelfall nach der Verkehrsanschauung beurteilt werden. Entscheidend ist nicht, ob man durch die Einfriedung überhaupt nicht „durchsehen" kann, weil Abs. 2 nicht die Einsichtsmöglichkeit in das Nachbargrundstück regeln will. Es kommt vielmehr darauf an, dass die Einfriedung so dicht ist, dass die dahinter gesetzten Pflanzen nicht durch die Einfriedung wachsen können (LG Mainz, Urt. v. 30.8.1994 – 6 S 112/93). Deshalb sind Einfriedungen „undurchsichtig", die kleinere Zwischenräume aufweisen. Auch die Nachbar- oder Grenzwand des Nachbargebäudes, die auf oder an der Grenze steht, ist als „undurchsichtige Einfriedung" des entsprechenden Grenzabschnitts zu betrachten. Die hinter der Einfriedung wachsende Pflanze darf die Einfriedung nicht überragen, also allenfalls die Höhe der Einfriedung selbst erreichen. Wächst die Pflanze über die Einfriedung hinaus, so muss sie zurückgeschnitten werden, sofern die Grenzabstände nach §§ 44, 45 und 48 Abs. 1 nicht eingehalten sind; da die Anpflanzung als solche rechtmäßig ist, wird ihre Beseitigung nicht geschuldet. Die Wahrung eines Grenzabstands entfällt für **Anpflanzungen an den Grenzen zu öffentlichen Grünflächen und Gewässern.** Als öffentliche Grünflächen sind vor allem Parkanlagen, Spielplätze und Friedhöfe anzusehen. Unter „Gewässern" sind „oberirdische Gewässer" i. S. v. § 1 Abs. 1 Nr. 1 WHG zu verstehen. Dieser Begriff umfasst das ständig oder zeitweilig in Betten fließende oder stehende oder aus Quellen wild ablaufende Wasser. Seit dem Inkrafttreten der Nachbarrechtsnovelle vom 8.3.2016 (Erl. 4 c) sind auch Anpflanzungen an **öffentlichen Straßen** vom Abstandsregime des Abs. 1 ausgenommen. Unerheblich ist, ob es sich um ein privates oder ein öffentliches Gewässer handelt. Auch **Anpflanzungen zum Schutz von erosions- oder rutschgefährdeten Böschungen oder steilen Hängen** dürfen unmittelbar an der Grundstücksgrenze erfolgen. Diese Ausnahmevorschrift gilt sowohl für natürlich entstandene wie auch für künstlich geschaffene Böschungen und ähnliche Aufschüttungen oder Erhöhungen; andererseits ist der anpflanzende Nachbar nach den Grundsätzen des nachbarlichen Gemeinschaftsverhältnisses gehalten, das für den Nachbarn mildeste Mittel anzuwenden, d. h., dass die am wenigsten beeinträchtigenden

Bäume und Sträucher anzupflanzen und dabei die Vorgaben eines Bebauungsplans zu beachten sind (OLG Koblenz OLGR 2001, 505). Schließlich bedürfen des Schutzes der Grenzabstände nicht Grundstücke **außerhalb des geschlossenen Baugebiets**, die geringwertiges Weideland (Hutung) oder Heide sind oder die landwirtschaftlich oder gartenbaulich nicht genutzt werden, weder bebaut sind noch als Hofraum dienen. In jedem Falle muss es sich um Grundstücke außerhalb eines geschlossenen Baugebiets handeln. Dieser Begriff entspricht dem des „im Zusammenhang bebauten Ortsteils" (vgl. § 39, Erl. 3 c). Geringwertiges Weideland (Hutung) sind Grünflächen geringer Ertragsfähigkeit, die nicht bestellt werden und nur eine gelegentliche Weidenutzung zulassen. Bei den sonstigen landwirtschaftlich oder gärtnerisch nicht genutzten und auch nicht bebauten Grundstücken ist zu denken an Ödland, sog. Unland (z. B. Felsgrundstücke), Sumpf, aber auch an Sportplätze (Golfplatz), Lagerplätze, Mülldeponien u. Ä. Nicht gemeint sind Wirtschaftswege, da eine Anwendung dieser Vorschrift auf die dem landwirtschaftlichen Verkehr dienenden Grundstücke mit dem Sinn der Regelung nicht zu vereinbaren wäre.

§ 47 Berechnung des Abstandes

Der Abstand wird von der Mitte des Baumstammes, des Strauches, der Hecke oder des Rebstocks bis zur Grenzlinie gemessen, und zwar an der Stelle, an der die Pflanze aus dem Boden austritt.

Erläuterungen

1. Messpunkte. § 47 bestimmt die Grundlagen für die **Berechnung des Grenzabstandes**. Er gilt nur für Bäume, Sträucher, Hecken und einzelne Rebstöcke. Für Weinberge enthält § 48 eine Sonderregelung. § 47 legt als **Messort** die Stelle fest, an der die Pflanze aus der Erde austritt (s. Abb. 13). Insoweit ist § 47 in den Fällen einschränkend auszulegen, in denen das Abwehrrecht vom Überschreiten einer Wuchshöhe abhängt und das durch die Abstandsverletzung betroffene Grundstück höher liegt. Hier ist der gesetzlich bestimmten Maximalhöhe die Differenz zwischen dem Standort der Anpflanzung und dem Niveau des Grenzverlaufs beim betroffenen Nachbargrundstück hinzurechnen (BGH, Urt. v. 2.6.2017, V ZR 230/16, Rn. 15 ff. m. w. N.; a.A.

die Vorauflage; vgl. auch § 44, Erl. 1). Unerheblich ist, ob der Baum schief steht und etwa eine Neigung zur Grenze hin aufweist. **Messpunkt** ist die **„Mitte“** des Baumstammes oder des Pflanzenkörpers. Daher kann der der Grenzlinie zugewandte Rand des Baumstammes bereits den vorgeschriebenen Grenzabstand unterschreiten, denn es kommt nicht auf den Abstand des grenznächsten Punkts des Baumstammes, sondern allein auf den der Mittelachse an. Entsprechendes gilt für **einzelne Rebstöcke,** falls sie wie ein Baum mit nur einem Trieb aus dem Boden hervortreten.

2. Sträucher. Sträucher und Hecken treten in mehreren Trieben aus dem Erdboden hervor, sodass bei der Messung des Grenzabstandes nicht – wie bei Bäumen – von einer Mittelachse des Stammes ausgegangen werden kann. Auch einzelne **Rebstöcke** können in mehreren Trieben aus dem Boden treten. „Mitte“ des Strauchs, der Hecke oder des Rebstocks ist dann das nach dem **Erscheinungsbild der Pflanze** als gedachter Mittelpunkt zu bestimmende Zentrum der verschiedenen, aus dem Boden hervortretenden Triebe. Da es für die Abstandsberechnung bei Sträuchern und Hecken auf den gedachten Mittelpunkt der Pflanze ankommt, ist es unschädlich, wenn Seitentriebe den für den Strauch vorgeschriebenen Abstand unterschreiten.

§ 48 Grenzabstände im Weinbau

(1) Der Eigentümer und der Nutzungsberechtigte eines dem Weinbau dienenden Grundstücks haben bei der Anpflanzung von Rebstöcken folgende Abstände von der Grundstücksgrenze einzuhalten:

1. **gegenüber den parallel zu den Rebzeilen verlaufenden Grenzen die Hälfte des geringsten Zeilenabstandes, gemessen zwischen den Mittellinien der Rebzeilen, mindestens aber 0,75 m bei Zeilenbreiten bis zu 2 m und 1,40 m bei Zeilenbreiten von über 2 m;**
2. **gegenüber den sonstigen Grenzen, gerechnet vom äußersten Rebstock oder der äußersten Verankerung der Erziehungsvorrichtung an, mindestens 1 m.**

(2) Absatz 1 gilt nicht für die Anpflanzung von Rebstöcken an Grundstücksgrenzen, die durch Stützmauern gebildet werden, sowie in den in § 46 Abs. 2 genannten Fällen.

Erläuterungen

1. Zweck. § 48 enthält zwecks Förderung des Bestands und der Entwicklung dieser Sonderkultur auch in Thüringen eine **Spezialregelung für die Grenzabstände von Weinbergen**. Die Grenzabstände mit sonstigen Anpflanzungen *zu* Weinbergen sind in § 46 Abs. 1 Nr. 1 festgelegt, die von einzelnen Rebstöcken in § 44 Nr. 5. Nach Wortlaut und Gesetzessystematik gilt § 48 sowohl gegenüber nicht weinbaulich genutzten Grundstücken wie gegenüber anderen Weinbergen (anders die Vorauflage). Dies folgt auch aus den mit dem Ziel, die Bewirtschaftung der angrenzenden Grundstücke als Weinberg zu sichern, festgelegten Grenzabständen. Normadressat ist der den Weinberg pflanzende Eigentümer bzw. derjenige, welcher den Weinberg als Nutzungsberechtigter nach § 2 Abs. 2 gepflanzt hat. Da nach § 51 Abs. 1 nur die Beseitigung einzelner Rebstöcke gefordert werden kann, begründet das Unterschreiten der in Abs. 1 angeordneten Grenzabstände einen Abwehranspruch aus $ 1004 Abs. 1 BGB nur, wenn es das Nachbargrundstück konkret beeinträchtigt.

2. Rebanlagen. Abs. 1 ist auf die Besonderheiten der Weinbergsanlagen in Rebzeilen an Erziehungsvorrichtungen (meist Drahtrahmen mit Pfosten) abgestellt und unterscheidet zwischen dem Abstand zur Grenze, zu der die Rebzeilen parallel laufen und der Grenze, auf welche sie recht- oder spitzwinklig auftreffen. Indem der Abstand zur parallel verlaufenden Grenze in Relation zu den jeweiligen Zeilenabständen bestimmt ist, lässt sich der einzuhaltende Grenzabstand schon bei der Weinbergsrodung sicher ermitteln. Auch wird die Bewirtschaftung bei beiderseits der Grenze verlaufenden Rebzeilen gewährleistet; der Bereich um eine zwischen zwei Weinbergszeilen verlaufende Grenze kann gemeinschaftliche Grenzeinrichtung i. S. d. § 921 BGB sein (vgl. § 40, Erl. 3) und ein Nutzungsrecht über die Grenze hinweg verschaffen (§ 922 BGB). Der für die Stirnseite des Weinbergs bestimmte Mindestgrenzabstand gilt nicht nur für die Grenzzeile, sondern für jede einzelne Zeile des Weinbergs. Er soll sicherstellen, dass ein Streifen des Grundstücks für Wendemanöver frei bleibt, weil dazu weder die Wegegrundstücke noch eine Nachbarparzelle genutzt werden dürfen (vgl. § 42, Erl. 2). Messpunkt ist der Austritt des letzten, in der Zeile stehenden Rebstocks aus dem Boden (§ 47) bzw. der Eintritt der Verankerung des Drahtrahmens der grenznächsten Rebzeile in den Boden.

3. Hanglagen. Abs. 2 befreit von der Wahrung eines Grenzabstands, wenn (z. B. in terrassiertem Gelände) die Grundstücksgrenze an oder in einer **Stützmauer** verläuft. Hier bedarf es zum Schutz des Nachbargrundstücks keines Grenzabstands. Entsprechendes gilt für die in § 46 Abs. 2 genannten Fälle. Besteht für die Anpflanzungen nach §§ 44, 45 keine Drittinteressen schützende Abstandspflicht, entfällt diese auch für Rebanlagen. Faktisch wird auch hier die Grenzzeile einen Grenzabstand wahren, weil sie sich anders nicht bewirtschaften lässt.

§ 49 Grenzabstände für Wald

(1) Wird ein Wald neu begründet oder verjüngt, so sind gegenüber Nachbargrundstücken folgende Abstände einzuhalten:

1. gegenüber dem Weinbau dienenden Grundstücken 10 m,
2. gegenüber in sonstiger Weise landwirtschaftlich oder gärtnerisch genutzten Grundstücken 5 m,
3. gegenüber bebauten oder bebaubaren Grundstücken 30 m,
4. gegenüber sonstigen Grundstücken, die nicht mit Wald bepflanzt sind, bei Neubegründung 6 m und bei Verjüngung 4 m,
5. gegenüber öffentlichen Verkehrsflächen und Wirtschaftswegen 2 m,
6. gegenüber Grundstücken, die mit Wald bepflanzt sind 1,5 m.

(2) Absatz 1 gilt nicht gegenüber Grundstücken im Sinne von § 46 Abs. 2 Nr. 4 und 5.

(3) Der nach Absatz 1 freizuhaltende Streifen kann mit Laubgehölzen bepflanzt werden, deren natürlicher Wuchs bei einem Grenzabstand bis zu 3 m die Höhe von 6 m und bei einem Grenzabstand bis zu 1 m die Höhe von 2 m nicht überschreitet.

Erläuterungen

1. Wald. § 49 regelt die bei der Begründung oder Verjüngung von **Wald** gegenüber Nachbargrundstücken einzuhaltenden Abstände. Das Landeswaldrecht enthält darüber hinaus den Waldbau und die Waldbewirtschaftung betreffende nachbarrechtliche Regelungen öffentlich-rechtlichen Charakters. Abs. 1 setzt den **Begriff „Wald“** voraus, ohne das forstrechtliche Begriffsverständnis zu übernehmen (vgl. § 2 ThürWaldG), das auch nicht bestockte Grundflächen wie Waldwege, Waldlichtungen, Schneisen, Wildäsungsflächen und Holzlagerplätze im Wald einschließt. Im nachbarrechtlichen Sinn meint Wald nur tatsächlich mit Forstpflanzen (Waldbäume, Waldsträucher und sonstige Waldpflanzen) bestockte Flächen, die nach der Verkehrsanschauung als „Wald“ angesehen werden (BayObLG NuR 1985, 789). Nicht unter den Begriff des Waldes fallen einzelne Bäume, Baumreihen, Baumgruppen und Parkanlagen oder Weihnachtsbaumkulturen außerhalb des Waldes (§ 44 Nr. 7). Die Abstandswahrungspflicht ist bei der Neubegründung eines Waldes wie bei der Bestandsverjüngung nach Abholzung des Altbestands zu beachten. Da der Beseitigungs- oder Rückschnittanspruch nach § 51 Wald i. S. d. § 49 nicht einschließt, kann hier gegen das Unterschreiten des Grenzabstands nur vorgegangen werden, wenn es Beeinträchtigungen i. S. d. § 1004 Abs. 1 BGB bewirkt.

2. Abstände. Der mit Wald einzuhaltende **Abstand** richtet sich nach der Nutzungsart des angrenzenden Nachbargrundstückes und nach der Art des Waldes (Abs. 3). Dabei ist abgestellt auf die typische Eignung von Waldbäumen, mit Ästen und Wurzeln in ein nicht bewaldetes Grundstück vorzudringen und dessen Bewirtschaftung zu beeinträchtigen. Besonders gravierend sind diese Beeinträchtigungen gegenüber dem **Weinbau** dienenden Nachbargrundstücken. Zu ihnen ist mit Wald ein Abstand von 10 m einzuhalten. Dienen ist auch hier funktional zu verstehen, sodass es nicht auf die tatsächliche Nutzung zum Anpflanzungszeitpunkt, sondern auf die fortdauernde Bestimmung zu einer gleichartigen Nutzung ankommt (vgl. § 46, Erl. 2). Gegenüber in **sonstiger Weise** landwirtschaftlich oder gärtnerisch genutzten Grundstücken sind 5 m Abstand einzuhalten, gegenüber anderen unbewaldeten Grundstücken 6 m bzw. 4 m. Gegenüber **öffentlichen Verkehrsflächen und Wirtschaftswegen** ist mit Wald ein Abstand von 2 m zu wahren. Öffentliche Verkehrsflächen sind alle Flächen, die dem allgemeinen öffentlichen Verkehr gewidmet sind, also z. B. Straßen, Wege und Plätze. „Wirtschaftswege“ sind auf öffentlich-rechtlicher oder privatrechtlicher Grundlage zumindest dem Anliegergebrauch eröffnete, die Bewirtschaftung der Anliegergrundstücke ermöglichende Wegflächen; unerheblich ist, in wessen Eigentum sie stehen und ob der Weg dem öffentlichen Gebrauch gewidmet ist. Gegenüber benachbarten **Waldgrundstücken** genügt ein Abstand von 1,50 m. Neu ist die durch das Änderungsgesetz vom 8.3.2016 eingeführte Regelung in Abs. 1 Nr. 3, wonach gegenüber bebauten oder bebaubaren Grundstücken ein Mindestabstand von 30 m einzuhalten ist. Bei einer Verjüngung des am 9.3.2016 vorhandenen Bestands bleibt es bei der Distanz von 4 m (§ 54 Abs. 6 i. V. m. § 49 Abs. 1 Nr. 3 a.F.).

3. Grenzstreifen. Der nach Abs. 1 von Wald freizuhaltende Grenzbereich darf zur Anpflanzung niedriger Laubgehölze genutzt werden (§ 49 Abs. 3). Überschreitet deren natürlicher Wuchs nicht die Höhe von 2 m, genügt ein Grenzabstand von 1 m, bleibt das Laubgehölz im Höhenbereich bis zu 6 m, ist der Abstand auf 3 m begrenzt. Damit werden ein **abgestufter Bewuchs** und ein harmonischer Übergang vom Wald zur Feldflur erreicht. Dies dient dem Windschutz und erlaubt eine wenn auch eingeschränkte forstliche Nutzung des Grenzstreifens. **Abs. 1 gilt nicht**, wenn der Wald die Standfestigkeit eines Steilhangs oder eines sonstwie erosions- bzw. rutschgefährdeten Hangs sichert (Abs. 2 i. V. m. § 46 Abs. 2 Nr. 4) und wenn das Nachbargrundstück faktisch Ödland ist (Abs. 2 i. V. m. § 46 Nr. 4). Hier kann der Wald bis zur Grundstücksgrenze reichen.

§ 50 Abstände von Spaliervorrichtungen und Pergolen

(1) Mit Spaliervorrichtungen und Pergolen, die eine flächenmäßige Ausdehnung der Pflanzen bezwecken, und die nicht höher als 2 m sind, ist ein Abstand von 0,50 m, und, wenn sie höher als 2 m sind, ein um das Maß der Mehrhöhe größerer Abstand von der Grenze einzuhalten.

(2) Absatz 1 gilt nicht in den in § 46 Abs. 2 genannten Fällen.

Erläuterungen

1. Wuchsrahmen. § 50 betrifft nur den Standort von **Vorrichtungen,** an denen Pflanzen hochgezogen werden sollen, nicht die Pflanzen selbst. Dabei handelt es sich i.d.R. um Pflanzen, für die ein Grenzabstand in §§ 44 ff. nicht festgesetzt ist, die aber als lebender Teil einer Spalieranlage oder einer Pergola eine Wuchsfläche bilden und heckenartig wirken. Bei Baumspalieren hat § 44 Vorrang vor Abs. 1. Eine Spaliervorrichtung ist ein zum Zweck der Stützung von Pflanzenwuchs gefertigtes senkrecht stehendes Konstrukt gleich welchen Materials; eine raumartig aus zwei senkrechten Seiten und einer waagrechten Verbindung bestehende Pergola kann rein landschaftsarchitektonischen Zwecken dienen, bleibt ihrer Bauart gemäß aber auch dann für eine flächenmäßige Ausdehnung von Pflanzen geeignet. Einzelne Stangen, Stützen oder Drähte fallen nicht unter Abs. 1, wohl aber Hopfenanlagen; für Weinbergszeilen gilt nur § 48.

2. Abstand. Der mit der Spaliervorrichtung oder der Pergola einzuhaltende Abstand richtet sich **nach der Höhe der Vorrichtung.** Bei einer Höhe von 2 m darf die Anlage bis 0,5 m an die Grundstücksgrenze gesetzt werden. Ist sie – wie Pergolen immer – höher als 2 m, ergibt sich der Grenzabstand aus der Addition der Mehrhöhe zum Mindestabstand von 0,5 m. So muss eine 3 m hohe Spaliervorrichtung einen Grenzabstand von 0,5 + 1 = 1,5 m wahren. Bei Hanglagen wird die zulässige Höhe unter Hinzurechnen der Höhendifferenz des Standorts zum Nachbargrundstücksniveau bestimmt (§ 47, Erl. 1). Von der Wuchshöhe der gestützten Pflanzen hängt der Grenzabstand der Haltevorrichtung nicht ab. **Abs. 2** hebt die Abstandswahrungspflicht auf für die in § 46 Abs. 2 geregelten Fälle. Daher kann die Haltekonstruktion hinter einer undurchsichtigen Einfriedung, bei angrenzenden öffentlichen Grünflächen und Gewässern bzw. gegenüber faktischem Ödland oder dort an der Grundstücksgrenze stehen, wo sie und/oder ihre Bepflanzung einen rutsch- oder erosionsgefährdeten Hang sichert.

§ 51 Anspruch auf Beseitigung oder Zurückschneiden

(1) Einzelne Bäume, Sträucher, Rebstöcke, Spaliervorrichtungen und Pergolen, die den vorgeschriebenen Grenzabstand nicht einhalten, sind auf Verlangen des Nachbarn zu beseitigen. Das gilt auch für Hecken mit einem geringeren Grenzabstand als 0.25 m.

(2) Hecken, die die aufgrund ihres Abstandes zum Nachbargrundstück zulässige Höhe überschreiten, sind auf Verlangen des Nachbarn zurückzuschneiden. Die Verpflichtung zum Zurückschneiden muss nur in der Zeit vom 1. Oktober bis zum 28. Februar erfüllt werden.

(3) Der Anspruch nach Absatz 1 ist ausgeschlossen, wenn der Nachbar nicht bis zum Ablauf des fünften auf das Anpflanzen oder die Errichtung folgenden Kalenderjahres Klage auf Beseitigung erhoben hat. Bei Bäumen, Sträuchern und Rebstöcken, die zunächst als Heckenbestandteil gezogen wurden, beginnt die Frist nach Satz 1 nach Ablauf des Kalenderjahres, in dem die Anpflanzung das Erscheinungsbild einer Hecke verliert.

(4) Für den Anspruch aus Absatz 2 gilt Absatz 3 Satz 1 entsprechend mit der Maßgabe, dass die Frist zu dem Zeitpunkt beginnt, zu dem die Höhe der Hecke das nach diesem Gesetz zulässige Maß überschreitet.

(5) Die Absätze 3 und 4 gelten nicht für Anpflanzungen und Anlagen an der Grenze eines Wirtschaftsweges.

(6) Werden die in den Absätzen 1 und 2 genannten Anpflanzungen und Anlagen ersetzt, so gelten die §§ 44 bis 50.

Erläuterungen

1. Regelungsinhalt. Abs. 1 statuiert als Reaktion auf Grenzabstandsverletzungen durch das Anpflanzen eines Baums, Strauch oder Rebstocks, das Errichten einer Spalieranlage oder einer Pergola den Anspruch auf Wiederherstellung des ordnungsgemäßen Zustands durch **Beseitigung** der Anpflanzung oder Anlage. Weinberge, Wald, Baumschulen und Christbaumkulturen erfasst Abs. 1 nicht. Abs. 2 begründet einen **Rückschnittanspruch** für eine Hecke, bei der die Grenzabstands-Höhen-Relation nicht die Vorgaben in § 45 wahrt. Abs. 3 bestimmt, dass diese Ansprüche nach Ablauf einer Fünf-Jahres-Frist ausgeschlossen sind, sofern die Anpflanzung bzw. Anlage zu nah an einem Wirtschaftsweg steht (Abs. 4). Abs. 5 stellt klar, dass bei Ersatz des nach Abs. 3 Bestandsschutz genießenden Zustands der Beseitigungs- bzw. Rückschnittanspruch neu entsteht, wenn die Ersatzanlage den jeweils geltenden Grenzabstand nicht einhält.

2. Landesrecht. Abs. 1, 2 sind eine **landesrechtliche** Sanktion der Verletzung landesgesetzlicher Grenzabstandsregelungen in den §§ 44, 45 und 50. Daher ist Abs. 3 nur auf den Beseitigungs- und Rückschnittanspruch nach § 51 Abs. 1, 2 anzuwenden. Neben einem Anspruch aus § 51 können sich inhaltsgleiche Forderungen aus dem Bundesrecht ergeben (BGH NJW-RR 2010, 807 Rn. 24; NJW 2004, 1035; OLG Brandenburg NJW-RR 2015, 1427 Rn. 23). Bei dem in Abs. 1, 2 genannten Nachbar-Verlangen handelt es sich nicht um ein Verpflichtungsentstehungselement. Gemeint ist das Einfordern der Maßnahme. Es bedarf weder einer besonderen Form noch einer Begründung. Bei mehreren Eigentümern kann jeder für sich die Beseitigung verlangen (§ 1011 BGB), sofern im Innenverhältnis gem. § 745 BGB nicht ausgeschlossen ist, dass die Rechtsgemeinschaft den Anspruch durchsetzen wird. **Schuldner** der Ansprüche aus Abs. 1, 2 ist der jeweilige Grundstückseigentümer, auch dann, wenn er die Anpflanzung nicht vorgenommen bzw. die Anlage nicht erstellt hat, weil er als Sachherr zur Verhinderung der Einwirkung verpflichtet ist (BGH NJW 2004, 1037, 1039). Der Anspruch setzt das Eigentum an der Anpflanzung, auf die eingewirkt werden soll, voraus, sodass er wohl für, aber nicht gegen Mieter besteht (§§ 94, 95 BGB; vgl. LG Detmold, NJW-RR 2014, 712). Der Mieter richtet den Anspruch gegen den Vermieter, auch wenn der Nachbarmieter die Anpflanzung vorgenommen und mietvertraglich für deren korrekten Zustand zu sorgen hat. Den Rückschnittanspruch kann ein Mieter gegen den Nachbarmieter richten, wenn diesem die Heckenunterhaltung mietvertraglich obliegt.

a) Beseitigung. Die Beseitigungspflicht setzt voraus, dass der Standort eines Baums oder Strauchs den für die Gattung oder Art geltenden Abstand zu einer Grundstücksgrenzlinie nicht wahrt. Dieser Zustand gilt als Beeinträchtigung und ist als solche zu beseitigen (vgl. § 44, Erl. 1). Unerheblich ist, ob das Gehölz bewusst angepflanzt worden ist oder ob es sich um einen geduldeten Wildwuchs handelt. Beseitigung heißt **Wiederherstellen** des ordnungsgemäßen Zustands durch Zurückversetzen oder Entfernen der Anpflanzung oder Anlage. Resultiert die Grenzabstandsverletzung daraus, dass die Anpflanzung die zulässige Abstand-Höhen-Relation überschreitet oder über die undurchsichtige Einfriedung hinauswächst (§ 46, Erl. 3), ist im Beseitigungsanspruch der Rückschnitt als alternatives Störungsbeseitigungsmittel eingeschlossen, sodass zur Wiederherstellung der zulässigen Höhe der Anspruch sich auf das Zurückschneiden beschränkt (BGH, Urt. v. 2.6.2017, V ZR 230/16 Rn. 7). Das ansonsten für die Beseitigung einer Beeinträchtigung bestehende Auswahlermessen des Schuldners ist bei der Störungseigenart „Abstandsunterschreitung“ jedenfalls dann auf Null reduziert, wenn ein Zurückversetzen nicht (mehr) in Betracht kommt. Daher stellt sich die Frage, ob und in welchem Umfang das Beseitigen der Beeinträchtigung auch dabei entstandene Folgen umfasst (vgl. BGHZ 110, 313,315; NJW 2004, 1035), im Anwendungsbereich von § 51 nicht.

b) Rückschnitt. Soweit Abs. 2 eine Pflicht zum **Rückschnitt** statuiert, wird kein selbstständiger Anspruch eingeführt, sondern die Beseitigungspflicht der Sachlage gemäß modifiziert. Daher ist Abs. 1 auch auf eine innerhalb des 0,25 m-Streifens gesetzte Pflanzenreihe anzuwenden, welche zu einer Hecke heranwachsen soll (vgl. BGH, Urt. v. 2.6.2017, V ZR 230/16 Rn. 18). Steht die Hecke im korrekten Abstand verdrängt der Rückschnitt zur gesetzlich zugelassenen Höhe die Beseitigung. Andererseits kann die Rückschnittverpflichtung auch durch komplettes Entfernen der Hecke erfüllt werden. Im Rückschnittverlangen bzw. bei einer auf Abs. 2 gestützten Klage und dem ihr stattgebenden Urteil ist anzugeben, auf welche Höhe die Hecke eingekürzt werden soll, wobei sich die Höhenbestimmung nach § 47 richtet. Eine unbeschränkte Verurteilung geht dahin, die Hecke stets dann zurückzuschneiden, wenn sie über die zulässige Höhe hinausgewachsen ist, wozu ggf. eine Ausnahmegenehmigung der Naturschutzbehörde einzuholen ist. Der Anspruch ist erfüllt, wenn die Hecke wieder der Entfernungs-/Höhenrelation des § 45 entspricht. Ein Recht, das Nachbargrundstück zum Heckenschneiden zu betreten, ergibt sich weder aus § 21 noch aus den Grundsätzen des nachbarlichen Gemeinschaftsverhältnisses. Der Heckenbesitzer muss bei der Anpflanzung sicherstellen, dass die Hecke vom eigenen Grundstück aus gepflegt und beschnitten werden kann.

c) **Naturschutz**. Der Rückschnitt ist nach **Abs. 2 Satz 2** zwischen dem 1. Oktober und dem 28. Februar vorzunehmen. Hieraus folgt für die Zeit vom 1. März bis 30. September ein Erfüllungsverweigerungsrecht. Außerdem ist aus Abs. 2 Satz 2 abzuleiten, dass jährlich nicht mehr als ein Rückschnitt gefordert werden kann (BGH, NJW-RR 2012, 82, Rn. 15). Die Begrenzung nach Abs. 2 Satz 2 ist, sofern im Titel enthalten, von den nach §§ 887 ff. ZPO zuständigen Vollstreckungsorganen zu beachten, ggf. ist sie Grundlage einer Erinnerung nach § 766 ZPO. Für die Beseitigungspflicht aus **Abs. 1** gibt es keine Schonzeit; allerdings sind auch hier mit gleichem Effekt bestandsschützende Regelungen des öffentlichen Rechts zu beachten.

3. Ausschluss. Im Interesse nachbarlichen Friedens leitete Abs. 3 aus der langandauernden Hinnahme einer mit der Beseitigungsverpflichtung sanktionierten Grenzabstandsverletzung das **Erlöschen des Beseitigungsanspruchs** ab.

a) **Allgemeines**. Das Verlangen, einen Baum oder Strauch gem. Abs. 1 zu beseitigen (zum Inhalt des Anspruchs s. 2. a), ist unbegründet, wenn der Anspruch nach Ablauf von **fünf Jahren** seit seiner Entstehung nicht rechtshängig gemacht ist. Abs. 3 verleiht Bestandsschutz ohne die Abstandsunterschreitung zu legitimieren. Die Norm bestimmt keine Sonderform der Verjährung, sodass der Ablauf der Ausschlussfrist nicht einredeweise geltend zu machen ist. Abs. 3 grenzt als eigenständige Norm das Verjährungsrecht (s. § 53) auch nicht ein. Der Ausschlussfrist unterliegen nur die im Landesrecht selbst begründeten Ansprüche. Den allgemeinen bundesrechtlichen Abwehranspruch aus § 1004 Abs. 1 BGB erfasst Abs. 3 nicht (BGH, NJW-RR 2010, 807 Rn. 23 f.; NJW 2004, 1035; OLG Hamm, NJW-RR 2003, 230, 231). Soweit ein Abwehranspruch nicht (mehr) ausgeübt werden kann, ist der sekundäre Nachbarrechtsschutz nach § 906 Abs. 2 Satz 2 (analog) nicht berührt (BGH, NJW 2004, 1037, 1040). Aus anderen Sachverhalten begründete Abwehransprüche werden von Abs. 3 nicht erfasst. Auch wenn der zu grenznah stehende Baum Bestandschutz hat, kann der Laubfall oder das Herüberwachsen von Wurzeln und Zweigen abgewehrt werden (BGH, NJW 2004, 1037, 1039 f.).

b) **Fristablauf**. Die Ausschlussfrist **beginnt** mit der Anpflanzung bzw. der Errichtung der Pergola. Weniger klar ist der Beginn der Ausschlussfrist für Bäume, Sträucher und Rebstöcke geregelt, welche ursprünglich als Heckenbestandteil gezogen wurden. Hier knüpft Abs. 3 Satz 2 den Fristablauf an den Verlust des Erscheinungsbilds einer Hecke. Da es Rebhecken nicht gibt, Abs. 3 Satz 2 aber ausdrücklich auch Rebstöcke erfasst, ist hier auf den Wandel von der Rebanlage (§ 48) zu einem oder mehreren einzelnen Rebstöcken abzustellen. Wird der zulässige Grenzabstand in Relation zum Höhenwachstum bestimmt (vgl. § 44 Nr. 6, 7), beginnt die Fünf-Jahres-Frist erst mit dem für den Nachbarn eindeutigen Überschreiten der Höchstgrenze (vgl. § 46, Erl. 3 und § 47, Erl. 1; BGH BeckRS 2017, 117814 Rn. 10 zum Verjährungsbeginn nach Art. 52 BayAGBGB); insoweit ist Abs. 3 einzugrenzen, weil dort davon ausgegangen wird, dass die Abstandsverletzung bereits mit dem Anpflanzen oder Einrichten eintritt und manifestiert ist. Der Fristablauf wird nicht schon durch das Nachbarverlangen, sondern nur durch eine Leistungsklage **gehemmt**. Erfolgt die Zustellung der Klagschrift erst nach Fristablauf, besteht die Pflicht fort, sofern die Klage demnächst zugestellt worden ist (§ 167 ZPO). In der Klage muss das Vorliegen einer Grenzabstandsunterschreitung durch Benennung der betroffenen Anpflanzung und ihres Standorts schlüssig dargetan und unter Beweis gestellt sein (OLG Köln MDR 2004, 532). Gegebenenfalls muss sich erkennen lassen, ob es sich um einen Sämling handelt oder ob der Kernobstbaum auf einer stark wachsenden Unterlage (§ 44 Nr. 2 b) oder auf einer schwach wachsenden Unterlage (§ 44 Nr. 2 c) veredelt ist. Da es ein Recht, das Nachbargrundstück für diese Feststellungen zu betreten, nicht gibt, und weil dem Nachbarn nicht zumutbar ist, zur Fristwahrung Beseitigungsklage auf Verdacht und unsolider Tatsachengrundlage zu erheben, wird ihm als aus dem nachbarlichen Gemeinschaftsverhältnis herzuleitendes, im Anspruch nach Abs. 1 gem. § 242 BGB enthaltenes Nebenrecht ein **Anspruch auf Auskunftserteilung** über die Art der auf dem Nachbargrundstück vorgenommenen Anpflanzungen zuerkannt (Zimmermann/Steinke, Erl. 8 b zu § 41; Pelka, Erl. zu § 16; Dehner B § 22, 8). Ist das Auskunftsrecht im Beseitigungsanspruch gem. § 242 BGB enthalten, hindert die isolierte Auskunftsklage ebenso wie die Beseitigungsklage den Ablauf der Ausschlussfrist. Den Fristablauf hat als rechtsvernichtende Tatsache der als Beseitigungspflichtiger in Anspruch genommene Nachbar zu beweisen. Ist die Beseitigungspflicht nach Abs. 3 ausgeschlossen, lässt sich ein Anspruch auf **Rückschnitt** als Minus zur Beseitigungspflicht nicht begründen (BGH, NJW 2004, 1037, 1038). Das gilt sowohl für das Aufrechterhalten des Zustands bei Erhebung der Beseitigungsklage wie für einen Rückschnitt auf die Höhe, welche der Baum fünf Jahre vor Klageerhebung erreicht hatte (BGH a.a.O.). Das Ausweichen auf den Rückschnitt würde auch der Beschränkung der Rückschnittpflicht zur Herstellung der gesetzlichen Abstand-Höhe-Relation bei Hecken in Abs. 2 Satz 1 widersprechen. Die Grundsätze der Verhältnismäßigkeit und des nachbarlichen Gemeinschaftsverhältnisses können sich nur auf die Beseitigung als solche auswirken, nicht aber dahin, dass die Anpflanzung/Anlage in ihren Auswirkungen durch Behelfsmaßnahmen moderiert wird. Unter ganz besonderen Umständen kann auf der Grundlage des nachbarschaftlichen Gemeinschaftsverhältnisses der Beseitigungsanspruch bei besonders schweren, die Nutzung des Nachbargrundstücks in völlig unzumutbarer Weise beeinträchtigenden Einwirkungen **wieder aufleben** (BGH, NJW 2004, 1037, 1038); so kann die Beseitigung einer Fichtenreihe gefordert werden, wenn zu befürchten ist, dass bei Sturm das Wohnhaus schwer beschädigt werde (OLG Saarbrücken BeckRS 2007, 01483). Das nachbarschaftliche Gemeinschaftsverhältnis kann auch hier den Abwehranspruch auf den Rückschnitt oder das Einkürzen von Wurzeln reduzieren; führte eine solche Maßnahme jedoch zum Absterben der Anpflanzung, ist auch der Rückschnitt nicht geschuldet (OLG Saarbrücken, BeckRS 2007, 01483). Abs. 3 schützt nur die vorhandene Anpflanzung. Wird diese ersetzt, hat die Neuanpflanzung die gesetzlichen Mindestabstände einzuhalten (Abs. 5).

c) Sonderfall Hecke. Abs. 3 ist abweichend von § 51 in der bis 22.3.2006 geltenden Fassung auf Hecken nur insoweit anzuwenden als es um das Durchsetzen des Mindestabstands von 0,25 m mittels Entfernen der gesamten Anpflanzung geht. Auf die Rückschnittverpflichtung nach Abs. 2 ist Abs. 3 nicht bezogen. Da der Rückschnittanspruch aus Abs. 2 nicht verjährt (§ 53 Abs. 2) kann ihn der Zeitablauf nicht berühren. Da die Abstandsverletzung in Verbindung mit der Heckenhöhe eine Beeinträchtigung i. S. d. § 1004 BGB darstellt, unterliegt der Rückschnittanspruch der Drei-Jahres-Verjährung nach

§§ 195, 199 Abs. 1 Nr. 1 BGB. Diese beginnt am Ende des Jahres, in dem die Verletzung des Grenzabstands eindeutig ist (BGH, Urt. v. 2.6.2017, V ZR 230/16 Rn. 10 zu Art. 52 BayAGBGB; s.a. § 53, Erl. 2).

d) Sonderfall Wirtschaftsweg. Nach Abs. 4 läuft für den Anspruch auf Beseitigung keine Ausschlussfrist nach Abs. 3, wenn die betroffene Anpflanzung oder Anlage den Abstand zur Grenze eines als Wirtschaftsweg genutzten Grundstücks betrifft. Dies beruht darauf, dass es hier einen auf seine Eigeninteressen bedachten Eigentümer oder einen ihm vergleichbaren Sachwalter typischerweise nicht gibt. Außerdem ist Benutzbarkeit der Wirtschaftswege im öffentlichen Interesse zu sichern, sodass sie nicht von der Intervention Dritter abhängen darf (vgl. auch § 42 Abs. 1 Satz 3 i. V. m. Abs. 2 Satz 2, § 49 Abs. 1 Nr. 4).

§ 52 Nachträgliche Grenzänderungen

Die Rechtmäßigkeit des Abstands einer Anpflanzung oder Anlage wird durch nachträgliche Grenzänderungen nicht berührt; § 51 Abs. 6 ist entsprechend anzuwenden.

Erläuterungen

1. Zweck. § 52 gibt Bestandsschutz für den Fall, dass eine Grenze neu so festgelegt wird, dass die vorhandenen Anpflanzungen jetzt den gesetzlichen Grenzabstand unterschreiten. § 52 realisiert dazu den auch in § 54 Abs. 1 zum Ausdruck gebrachten Grundsatz, dass Rechtmäßiges rechtmäßig bleibt und die **Abstandunterschreitung hinzunehmen** ist. § 52 gilt unabhängig vom Grund einer Grenzänderung. Änderungen infolge Neuvermessung oder Abmarkung fallen ebenso unter § 52 wie zwischen den Nachbarn verabredete oder infolge Hinzuerwerbs oder Teilung erfolgte Grenzverschiebungen. Bewirkt die Verlegung der Grundstücksgrenze, dass eine bisher in unzulässiger Grenznähe befindliche Anpflanzung oder Anlage den gesetzlichen Abstand wahrt, ist der Rechtsverstoß geheilt.

2. Bestandsschutz. § 52 setzt voraus, dass die Anpflanzung oder Anlage (§ 50) den gesetzlichen Grenzabstand gewahrt hat. Bestandsschutz hat nur der bei Änderung des Grenzverlaufs vorhandene Zustand. Ob dieser i. S. d. Abs. 2 gewahrt oder ersetzt ist, ist bei Bäumen und Sträuchern ohne Weiteres feststellbar. Bei Hecken, Weinbergen, Wald oder einer der von § 50 erfassten Anlagen kommt es auf den Gesamteindruck an, sodass hier der Austausch von Teil-Elementen den von § 52 vermittelten Schutz nicht berührt.

3. Rechtmäßigkeit. Am bei der Änderung des Grenzverlaufs vorhandenen nachbarrechtlichen Befund ändert § 52 nichts. § 52 setzt voraus, dass die Anpflanzung oder Anlage im Zeitpunkt der Grenzverlegung rechtmäßig ist. Das ist auch der Fall, wenn eine Beseitigung der Anpflanzung oder Anlage nach § 51 Abs. 3 nicht mehr verlangt werden kann. Umgekehrt ändert § 52 nichts daran, dass nur der Ablauf der Fünf-Jahres-Frist dem ordnungswidrigen Zustand Dauer verleiht, ohne an der Rechtswidrigkeit von ihm ausgehender Beeinträchtigungen etwas zu ändern (§ 51, Erl. 3 a) oder dass der mit unzulässigem Abstand vorhandene Bewuchs nun einer ordnungsgemäßen Bewirtschaftung entspricht.

§ 53 Verjährung

(1) Schadensersatzansprüche und andere, auf Zahlung von Geld gerichtete Ansprüche nach diesem Gesetz unterliegen in Bezug auf die Verjährung den Bestimmungen des Bürgerlichen Gesetzbuchs.
(2) Im Übrigen unterliegen Ansprüche nach diesem Gesetz nicht der Verjährung.

1. Landesrechtliche Verjährung. § 53 übernimmt aufgrund des Änderungsgesetzes vom 9.3.2006 das seit 2002 in Kraft befindliche BGB-Verjährungsrecht insoweit als sich aus dem Nachbarrechtsgesetz Schadensersatzforderungen (z.B. nach §§ 19, 23, 28) oder sonstige **Zahlungsansprüche** jeglicher Art (z.B. auf Unterhaltungskostenerstattung nach §§ 8, 14, 40 oder auf Ausgleichs- und Entschädigungsleistungen nach §§ 13, 20, 25, 40) ergeben. Das Verjährungsrecht des BGB bestimmt in § 195 eine **Grundverjährungsfrist** von drei Jahren und legt in § 199 Abs. 1 den Beginn dieser Frist auf das Ende des Jahres fest, in dem das anspruchsbegründende Ereignis stattgefunden hat und in dem der Gläubiger von den zur Anspruchsbegründung erforderlichen Tatsachen einschließlich der Person des Schuldners Kenntnis erlangt bzw. sich dieser Kenntnis grob fahrlässig verschlossen hat (sog. Sylvesterverjährung); das gilt auch für Altfälle (Art. 229 § 6 Abs. 4 EGBGB). Der Betroffene hat die den Verjährungsfristablauf einleitende Kenntnis vom Schaden, wenn er den Schadenstatbestand in seinen anspruchsbegründenden Elementen etwa überblickt und ihn auch in rechtlicher Hinsicht soweit erfassen und in einer Person als Störer zuordnen kann, dass zumindest eine Feststellungsklage zumutbar ist (BGH, NJW 2015, 1007 Rn. 14 f.); auf eine juristisch zutreffende Bewertung kommt es nicht an. Der Kenntnis steht die grobe Fahrlässigkeit zurechenbare Unkenntnis gleich. Hierzu muss der Gläubiger sich aus nicht nachvollziehbaren Gründen der Wahrnehmung des anspruchsbegründenden Sachverhalts verschlossen haben.

2. Regelverjährung. Nach **Abs. 2** gilt das Verjährungsrecht aus Abs. 1 nicht für sonstige dem Nachbarrechtsgesetz unterliegende Ansprüche (Beseitigungs-, Rückschnitt- oder auch Unterlassungsansprüche). Diese verjähren unmittelbar nach §§ 195 ff. BGB, denn für Forderungen nach § 1004 BGB gilt § 902 BGB (Unverjährbarkeit eingetragener Rechte) nicht (BGH NJW 2007, 2183; NJW 2011, 1068, Rn. 6). Ein Abwehranspruch verjährt, auch wenn er auf eine dem Landesrecht angehörende materielle Verhaltenspflicht bezogen ist, gem. § 195, 199 Abs. 1, Abs. 4 BGB, in jedem Fall aber nach 10 Jahren (BGH NJW 2016, 1735 Rn. 26; *Köhler* JZ 2005, 489). Der Anspruch aus § 1004 BGB entsteht mit der Beeinträchtigung des Nachbargrundstücks, bei rechtswidrig errichteten Anlagen mit der baulichen Veränderung (BGH NJW 2016 1735, Rn. 27). Ist die Einwirkung zu dulden, beginnt die Verjährung mit Wegfall der Duldungspflicht (BGH, NZM 2013, 875 Rn. 26) und mit jeder Störung neu (BGH NJW-RR 2016, 24, Rn. 30 f.); der Anspruch verjährt dementsprechend jeweils selbstständig (BGH NJW-RR 2006, 235, 236). Die Verjährung des Beseitigungsanspruchs begründet keine dauernde Duldungspflicht; der Eigentümer kann das Selbsthilferecht auf eigene Kosten zur Störungsbeseitigung einsetzen (BGH NJW-RR 2014, 1043 Rn. 8). Bei Einwirkungen auf ein durch Dienstbarkeit gesichertes Nutzungsrecht ist zu unterscheiden zwischen den in die Verwirklichung des Nutzungsrechts selbst eingreifenden Einwirkungen und den seine Ausübung bloß störenden Effekten und Eingriffen. Im ersten Fall verjährt das Abwehrrecht nach § 902 BGB nicht, wogegen im zweiten Fall §§ 195, 199 BGB gelten;

geht der Eingriff von einer Anlage aus, verjährt zwar der Abwehranspruch (§ 1028 Abs. 1 BGB), jedoch analog § 197 Nr. 2 BGB erst nach 30 Jahren (BGH NJW 2014, 3780; Amann DNotZ 2015, 164).

3. Verwirkung. Unterliegt der Herausgabeanspruch des Eigentümers aus § 985 praktisch nicht der Verwirkung (BGH NJW 2007, 2183), können Ansprüche aus § 1004 BGB bei Widerspruch gegen den Grundsatz von Treu und Glauben (§ 242 BGB) **verwirkt** werden. Verwirkung tritt ein, wenn der Abwehrberechtigte sich so verhalten hat, dass der Unterlassungs- bzw. Beseitigungsverpflichtete darauf vertrauen darf, die Einwirkung werde geduldet (BGH NJW-RR 2006, 235,236). Ein Verwirkungstatbestand, der ein Zeit- und ein Umstandsmoment enthält und im Streitfall von Amts wegen zu beachten ist, kann vorliegen, wenn der Nachbar in Kenntnis der Immissionen es hinnimmt, dass in die emittierende Anlage erheblich investiert wird. Da ein Unterlassungsanspruch mit jeder Störung neu entsteht, begründen frühere Duldungen, unabhängig ob sie auf Gefälligkeit oder vertraglicher Verpflichtung beruht haben, nicht die Verwirkung (BGH NJW 2015, 1750; NJW 2015, 1234 Rn. 10 f. [Notweg]). Allein der Widerruf einer langjährigen Duldung begründet unabhängig davon nicht die Verwirkung, ob die Beeinträchtigung gefälligkeitshalber oder auf Vertragsgrundlage gestattet war (BGH NJW-RR 2014, 1043, Rn. 17 ff.). Da der Rechtsnachfolger in die Rechtsstellung des Vorgängers eintritt, übernimmt er den Anspruch wie er ist, also mit dem Verwirkungseinwand behaftet (BGH NJW-2014, 1043; OLG Celle NJW-RR 2007, 234).

§ 54 Übergangsbestimmungen

(1) Der Anspruch auf Beseitigung von Einrichtungen im Sinne des § 34, von Einfriedungen und von Pflanzen, die bei Inkrafttreten dieses Gesetzes vorhanden sind und deren Grenzabstände den Bestimmungen dieses Gesetzes nicht entsprechen, ist ausgeschlossen, wenn sie dem bisherigen Recht entsprechen oder wenn der Nachbar nicht innerhalb von zwei Jahren nach In-Kraft-Treten dieses Gesetzes Klage auf Beseitigung erhoben hat.

(2) Ansprüche des Nachbarn aus § 37 Abs. 1 gegen Eigentümer und Nutzungsberechtigte von baulichen Anlagen, die am 1. Juli 1990

bereits errichtet waren, können frühestens zwei Jahre nach Inkrafttreten dieses Gesetzes geltend gemacht werden.

(3) Der Umfang von Rechten, die bei In-Kraft-Treten dieses Gesetzes aufgrund des bisherigen Rechts bestehen, richtet sich nach den Bestimmungen dieses Gesetzes.

(4) Ansprüche auf Zahlung von Geld aufgrund der Bestimmungen dieses Gesetzes bestehen nur, wenn das den Anspruch begründende Ereignis nach In-Kraft-Treten dieses Gesetzes eingetreten ist; andernfalls behält es bei dem bisherigen Recht sein Bewenden.

(5) Die Verjährung der Ansprüche, die nach dem Thüringer Nachbarrechtsgesetz in der vor dem In-Kraft-Treten des Gesetzes zur Änderung des Thüringer Nachbarrechtsgesetzes und des Thüringer Ausführungsgesetzes zum Berufsvormündervergütungsgesetz sowie zur Aufhebung des Thüringer Gesetzes über die Unterbringung besonders rückfallgefährdeter Straftäter geltenden Fassung bestehen und nicht verjährt sind, bestimmt sich nach § 53 Abs. 1 und 2 in der vor dem In-Kraft-Treten dieses Änderungsgesetzes geltenden Fassung; hiervon abweichend verjähren Schadensersatzansprüche, die nicht auf einer Verletzung des Lebens, des Körpers oder der Gesundheit beruhen, spätestens mit Ablauf des zehnten Jahres nach dem In-Kraft-Treten des Gesetzes zur Änderung des Thüringer Nachbarrechtsgesetzes und des Thüringer Ausführungsgesetzes zum Berufsvormündervergütungsgesetz sowie zur Aufhebung des Thüringer Gesetzes über die Unterbringung besonders rückfallgefährdeter Straftäter.

(6) Wird ein bei Inkrafttreten des Ersten Gesetzes zur Änderung des Thüringer Nachbarrechtsgesetzes bereits bestehender Wald verjüngt, richtet sich der Grenzabstand gegenüber den Nachbargrundstücken nach § 49 in der vor dem Inkrafttreten des Ersten Gesetzes zur Änderung des Thüringer Nachbarrechtsgesetzes geltenden Fassung.

Erläuterungen

1. Nachbarrechtliche Ansprüche und Verpflichtungen werden **in ihrem Bestand** nach dem ThürNRG beurteilt, wenn die rechtsbegründenden Sachverhalte nach dem 1.1.1993 entstanden sind; Altrechte bestehen mithin fort nach Maßgabe ihrer Entstehungsvoraussetzungen und Begründungsinhalts (§ 42, Erl. 1 a. E.) (Abs. 4); Zahlungsansprüche begründen sie nur, wenn der Anspruchsgrund nach dem 1.1.1993 entstanden ist, wie denn generell der **Umfang des Rechts** bzw. die dem Berechtigten zugewiesenen Ausübungsbefugnisse nicht über das ThürNRG hinausgehen (Abs. 3). Entsprechendes gilt für den Bestand von vor dem 1.1.1993 getroffenen **Nachbarvereinbarungen** i. S. d. § 2 Abs. 1; die daraus begründeten Rechte werden in ihrem Umfang zwecks Vermeidung einer verfassungsrechtlich bedenklichen Rückwirkung nicht an das neue Recht angepasst. Die Vereinbarung kann jedoch wegen Änderung ihrer Geschäftsgrundlage den neuen Verhältnissen angepasst werden (vgl. LG Meiningen, Urt. v. 20.10.1995, 5 S 167/95).

2. Zu den vor dem 1.1.1993 maßgeblichen **Grenzabständen** von Fenstern, Türen, Balkonen, Terrassen oder ähnlichen Bauteilen i. S. d. § 34, bei Einfriedungen (§§ 39, 42) und bei Anpflanzungen (§§ 44 ff.) bestimmt Abs. 1, dass bei geringeren Abständen vom 1.1.1993 an ein Abwehrrecht bestanden hat, dass dieses aber binnen einer zweijährigen Ausschlussfrist geltend zu machen war. Diese Frist ist seit dem 1.1.1995 abgelaufen, sodass ein dem bisher geltenden Recht widersprechender Zustand nicht mehr abgewehrt werden kann. Es kommt mithin im Jahre 2008 nicht mehr darauf an, ob eine nach dem neuen Recht rechtswidrige Anlage dem bisherigen Recht entsprochen hat. Rechtserheblich bleibt für Altanlagen die **Frage des Zeitpunkts** ihrer Errichtung bzw. Anpflanzung zur Bestimmung des maßgeblichen Grenzabstands. Das Eingreifen des Bestandsschutzes nach Abs. 1 liegt in der Feststellungslast des Beklagten.

3. § 54 vermittelt Bestandsschutz **für die Dauer des tatsächlichen Vorhandenseins der Anlage**. Einrichtungen i. S. d. § 34 sind zu dulden, solange das Gebäude steht. Die Duldungspflicht schließt das **Erneuerungsrecht** ein, solange alter und neuer Zustand sich im Wesentlichen gleichen.

4. Abs. 2 ist inzwischen gegenstandslos.

5. Abs. 5 leitet die bisher geltenden **Verjährungsfristen** in das neue Recht über. Dies war wegen dessen zum Teil erheblich kürzerer Fristen geboten. Abs. 5 geht aus vom Grundsatz der Fortgeltung des bisherigen Rechts für laufende Fristen. Diese werden für die allein § 53 unterfallenden Schadensersatzansprüche im Sinn einer absoluten Frist auf 10 Jahre beginnend mit dem Inkrafttreten des Änderungsgesetzes vom 9.3.2006 am 22.3.2006 vereinheitlicht, sofern Schadensersatz nicht für Verletzungen des Lebens, Körpers oder der Gesundheit begehrt wird; in diesem Fall bleibt es bei der 30-Jahres Frist, beginnend mit dem Schadensereignis.

6. Abs. 6 in der Fassung des Zweiten Gesetzes zur Änderung des ThürNRG vom 8.3.2016 ist auf die Einführung des Grenzabstands von Wald gegenüber einem bebauten oder bebaubaren Grundstück (§ 49 Abs. 1 Nr. 3) bezogen und belässt es bei der Verjüngung des Waldes bei der nach § 49 Abs. 1 Nr. 3 a.F. geltenden 4m-Abstand.

§ 55 Gleichstellungsbestimmung

Status- und Funktionsbezeichnungen in diesem Gesetz gelten jeweils in männlicher und weiblicher Form.

Die durch Art. 1 Nr. 7 des Gesetzes vom 8.3.2006 eingeführte Gleichstellungsregelung bedarf keiner Erläuterung. Auf sie beziehen sich gleichstellungsrelevante Personenangaben der Kommentierung.

§ 56 Außerkrafttreten von Bestimmungen

Das diesem Gesetz entgegenstehende oder gleichlautende Recht wird aufgehoben.

§ 56 benennt Rechtsbestimmungen, welche bis zu Inkrafttreten der Neuregelungen als Landesrecht Nachbarrecht geregelt haben und fortan unabhängig davon außer Kraft treten, ob sie durch neues Recht ersetzt werden. Damit ist auch bestimmt, dass das neue Recht autonom auszulegen ist, sodass das bislang geltende Verständnis zu einem nachbarrechtlichen Institut dann auf eine entsprechende Neuregelung übertragen werden kann, wenn diese nach Inhalt und Umfang sich als Fortführung alten Rechts versteht. Zur Geltung alten Rechts für Altfälle wird auf die Einleitung verwiesen.

§ 57 Inkrafttreten

Dieses Gesetz tritt am 1. Januar 1993 in Kraft.

Wegen des Gesetzgebungsverlaufs seit dem Inkrafttreten des ThürNRG wird auf die Einleitung verwiesen. Die bis Ende 2015 geltenden zeitlichen Beschränkungen sind aufgehoben.

Anhang
Bürgerliches Gesetzbuch (BGB)

in der Fassung der Bekanntmachung vom 2. Januar 2002 (BGBl. I S. 42, ber. S. 2909, ber. 2003 I S. 738), zuletzt geändert durch Gesetz vom 20. Juli 2017 (BGBl. I S. 2787)

– Auszug –

§ 903
Befugnisse des Eigentümers

[1]Der Eigentümer einer Sache kann, soweit nicht das Gesetz oder Rechte Dritter entgegenstehen, mit der Sache nach Belieben verfahren und andere von jeder Einwirkung ausschließen. [2]Der Eigentümer eines Tieres hat bei der Ausübung seiner Befugnisse die besonderen Vorschriften zum Schutz der Tiere zu beachten.

§ 904
Notstand

[1]Der Eigentümer einer Sache ist nicht berechtigt, die Einwirkung eines anderen auf die Sache zu verbieten, wenn die Einwirkung zur Abwendung einer gegenwärtigen Gefahr notwendig und der drohende Schaden gegenüber dem aus der Einwirkung dem Eigentümer entstehenden Schaden unverhältnismäßig groß ist. [2]Der Eigentümer kann Ersatz des ihm entstehenden Schadens verlangen.

§ 905
Begrenzung des Eigentums

[1]Das Recht des Eigentümers eines Grundstücks erstreckt sich auf den Raum über der Oberfläche und auf den Erdkörper unter der Oberfläche. [2]Der Eigentümer kann jedoch Einwirkungen nicht verbieten, die

in solcher Höhe oder Tiefe vorgenommen werden, dass er an der Ausschließung kein Interesse hat.

§ 906
Zuführung unwägbarer Stoffe

(1) [1]Der Eigentümer eines Grundstücks kann die Zuführung von Gasen, Dämpfen, Gerüchen, Rauch, Ruß, Wärme, Geräusch, Erschütterungen und ähnliche von einem anderen Grundstück ausgehende Einwirkungen insoweit nicht verbieten, als die Einwirkung die Benutzung seines Grundstücks nicht oder nur unwesentlich beeinträchtigt. [2]Eine unwesentliche Beeinträchtigung liegt in der Regel vor, wenn die in Gesetzen oder Rechtsverordnungen festgelegten Grenz- oder Richtwerte von den nach diesen Vorschriften ermittelten und bewerteten Einwirkungen nicht überschritten werden. [3]Gleiches gilt für Werte in allgemeinen Verwaltungsvorschriften, die nach § 48 des Bundes-Immissionsschutzgesetzes erlassen worden sind und den Stand der Technik wiedergeben.
(2) [1]Das Gleiche gilt insoweit, als eine wesentliche Beeinträchtigung durch eine ortsübliche Benutzung des anderen Grundstücks herbeigeführt wird und nicht durch Maßnahmen verhindert werden kann, die Benutzern dieser Art wirtschaftlich zumutbar sind. [2]Hat der Eigentümer hiernach eine Einwirkung zu dulden, so kann er von dem Benutzer des anderen Grundstücks einen angemessenen Ausgleich in Geld verlangen, wenn die Einwirkung eine ortsübliche Benutzung seines Grundstücks oder dessen Ertrag über das zumutbare Maß hinaus beeinträchtigt.
(3) Die Zuführung durch eine besondere Leitung ist unzulässig.

§ 907
Gefahr drohende Anlagen

(1) [1]Der Eigentümer eines Grundstücks kann verlangen, dass auf den Nachbargrundstücken nicht Anlagen hergestellt oder gehalten werden, von denen mit Sicherheit vorauszusehen ist, dass ihr Bestand

oder ihre Benutzung eine unzulässige Einwirkung auf sein Grundstück zur Folge hat. [2]Genügt eine Anlage den landesgesetzlichen Vorschriften, die einen bestimmten Abstand von der Grenze oder sonstige Schutzmaßregeln vorschreiben, so kann die Beseitigung der Anlage erst verlangt werden, wenn die unzulässige Einwirkung tatsächlich hervortritt.
(2) Bäume und Sträucher gehören nicht zu den Anlagen im Sinne dieser Vorschriften.

§ 908
Drohender Gebäudeeinsturz

Droht einem Grundstück die Gefahr, dass es durch den Einsturz eines Gebäudes oder eines anderen Werkes, das mit einem Nachbargrundstück verbunden ist, oder durch die Ablösung von Teilen des Gebäudes oder des Werkes beschädigt wird, so kann der Eigentümer von demjenigen, welcher nach dem § 836 Abs. 1 oder den §§ 837, 838 für den eintretenden Schaden verantwortlich sein würde, verlangen, dass er die zur Abwendung der Gefahr erforderliche Vorkehrung trifft.

§ 909
Vertiefung

Ein Grundstück darf nicht in der Weise vertieft werden, dass der Boden des Nachbargrundstücks die erforderliche Stütze verliert, es sei denn, dass für eine genügende anderweitige Befestigung gesorgt ist.

§ 910
Überhang

(1) [1]Der Eigentümer eines Grundstücks kann Wurzeln eines Baumes oder eines Strauches, die von einem Nachbargrundstück eingedrungen sind, abschneiden und behalten. [2]Das Gleiche gilt von herüberragenden Zweigen, wenn der Eigentümer dem Besitzer des Nachbargrund-

stücks eine angemessene Frist zur Beseitigung bestimmt hat und die Beseitigung nicht innerhalb der Frist erfolgt.
(2) Dem Eigentümer steht dieses Recht nicht zu, wenn die Wurzeln oder die Zweige die Benutzung des Grundstücks nicht beeinträchtigen.

§ 911
Überfall

[1]Früchte, die von einem Baume oder einem Strauche auf ein Nachbargrundstück hinüberfallen, gelten als Früchte dieses Grundstücks. [2]Diese Vorschrift findet keine Anwendung, wenn das Nachbargrundstück dem öffentlichen Gebrauch dient.

§ 912
Überbau; Duldungspflicht

(1) Hat der Eigentümer eines Grundstücks bei der Errichtung eines Gebäudes über die Grenze gebaut, ohne dass ihm Vorsatz oder grobe Fahrlässigkeit zur Last fällt, so hat der Nachbar den Überbau zu dulden, es sei denn, dass er vor oder sofort nach der Grenzüberschreitung Widerspruch erhoben hat.
(2) [1]Der Nachbar ist durch eine Geldrente zu entschädigen. [2]Für die Höhe der Rente ist die Zeit der Grenzüberschreitung maßgebend.

§ 913
Zahlung der Überbaurente

(1) Die Rente für den Überbau ist dem jeweiligen Eigentümer des Nachbargrundstücks von dem jeweiligen Eigentümer des anderen Grundstücks zu entrichten.
(2) Die Rente ist jährlich im Voraus zu entrichten.

§ 914
Rang, Eintragung und Erlöschen der Rente

(1) [1]Das Recht auf die Rente geht allen Rechten an dem belasteten Grundstück, auch den älteren, vor. [2]Es erlischt mit der Beseitigung des Überbaus.
(2) [1]Das Recht wird nicht in das Grundbuch eingetragen. [2]Zum Verzicht auf das Recht sowie zur Feststellung der Höhe der Rente durch Vertrag ist die Eintragung erforderlich.
(3) Im Übrigen finden die Vorschriften Anwendung, die für eine zugunsten des jeweiligen Eigentümers eines Grundstücks bestehende Reallast gelten.

§ 915
Abkauf

(1) [1]Der Rentenberechtigte kann jederzeit verlangen, dass der Rentenpflichtige ihm gegen Übertragung des Eigentums an dem überbauten Teil des Grundstücks den Wert ersetzt, den dieser Teil zur Zeit der Grenzüberschreitung gehabt hat. [2]Macht er von dieser Befugnis Gebrauch, so bestimmen sich die Rechte und Verpflichtungen beider Teile nach den Vorschriften über den Kauf.
(2) Für die Zeit bis zur Übertragung des Eigentums ist die Rente fortzuentrichten.

§ 916
Beeinträchtigung von Erbbaurecht oder Dienstbarkeit

Wird durch den Überbau ein Erbbaurecht oder eine Dienstbarkeit an dem Nachbargrundstück beeinträchtigt, so finden zugunsten des Berechtigten die Vorschriften der §§ 912 bis 914 entsprechende Anwendung.

§ 917
Notweg

(1) [1]Fehlt einem Grundstück die zur ordnungsmäßigen Benutzung notwendige Verbindung mit einem öffentlichen Wege, so kann der Eigentümer von den Nachbarn verlangen, dass sie bis zur Hebung des Mangels die Benutzung ihrer Grundstücke zur Herstellung der erforderlichen Verbindung dulden. [2]Die Richtung des Notwegs und der Umfang des Benutzungsrechts werden erforderlichenfalls durch Urteil bestimmt.
(2) [1]Die Nachbarn, über deren Grundstücke der Notweg führt, sind durch eine Geldrente zu entschädigen. [2]Die Vorschriften des § 912 Abs. 2 Satz 2 und der §§ 913, 914, 916 finden entsprechende Anwendung.

§ 918
Ausschluss des Notwegrechts

(1) Die Verpflichtung zur Duldung des Notwegs tritt nicht ein, wenn die bisherige Verbindung des Grundstücks mit dem öffentlichen Wege durch eine willkürliche Handlung des Eigentümers aufgehoben wird.
(2) [1]Wird infolge der Veräußerung eines Teils des Grundstücks der veräußerte oder der zurückbehaltene Teil von der Verbindung mit dem öffentlichen Wege abgeschnitten, so hat der Eigentümer desjenigen Teils, über welchen die Verbindung bisher stattgefunden hat, den Notweg zu dulden. [2]Der Veräußerung eines Teils steht die Veräußerung eines von mehreren demselben Eigentümer gehörenden Grundstücken gleich.

§ 919
Grenzabmarkung

(1) Der Eigentümer eines Grundstücks kann von dem Eigentümer eines Nachbargrundstücks verlangen, dass dieser zur Errichtung fester Grenzzeichen und, wenn ein Grenzzeichen verrückt oder unkenntlich geworden ist, zur Wiederherstellung mitwirkt.

(2) Die Art der Abmarkung und das Verfahren bestimmen sich nach den Landesgesetzen; enthalten diese keine Vorschriften, so entscheidet die Ortsüblichkeit.
(3) Die Kosten der Abmarkung sind von den Beteiligten zu gleichen Teilen zu tragen, sofern nicht aus einem zwischen ihnen bestehenden Rechtsverhältnis sich ein anderes ergibt.

§ 920
Grenzverwirrung

(1) [1]Lässt sich im Falle einer Grenzverwirrung die richtige Grenze nicht ermitteln, so ist für die Abgrenzung der Besitzstand maßgebend. [2]Kann der Besitzstand nicht festgestellt werden, so ist jedem der Grundstücke ein gleich großes Stück der streitigen Fläche zuzuteilen.
(2) Soweit eine diesen Vorschriften entsprechende Bestimmung der Grenze zu einem Ergebnis führt, das mit den ermittelten Umständen, insbesondere mit der feststehenden Größe der Grundstücke, nicht übereinstimmt, ist die Grenze so zu ziehen, wie es unter Berücksichtigung dieser Umstände der Billigkeit entspricht.

§ 921
Gemeinschaftliche Benutzung von Grenzanlagen

Werden zwei Grundstücke durch einen Zwischenraum, Rain, Winkel, einen Graben, eine Mauer, Hecke, Planke oder eine andere Einrichtung, die zum Vorteil beider Grundstücke dient, voneinander geschieden, so wird vermutet, dass die Eigentümer der Grundstücke zur Benutzung der Einrichtung gemeinschaftlich berechtigt seien, sofern nicht äußere Merkmale darauf hinweisen, dass die Einrichtung einem der Nachbarn allein gehört.

§ 922
Art der Benutzung und Unterhaltung

[1]Sind die Nachbarn zur Benutzung einer der in § 921 bezeichneten Einrichtungen gemeinschaftlich berechtigt, so kann jeder sie zu dem Zwecke, der sich aus ihrer Beschaffenheit ergibt, insoweit benutzen, als nicht die Mitbenutzung des anderen beeinträchtigt wird. [2]Die Unterhaltungskosten sind von den Nachbarn zu gleichen Teilen zu tragen. [3]Solange einer der Nachbarn an dem Fortbestand der Einrichtung ein Interesse hat, darf sie nicht ohne seine Zustimmung beseitigt oder geändert werden. [4]Im Übrigen bestimmt sich das Rechtsverhältnis zwischen den Nachbarn nach den Vorschriften über die Gemeinschaft.

§ 923
Grenzbaum

(1) Steht auf der Grenze ein Baum, so gebühren die Früchte und, wenn der Baum gefällt wird, auch der Baum den Nachbarn zu gleichen Teilen.

(2) [1]Jeder der Nachbarn kann die Beseitigung des Baumes verlangen. [2]Die Kosten der Beseitigung fallen den Nachbarn zu gleichen Teilen zur Last. [3]Der Nachbar, der die Beseitigung verlangt, hat jedoch die Kosten allein zu tragen, wenn der andere auf sein Recht an dem Baume verzichtet; er erwirbt in diesem Falle mit der Trennung das Alleineigentum. [4]Der Anspruch auf die Beseitigung ist ausgeschlossen, wenn der Baum als Grenzzeichen dient und den Umständen nach nicht durch ein anderes zweckmäßiges Grenzzeichen ersetzt werden kann.

(3) Diese Vorschriften gelten auch für einen auf der Grenze stehenden Strauch.

§ 924
Unverjährbarkeit nachbarrechtlicher Ansprüche

Die Ansprüche, die sich aus den §§ 907 bis 909, 915, dem § 917 Abs. 1, dem § 918 Abs. 2, den §§ 919, 920 und dem § 923 Abs. 2 ergeben, unterliegen nicht der Verjährung.

§ 1004
Beseitigungs- und Unterlassungsanspruch

(1) [1]Wird das Eigentum in anderer Weise als durch Entziehung oder Vorenthaltung des Besitzes beeinträchtigt, so kann der Eigentümer von dem Störer die Beseitigung der Beeinträchtigung verlangen. [2]Sind weitere Beeinträchtigungen zu besorgen, so kann der Eigentümer auf Unterlassung klagen.
(2) Der Anspruch ist ausgeschlossen, wenn der Eigentümer zur Duldung verpflichtet ist.

Sachregister

D

E

H

K

L